面向泛Z世代的旅游燃传播

陈桂林　陈莹盈　石　玉　吴应其 / 著

中国旅游出版社

序言：旅游传播的时代责任

应作者之请而作序，是中华民族思想交流和文人交往的传统风尚，这种事有两个关键，一是"同声相应"，二是"肝胆相照"，即一方面发挥作者之意，另一方面也须言出肺腑，进行补充甚至商榷，乃至不避嫌疑质难。所谓"惟自出己意，乃敢许为知音者耳"，唯其如此，序者才能为作者的贡献真正推波助澜。

旅游发展，包括数字赋能、网络传播，都不能赶时髦，赶时髦必掉进坑里，对"Z世代"等全人类正在探讨中的社会学概念更要有全面而清醒的认识。美国社会学者提出的"Z世代"年轻人群代表一部分的现在，而未来是下一代乃至更下一代年轻人的，他们的成长过程才是未来成长。旅游营销，旅游传播，是须基于市场的分类分层，但按年龄分层，长者市场（尤其是55岁到75岁有钱、有闲、有精力，又有意愿消费的新一代长者），以及中产阶层的中年市场，是比"Z世代"更重要的旅游客源市场组成部分。毕竟，虽然我们对作为后辈的"Z世代"的感情毋庸置疑，但是在经济上，至少目前，他们中的大多数挣不了多少钱。

前工业经济对应古典文明，工业经济对应现代文明，后工业经济对应未来文明。许倬云先生指出，"所谓现代文明，也就是主宰人类生活将近三百年的主流文明，它起源于西欧，逐渐普及全球。而最近半个世纪以来，这一文明已呈衰象"。Z世代，通常被指向跨世纪的现在15岁至29岁的"数字原住民"的年轻人，正是从现代文明向未来文明过渡的一代。

"Z世代"年轻人，生于全球范围内复杂性和不确定性异常突出的时代，并且，他们普遍承受的社会问题被长期忽视和憋压，他们在精神层面上的焦虑、不安和晚熟是前所未有的。互联网信息爆炸和价值观多元化，使得学习成本快速降低，但年轻人在困惑和迷茫中难以静下心来学习，催生出各种他们的长辈会认为异常、奇怪的表现。其实，道格拉斯·库普兰德提出的"X一代""Y一代"代群，类似问题就已经存在了。

然而，"95后"的Z世代，或者延伸为本书所言的"泛Z世代"，已经成为旅游和娱乐消费的不容忽视的力量之一，这也是不争的事实。因此，旅游发展呼唤面向其进行传播、营销的思想方法和专业技术著作。陈桂林同志长期在厦门从事文旅行政管理和发展研究工作，他基于来自实践的观察和体会写成的这本《面向泛Z世代的旅游燃传播》即是这方面的高水平专著。

本书写得扎实、务实、切实，书中的专业技术内容都是很好的，直接体现了作者在理论和实践上的深厚功力，也间接体现了厦门旅游的高水平，尤其难能可贵的是，本书的内容并非从"讨好"年轻人出发，而更多地洋溢着"倾听"年轻人的情怀。

美国的Z世代画像是：科技通，务实者，并且，作为美国人，竟还爱存钱了。国内市场是我国旅游传播工作的主体对象，我们的Z世代画像与美国既有共同点，又有不同点。

我国1994年加入国际互联网，很快就融入了网络的普及这一世界性的重大历史事件，我们的"Z世代"与他们的西方同龄人一样，出生伊始就浸淫于数字化生存：他们把大量时间耗费在虚拟关系和浅表关注上，很少有深度的激情、愤怒、痛苦、反思、批判与追问，也很少有深度的喜悦、欢乐与幸福；他们比较普遍地在用短、平、快的脑海来容下对自由和自我实现的期待；他们作为年轻人的反传统，主要体现为收缩到个人生活的日常中去了；他们自我意识很强，但又往往多是"骨感现实"中的"弱自我"。理解他们从而进行针对性的市场营销研究是比较难的，面向他们"燃"起旅游传播的火炬更难，这正是本书尤其难能可贵之处。

美国的营销至今还没有完全走出凡勃仑《有闲阶级论》指出的资本对公众讨好式误导的泥潭，但我们中国的业界要看到营销的性质是供方降低需方交易成本这一高境界的指针。"Z世代"作为旅游需方，在文旅融合的背景下，体现出来的需求更加多元，其中有他们生命中对未来文明的渴望，谁能引导好、满足好这一渴望，谁就能在经济效益、社会责任和历史文明等所有相关维度中，都站到更崇高的立意、更深远的关切和更伟大的成功的山巅之上，这是旅游传播的时代责任。

是为序。

魏小安

2024年8月，写于北京

目录 | Contents

01 旅游传播为什么要燃？

1.1 当下信息传播渠道哪些较强 / 002
1.2 互联网下传播更容易吗 / 013
1.3 谁是使用互联网的主力军 / 019
1.4 泛 Z 世代有哪些基本消费特征 / 023
1.5 泛 Z 世代有哪些旅游消费特征 / 028
1.6 互联网下需要什么样的旅游传播 / 050

02 面向泛 Z 世代哪些旅游传播方式燃？

2.1 模因传播，让玩梗像文化传承那样成为无限可能 / 060
2.2 病毒传播，让信息像生物基因一样实现传递和裂变 / 071
2.3 直播传播，让形象及产品直接与受众对话吧 / 082
2.4 话题传播，有歧义说法想不引起议论都不太可能 / 090
2.5 网红传播，让信息传递变得如此简单 / 104
2.6 种草传播，在去中心化条件下的安利好物 / 114
2.7 出圈传播，用轻情让破圈共鸣成为普大喜奔 / 123
2.8 算法传播，智能触达十环如此轻而易举 / 132
2.9 故事传播，用人类共同情景谱写经久不衰的共情 / 142
2.10 画面传播，高色彩的仰视或俯视都会让人怦然心动 / 153

03 面向泛 Z 世代有哪些旅游传播内容燃？

- 3.1 标题绝牛，在大海中捞针不再是难事 / 167
- 3.2 第一唯一，永远的王者内容 / 175
- 3.3 兴趣愿望，实实在在的针对性 / 184
- 3.4 造梗成核，那颗最闪亮的星星不再寂寞 / 192
- 3.5 娱乐相随，人类的天性全时闪耀 / 200
- 3.6 星歌嘹亮，人设的流行曲总是亮晶晶 / 207
- 3.7 我们参与，让流连忘返变得如此简单 / 214
- 3.8 简约唯美，碎片化获取的信息可以短小但不能少了美 / 222
- 3.9 强仪式感，留住青春的大好时光 / 229
- 3.10 强力刺激，大脑会记住你想要的 / 238

04 面向泛 Z 世代哪些旅游传播渠道燃？

- 4.1 旅游电商平台，产品聚集直达目标人群 / 247
- 4.2 门户网站，首页信息传递大量人群 / 252
- 4.3 搜索引擎，我们的目的很明确 / 258
- 4.4 社交平台，人人都是传播者 / 264
- 4.5 短视频平台，随时随地表现自我 / 269
- 4.6 音频平台，"声"入人心的伴随 / 275
- 4.7 新闻客户端，聚合各类新闻热点信息源 / 283
- 4.8 问答社区，实现从信息到知识的转化 / 289
- 4.9 垂直 App，专注特定领域和特定人群 / 294
- 4.10 小程序，实现"触手可及"的用户体验 / 298

05 面向泛Z世代未来哪些旅游传播会更燃？

5.1 从信息触达到场景转化 / 306

5.2 从流量为王到人心至上 / 307

5.3 从大水漫灌到精准滴灌 / 309

5.4 从稳扎稳打到争相尝鲜 / 311

5.5 从平台寡头到融媒多头 / 314

5.6 从大面铺开到聚焦穿透 / 316

5.7 从躺平转换到快速变频 / 318

5.8 从文字音频到图片视频 / 319

5.9 从新奇抢眼到锐利表达 / 321

5.10 从折扣杀价到品牌下沉 / 323

制胜锦囊之10大旅游燃传播方式 / 326

制胜锦囊之10大旅游燃传播内容 / 327

制胜锦囊之10大旅游燃传播渠道 / 328

参考文献 / 329

后记 / 332

01 旅游传播为什么要燃？

  为什么淄博的烧烤、天水的麻辣烫乘风而来？为什么重庆的洪崖洞、轻轨穿楼含笑满怀？为什么长沙的文和友、茶颜悦色彼岸花开？在我们这个缤纷的时代啊，传播仿佛是社会生态中，那首最为上脑的流行曲，弥漫在人类的无垠天空，浇灌于人间的每个角落，滋养着人们的生活情绪，没有人不被它洗礼，没有物不被它映照，没有事不被它传递。

  如果，将我们的一天平铺成一条时间轴，把这时间轴拖进剪辑软件，我们的一天会变成一个个精彩的画面，呈现在眼前，拖动这个时间节点，面前滚动的时间帧就是一个个信息，这些信息可以是我们耳旁听到的上课铃声、可以是下班后手边随手接过的宣传单、可以是商场大屏上投放的明星物料，也可以是时常刷的微信朋友圈。这些信息是我们所接受的一首首"流行曲"，而这一过程就是传播。传播（communication），其实就是信息从信源到接收体的传递。传播是一个"过程"，它包含一系列的运动，是一个用来传递意见、传播社会价值和交流分享经验的运动过程。依照是否借助于传播媒介，人们把传播分为"人际传播"与"大众传播"。"人际传播"主要指人与人面对面的思想交流，不借助于传播媒介，传播范围很小。而"大众传播"则是借助于传播媒介，传播对象是一般大众，范围极广。

  如今，人类社会的信息浩如烟海，传播活动绵延不断、此起彼伏，特别是面对互联网、数字技术、元宇宙、人工智能等高科技的发展，不断翻新的传播场域和传播场景，旅游传播如何才能在繁星闪烁的传播天空，光芒四射，通畅顺达，带给人们更多的鲜花和掌声？时代提出了这样的问题，我们应该如何作答、应该如何找出答案呢？

1.1 当下信息传播渠道哪些较强

传播渠道通常是指完成口头传播、文字传播、图片传播、画面传播、声音传播等的传播媒介，它是传播过程的基本要素之一，是传播者发送信息、受传者接受信息的途径和方法。随着社会发展和技术进步，信息传播渠道日新月异、日益多元，如院线、广播、户外、报纸、杂志、电视、互联网等，在旅游传播中表现出不同的特点，呈现出不同的声量，绽放出不同的色彩。

1.1.1 院线传播特点

近年来，电影这一娱乐形式重回巅峰，大众对电影的追求和享受响彻天际，"有事没事儿看个电影"几乎成为年轻人出门的选择。作为输出信息的场地，电影院对信息的处理有着自己的独特之处。在电影产业链中，影片的制作和发行处于产业的上中游，影院处于产业的下游，而院线则是连接中游与下游的纽带。从概念上来说，影院就是我们每次看电影的地方，院线则相对更为抽象一些，它是由若干个电影院以资本或供片为纽带组建而成的。院线公司的主要工作就是对旗下的影院进行统一管理、统一排片、统一供片。

什么是院线传播呢？院线传播是通过在电影院播放影片的方式所进行的传播，是典型的"现场娱乐"的娱乐模式。今天的影院通常与商场、餐厅、KTV等其他现场娱乐和消费场所集聚在一起，观众走进影院不仅仅是为了看电影，而是像去KTV一样，作为一种精神放纵和压力释放的方式，和请客吃饭一样，作为一种感情投资和关系公关，看电影已然成为当今社会"现场娱乐"中的重要一员了。电影院提供了一个独特的和身临其境的体验，几乎无法被任何其他方式所取代。在大屏幕上看电影，配上高质量的声音和昏暗的影院环境，可以把观众带到一个非凡的世界，创造一种共享的体验感。就电影本身而言，它是一门容纳文学、戏剧、摄影、绘画、音乐、舞蹈等多种艺术的综合艺术，在表现力上不但具有其他各种艺术的特征，而且可以运用各种电影艺术组接技巧的表现手段，有效满足观众追求视听享受的要求。作为一种艺术与技术结合的媒介，电影有着其他电子媒介不具备的传播优势，但电影有制作周期长、信息含量小、不便观看等劣势，很大程度上制约了它的发展。特别是对于那些不太愿意出门的"宅氏一族"来说，院线传播就没有用武之地了，毕竟"线下劝退"[1]的威力还是不小的。

1.1.2 广播传播特点

相信许多人学生时代的闲暇时光，与一种日常化的娱乐方式密不可分，它不受空间限制，无论你身处何地，只要打开收音机，就能感受到它的温暖与陪伴，这种传播方式就是——广播传播。广播传播如同一道流动的风景线，穿越时空，将声音的魅力播撒到每一个角落。广播传播以其广泛性、时效性和想象性，成为连接人们心灵的纽带。无论是清晨的早间新闻，还是午后的音乐节目，广播都能以其独特的音频特效，为听众带来丰富多彩的听觉盛宴。广播是用电子技术装备起来的现代传播媒介，以无线电波或导线传送语言、音响和音乐等声音符号，诉诸人们的听觉，实现信息传播，属于听觉媒介。相比印刷媒介，广播优势明显，首先是传播速度快、范围广，不受时空及听众阶层等因素限制，可以真正做到无时不有，无处不在，听众广泛；其次，广播接收简单，中间环节少，前期制作时间短，时效性强，费用较低；最后，广播是一种富有想象力的媒介，广播的声音给了听众无限的想象空间。

当然，相比其他媒介，广播也有其缺点。首先，它仅仅是对受众听觉系统的刺激，不能在视觉上施加影响，缺少画面而不够生动形象；其次，广播表现

---

[1] 线下劝退通常用于描述一些需要亲自到场的活动或服务因各种不便（如时间、地点、票价等）而劝退了潜在的用户。

手法简单，感染力较差，声音转瞬即逝，不易记忆，保存性和可选择性较弱。

目前，我国很多广播电台开办旅游类节目，有针对性地传播旅游文化。如2003年12月29日，中央人民广播电台的"中华之声"开播了旅游直播栏目，以海峡两岸的旅游爱好者、观光者、餐饮业者、各级旅游机构、行业协会、其他旅游类媒体为主要收听对象，全面介绍祖国大陆的壮美河山、名胜古迹、都市风貌、田园风光、民俗风情、美味佳肴，以及各地的旅游活动、旅游线路。我国首个旅游专业广播频道是由浙江省广播电视集团主办、浙江省旅游局协办的浙江电台的"交通之声"和"旅游之声"。

广播传播的活力和魅力，依赖于广播的音响优势，运用现场报道音响，可以让受众身临其境，如闻其声，充满想象，那些叮咚的溪流、喧哗的瀑布、澎湃的江河、啼鸣的鸟儿和游人的欢声笑语，无不让人怡然陶醉。

1.1.3 户外传播特点

你是否在等公交车时仔细看过背后的彩色广告？你是否仰望过商场大屏上的闪亮信息？你是否在某个墙面前驻足停留查看上面张贴的宣传单？如果你有任何一项体验，那么你就是户外传播的受众了。户外传播是借助户外媒体进行的传播。户外媒体指的是建筑物的楼顶、商业区的门前、路边的露天场地等设置的发布信息的媒介，如建筑物墙壁、屋顶、大型室外画板、城市户外大屏、LED灯招牌、横幅、公共汽车车身、路牌、桥梁、路灯广告牌等。户外是天生的场景媒体，在超高清等新技术、短视频等新表达的赋能之下，户外媒体使城市空间正变得越来越好听、好看、好玩。户外传播的优势一是接近性。户外广告主可以按实际需要来选择户外广告的具体地域，一般选择在高频率触达目标受众的繁华区、主要街区和社区等人流集中的地段。二是持久性。户外广告媒体的使用周期一般以半年或一年计算。一幅户外广告作品完成之后，在广告期内持续不断地传播广告信息。三是直观性。那些独具创意的视觉符号的广告作品，具有较强冲击力，拉近了与受众的距离，增强了信息的直观表达。四是隐蔽性。户外广告媒体利用人们的心理空白点进行渗透，避免了强制信息灌输的尴尬，使产品形象在潜移默化中根植于受众脑海，拉长了见效周期。

从成本上看，户外传播可能是互联网传播之外最物有所值的大众传播方式。它的价格虽各有不同，但千人成本，与其他传播方式相比却很有优势，射灯广告牌为 2 美元，电台为 5 美元，杂志则为 9 美元，黄金时间的电视则要 1020 美元，但客户最终更看重千人成本，即每一千个受众的费用。①

这么多 Buff 叠满②，我们可以想象，如果各大传播媒介有一个朋友圈，那么户外媒介大概率要引起其他媒介的实名羡慕了。

当然，即使是神级装备也有拉垮的点。户外传播的缺点主要表现在传播区域小，不适合承载复杂信息，传递时间短而被称为"眼球经济、三秒钟的竞争"，信息更新相对滞后。不过，这些缺陷可以通过独特的创意和新材料、新技术的运用得以弥补，而且随着数字技术的加持，地标 LED 大屏的展现形式逐渐多样，沉浸式互动体验逐步产生，户外传播的新气象也会不断展现。

1.1.4 报纸传播特点

你还会看报纸吗？相信大部分人的回答是不会。报纸作为一种强大的传统的传播媒介，曾是人们传播信息的最优选择。我们小时候渴望订阅各种报纸，获取新鲜信息，了解外面世界。报纸是以刊载新闻和时事评论为主的，定期向公众发行的印刷出版物，是大众传播的重要载体，具有反映和引导社会舆论的功能。报纸媒体是最早出现的大众传播媒体，在 20 世纪电子媒介出现之前的漫长岁月里，曾作为唯一的大众新闻传媒，垄断着新闻发布的主要渠道。在新媒体出现之前，报纸的优点主要表现在以下几个方面：

一是覆盖面较广，传播速度较快。报纸可以多人传看，传阅性好，转读率高，传播面较广。大多数报纸出版周期短，信息传递较为及时，而那些一天要

---

① 美国财富杂志 1999 年 3 月 1 日版. 转引自：当今户外广告的效果如何进行科学监测？[EB/OL]. 知乎.

② 这一说法源自游戏术语，表示各种增益效果的累加，形象地表达了多个优势同时存在的情况。

出早、中、晚等好几版报纸，信息传播就更快了。对那些时效性强的新产品、有新闻性的产品来说，报纸是不错的选择。

二是信息量大，说明性强。报纸作为综合性内容媒介，容量较大，以文字符号为主、图片为辅来传递信息，可以详尽地描述产品，告知消费者产品的有关具体特点。

三是留存时间长，易于保存和查阅。相对于电视、广播等其他媒体，报纸具有较好的保存性，而且易折易放，携带十分方便。有些人还有剪报分类收藏资料的习惯，从而无形中也强化了报纸信息的保存性及重复阅读率。

四是主动阅读性强。报纸把许多信息同时呈现，增加了读者的认知主动性。哪些阅读，哪些放弃；哪些先读，哪些后读；阅读一遍，还是阅读多遍；快速阅读，还是详细阅读；哪些需要记住，哪些需要记录，读者都可以自由地选择。

五是权威性高。消息准确可靠，是报纸获得信誉的重要条件。大多数报纸由党政机关部门主办，历史长久，在群众中素有影响和威信。因此，在报纸上的广告往往使消费者产生信任感。

当然，由于以文字符号为主要介质的报纸，要求读者具备阅读能力而且阅读时要集中精力，以至于读者往往只关注与自己有密切关联的内容，否则他们主观上不会为阅读报纸花费很多精力，从而限制了它的适用范围，而且在传播信息方面缺乏生动性和直观性，色彩单调，视觉冲击力小。在互联网新媒体担当的今天，报纸的传播速度就明显慢了许多，报纸信息甚至堪比老黄历了。

目前主要有两类报纸在传播旅游信息：一类是旅游专业报纸，如《中国旅游报》《华东旅游报》《旅游时报》等；另一类是综合性报纸开设了旅游专版，它们把旅游类的文章集中在一起，图文并茂、信息全面，具有较强的实用性、可读性和娱乐性，普通读者因此而欢呼。

1.1.5 杂志传播特点

杂志，也称期刊，是指有固定刊名，以期、卷、号或年、月为序，定期或不定期连续出版的印刷读物。在出版周期上杂志快于书籍但慢于报纸，在提供信息量方面，一般来说它少于书籍而多于报纸。人们通常根据杂志内容涉及的范围，把杂志分为综合性杂志和专门性杂志。综合性杂志的内容具有多样性和普遍性特点，娱乐性更强，受众遍布各个领域。体育迷有自己的专属体育杂志，女性群体有关注的时装杂志，青少年群体有谁没看过《读者》《意林》等文学杂志呢？专门性杂志一般只涉及某一领域，出版周期比较长，内容时效性不强；内容较有深度，注重探讨和挖掘事件背后的真相，能够吸引一些较高文化层次的读者。杂志用最简单的文字加图片的方式将各类信息传递给相应的群体。我们不得不承认，杂志的受众范围较窄，且年轻群体们对杂志越来越无感，其传播优势也在下降。因此，不少杂志也在改变做法，纷纷开通公众号传播杂志内容。

杂志传播旅游内容有两种形式。一是在综合性期刊上发表的旅游类的文章。这类期刊的旅游传播面广，效果较好。如《中国新闻周刊》2007年第33期发表的《倡导"绿色旅游"新概念》，倡导一种新的旅游理念。二是旅游类专业期刊。目前全国有正式刊号的旅游期刊近20种。旅游专业期刊有两种形式：第一种是旅游类的学术期刊，专门发表关于旅游研究方面的文章，是给专业人员阅读的。第二种是旅游大众杂志，供旅游爱好者阅读，读者相对稳定集中，传播效果明显。《时尚中国旅游》《旅游天地》《旅行家》《旅行者》《旅游》等这些期刊一般是精装彩色印刷，价格比较高。《时尚中国旅游》把自己定位于"旅游出时尚来"，宣扬一些具有个性色彩、引领时尚的旅游方式，造就另一种光鲜的特色。

1.1.6 电视传播特点

电视传播是通过无线电波或导线向广大地区或一定区域播送声像节目的大众传播方式。相比纸质媒体，电视借助电子传播，速度快、范围广。电视以声音和图像作为传播信息的符号，社会各阶层的所有成员几乎都可以成为它的受众，因此电视拥有庞大的受众群体。此外，电视传播生动形象，感染力强，通过声音和图像作用于人的听觉和视觉，具有很强的真实性。

电视传播旅游的形式主要有旅游新闻、旅游广告、旅游节目、影视剧等几种。电视旅游新闻包括专门的旅游电视报道栏目和以报道旅游新闻为主的电视栏目，如旅游卫视的"环球旅游播报""中国旅游报道"等栏目，集中报道旅游新闻资讯，传播信息多且全面；还有一种是综合性新闻栏目中报道旅游新闻，比如春节期间，中央电视台"新闻联播"和"新闻30分"等栏目报道各地旅游火热的场面。

电视旅游广告是在电视上开展的旅游商业宣传促销活动。它通常以直接的形式来推荐或介绍旅游景点，在传播旅游地的人文景观和自然生态方面起到了重要的作用。1999年山东威海市在中央电视台上做城市形象宣传，这是我国内地第一个城市形象广告。

电视旅游节目是电视台从旅游文化中挖掘一些有品位的内容，使受众在接收信息的同时，受到良好的文化熏陶，得到美妙的视听享受。迅猛发展的旅游业为电视旅游节目的发展提供了坚实的基础和广阔的发展空间，电视旅游节目越来越受到电视台的重视，近年来很多电视台相继推出了一批旅游节目。如中央电视台的"旅游黄金线""走遍中国""旅游风向标""正大综艺""神州风采""探索与发现"等栏目，浙江卫视的"旅游版"，广东卫视的"逍遥游"等。电视旅游节目包括旅游娱乐节目、旅游服务性节目和旅游专题节目。

影视剧也是传播旅游文化的重要方式。一些旅游景区或历史文化名城往往就是借助影视剧，得以用艺术化的手法展示自己旅游特色的。当人们在观赏影视剧时，同时也为片中的美丽风光和风土人情所吸引，从而激起旅游的欲望。前几年，在电视剧播放的带动下，我国很多影视拍摄基地也成为旅游热点。如无锡的中视影视基地、威海的影视城、浙江横店影视基地、银川华夏西部影视城等，都成为吸引旅游者目光的亮点。早期的电视剧《乔家大院》，不仅使得山西祁县成为旅游热点，而且大幅提升了山西的旅游形象。在电视连续剧《戏说乾隆》中，时常出现旅游胜地承德的景观，无疑也给承德做了很好的宣传。如今，《去有风的地方》更是掀起了年轻人去大理的热潮。跟着影视作品打卡目的地正在成为年轻一代追捧的旅游方式。

1.1.7 互联网传播特点

当下互联网对生活的重要性，已经超越了简单的工具或平台范畴，它深入骨髓地改变了我们的生活方式、思维模式以及与世界互动的方式。它不仅是我们获取信息、沟通交流的主要渠道，更是我们生活、工作、创新的重要支撑。互联网传播即网络传播，是一种以多媒体为终端、以光纤为通道，将所有的个人和组织都联结在一起，并能以"个人化"受众进行互动沟通的信息交流形式。互联网是继报纸、广播、电视之后的新媒体的典型代表，它既是传播平台，也是技术平台、经营平台和虚拟社会，融合了人际传播、群体传播、组织传播和大众传播等多种传播形式。

互联网传播的特点主要体现在其独特的数字化基础、实时性、海量性、多媒体性、交互性、全球性、可存储与易复制性、开放性以及选择性等多个方面。

第一，互联网传播以数字技术为核心，使得信息能够迅速、准确地通过数字信号进行传递，这种数字化不仅方便了信息的复制和传输，还丰富了传播内容的多样性。数字化是互联网最根本的特征，互联网的其他一切功能都是以数字化为基础。互联网传播是通过把所有输入的数据转换成数字而实现的，这种传播方式完全不同于传统媒体时代的模拟媒介。模拟媒介只能将输入的数据转化为另一种物理对象。而数字媒介则是将书面文字、图形、照片以及动态影像的记录等，模拟文化形式进行再加工，以数字形式储存，并利用在线资源、数字磁盘或存储驱动器等输出、解码，再经过屏幕显示器接收，最后才经由电信网络被传输往各地，或被输出后作为"硬拷贝"而保存起来。

第二，互联网传播的实时性使得信息能够及时更新和发布，用户能够随时获取最新、最全面的信息。互联网传播的实时性是其显著的特点之一，它赋予了信息传播前所未有的速度和效率。在传统媒体时代，信息的发布和传递往往需要经过编辑、排版、印刷、发行等多个环节，不仅耗时，而且难以做到即时更新。然而，互联网传播的实时性彻底改变了这一局面。

第三，互联网的海量性使得信息的存储和获取变得异常便捷，用户可以在短时间内浏览大量的信息。互联网传播可以通过文字、图片、声音、视频、动画等任意一种或几种融合方式来进行传播，形成了具有立体形态的多媒体传播组合，突破原来的文字媒介、声音媒介和视频媒介之间难以逾越的鸿沟。在传播效果上，多媒体并不是对原来几种媒体的简单相加，而是在兼容传统媒体的同时产生"1+1>2"的传播效果。在传播内容上，互联网承载的信息几乎是无限的。与传统媒体相比，互联网得天独厚的技术优势，可以摆脱报纸版面有限、广播和电视固定时段及容量有限等诸多弊端。互联网集合了全世界无数个网站，连接数以亿计的电脑终端，每日处理无限量的信息，为人们提供各种信息服务。面对海量信息，人们可以通过超链接和搜索引擎获取需要的信息。超链接功能使得每一条信息可以链接到相关文本或网页中，而搜索引擎功能将海量信息的传播发挥到极致，24小时不间断地为地球人提供待命的守候。人们因此可以决定在自己什么时候接收信息，忘却了以往电子媒介传播信息同步性的烦劳。

第四，交互性是互联网传播的一大亮点，人们可以通过网络进行实时互动和交流，增强信息的传播效果。从传播者与受众之间的关系上看，互联网传播改变了传统传播单向的线性传播模式，实现交互性传播。在传统传播中，信息通过传统媒体传播到受众的时候，传播过程基本结束，即使受众有信息反馈，往往也是一种"延迟"行为或者"被动"行为。比如读者来信、观众来信都只是事后受众的反馈行为，热线电话和手机短信等参与方式也往往是延迟的或被动的，双方未能即时进行信息交流和沟通。互联网实现了真正意义的双向即时传播，模糊了"传者"与"受者"的界限，每一个受者都可以是信息的生产者和发出者，因此信息的传播者由原来的少数人变成了多数人。

第五，互联网传播的全球性使得信息能够跨越国界和地域的限制，实现全球范围内的传播和交流。可存储与易复制性，使得人们可以随时保存和复制所需的信息，方便日后查看和使用；开放性和选择性使得人们能够根据自己的需求和兴趣选择适合自己的信息，实现个性化的信息获取和传播。相比传统传播中受众被动式地接收来自传播者发布的无差异信息，网络媒体可以根据不同受众的不同需要提供信息，而且受众可以根据自己的需求和喜好决定获取信息的时间、方式等，还能根据自己的需要定制信息。借助 RSS、Widget 等技术，受众还可以按照自己的兴趣整合网络中的信息，形成个性化的信息门户，因此从某种意义上说，网络传播中的大众传播已经成了小众化的传播。

以上这些特点共同构成了互联网传播的独特魅力，它必将在现代社会传播中发挥着越来越重要的作用，结出累累硕果。

1.1.8 当今哪种传播渠道最有影响力

在当今信息传播领域，电视、报纸、广播等传统媒体，虽然仍具有一定的市场份额和影响力，但面对新兴媒体的巨大冲击，它们的市场份额正在逐渐下降。在《2024 年 315 全媒体舆情分析与品牌洞察报告》[1]中显示，在"3·15"晚会的传播中，传统媒体报道的新闻数量虽然庞大，但相较于社交媒体和短视频平台，其互动量和影响力明显不足。

2023 年传统媒体广告经营状况整体上仍然在持续下降。据 CTR 的广告监测数据，2023 年传统媒体广告下降 1.1%，其中，电视基本持平，报纸下降 10.6%，杂志下降 19.1%，广播下降 12.1%，传统户外增长 3.2%。传统媒体丢失的份额，被互联网新媒体所笑纳。

据 M 大数据统计，2023 年中国电影市场年度总票房为 549.15 亿元，城市院线观影总人数 12.99 亿人次，总银幕数量 86310 块。

我们可以把互联网传播细分为以下几个平台进行细致分析，看看当下互联网传播的影响力到底有多强。

第一，社交媒体。社交媒体在信息传播中占据了极其重要的地位。根据

---

[1] 搜狐. 2024 年 315 全媒体舆情分析与品牌洞察报告（附下载）[EB/OL]. 2024. https://yule.sohu.com/a/766496393_121752970.

《2024社交媒体全球使用趋势报告》[①]，截至2023年4月，全球社交媒体用户占全球人口的59.9%，这一比例在近年来持续增长。在特定事件中，如，社交媒体占"3·15"晚会期间总互动量的绝大部分，显示出其强大的影响力。

第二，短视频平台。抖音、快手等近年来迅速崛起，成为信息传播的新宠。2024社交媒体平台营销增长趋势与KOL商业价值评估报告（精简版）[②]显示，短视频在网络视听行业市场规模中占比高达40.3%，用户达到10.12亿，显示出其巨大的市场潜力和用户基础。在"3·15"晚会的传播中，短视频渠道声量涨幅明显，仅抖音等平台的传播就比上年增长310.3%。

第三，在线视频平台。腾讯视频、爱奇艺、优酷等在线视频平台，为用户提供了丰富的视频内容。我国网络视频用户已达10.67亿人，占整体网民的97.7%，显示出广泛的用户基础。这些平台不仅提供娱乐内容，还成为新闻传播的重要渠道之一。

第四，搜索引擎。百度、搜狗、360搜索等搜索引擎，作为用户获取信息的重要工具，在信息传播中也发挥着重要作用。尽管搜索引擎本身不直接产生信息内容，但用户通过搜索引擎检索和获取信息的行为，使得搜索引擎成为信息传播链中的关键一环。

综上所述，互联网新媒体，是当下传播的宠儿，也是时代传播的王者，其中社交媒体和短视频平台市场份额和用户基础不断扩大，是当前信息传播的翘楚；在线视频平台和搜索引擎作用非凡，传播影响力不容小觑。传统媒体虽仍有一定的影响，但市场份额下降趋势难以扭转。

未来，媒体传播的影响力将随着技术发展和需求变化而不断变化，但无论怎样变化，我们都坚信，互联网传播的发展趋势将是时代最流行、最有影响力的，我们的旅游传播，坚定地拥抱互联网传播，就是拥抱繁花似锦的旅游未来。

---

① WEZO 维卓.《2024社交媒体全球使用趋势报告》.

② 搜狐. 2024社交媒体平台营销增长趋势与KOL商业价值评估报告（精简版）[EB/OL]. 2024. https://news.sohu.com/a/730480218_121676001.

1.2 互联网下传播更容易吗

1.2.1 传播方式的变迁

传播方式是人类传递信息所采用的方法和形式。自古至今，人类传播方式经历了巨大变迁。早期人类传递信息的方式十分简单，主要使用语言及非语言的符号传播信息，如表情、手势、结绳记事、火光、鼓声、音乐、舞蹈等。文字产生后，人类的传播跨越了时空的限制，扩大了传播的深度和广度。近代印刷术的发明、现代电子传播媒介的出现，以及同步通信卫星、光导纤维通信等先进的传播技术，把人类的传播活动推向了极为发达的程度。

从记录方式和载体形式来看，传播方式一般分为口语传播、手书传播、印刷传播、电子传播、数字传播五个阶段。

起初，语言的产生和运用使人类可以将声音与所指的对象分离开来，在一定程度上可以将一些事件和经验进行抽象化的描述，使得传播的方式和信息内容得到扩展，人类也因此可以更加方便地记忆、传递、接收和理解信息。接着，文字的出现延伸了人际传播的距离，拓宽了人类交流的空间。人们运用石头、树皮、龟壳、骨头、木竹、布帛、青铜器等作为文字的载体，信息可以离开人的身体而独立存在，传者和受者在时间和空间上可以分离，从而实现异步传播和纵向历时传播。造纸术和印刷术的发明，是人类传播方式的第三次革命，使文字信息的快速、大量地复制成为可能，书籍、报纸、杂志因此成为主流传播媒介，人类由此进入大众传播时代。

伴随电子通信技术和广播电视的发明，电子媒介应运而生，这便是人类传播方式的第四次革命。电子媒介具有传播速度快、影响范围广，同时易被大众接受等优点，打破了传播时间及空间的限制。基于数字技术、计算机网络技术和多媒体技术的传播媒介出现，是人类第五次传播方式的革命，即数字传播，又叫网络传播。它是现代化程度最高、传输信息速度最快、功能最多，同时能传输文字、声音、图像等多种类型信息的新型电子传播方式，使人类的信息处理、记忆、传输和应用在质和量两个方面都实现了巨大的飞跃。当然，传播方式五个阶段的划分并不是互相排斥的，新的传播方式总是在已有方式的基础上发展起来的，并产生重大突破，而且在不同阶段的过渡期，可能会多种传播方式并存，相互影响和激荡。

1.2.2 传统传播的逻辑

报刊、广播、电视等传统的大众传播方式，是通过某种机械装置定期向社会公众发布信息或提供教育娱乐的平台，其所传递的信息是在特定的时间内由信息发布者向信息接收者单向进行的信息传播，信息接收者仅可被动地接受，没有信息反馈的渠道与方式，因此具有单向、线性、不可选择性特点。在表达形式上，报刊、户外广告仅能通过文字、图片形式进行信息传播；广播仅能通过音频形式进行信息传播；电视仅能通过视频与音频结合的方式进行信息传播，所以传统传播有较大的局限性。

而且，传统传播在信息传播与接收上均体现出较强的限制性，信息的接收者无法在传统媒体未覆盖的范围内进行信息的获取。比如报刊传播的信息局限于自身的纸面上，户外传播的信息局限于自身的版面上，广播传播的信息局限于收音机声音可以达到的范围内，电视传播的信息局限于自身屏幕前的范围内。此外，在传统媒体时代，信息需要有传播者进行整理汇总编排，然后进行印刷分发，通常需要24小时至72小时甚至更长时间才能传递至信息的接收者，信息的传递明显具有较大的滞后性。

可见，无论是单项线性的传播特征，还是传播时空的局限性，都在很大程度上指向一点，那就是传统传播是一种覆盖性的传播逻辑。

1.2.3 PC时代的传播逻辑

PC时代指的是个人电脑（Personal Computer）的时代，它最初出现在20世纪80年代，随着个人电脑的普及和广泛应用，PC时代逐渐成了一个广泛使用的概念。在PC时代，个人电脑借助搜索引擎而成为人们获取信息、学习和娱乐的主要工具。人们可以通过电脑完成作业、处理文件、观看视频、玩游戏等，同时还可以在社交、娱乐等领域中使用电脑。

与传统传播相比，PC时代的传播在源头上有了很大的发展，从原来的"点源"发展到"面源"，传播的主体不再仅仅限于大众传媒组织，任何人都有可能成为网络信息的传播者。在电脑网络上的传播者可以是有组织的网络媒体，这类媒体以互联网为介质构筑传播平台，报道新近发生的各类事情。这类媒体组织，既包括传统媒体在网络上建设的网站，如新华网、人民网、凤凰网；也包括新浪网、搜狐网等商业网站。它们与传统媒体相类似，有一定的媒介组织作为传播的平台，在这个组织中，有专人从事新闻的编辑和传播工作。另一类网络传播者是网络个体，任何掌握一定的计算机使用技巧的人都可以通过网络发布言论。论坛、聊天室、邮件、个人网站、博客、个人空间等都是可以利用的网络平台。

从"点源"到"面源"，必然导致信息量巨量增加，人们为了在"大海捞针"，不断使用"捞针"的工具——搜索引擎，从这个角度上看，PC时代的传播逻辑是搜索，是人去找信息的搜索。

1.2.4 移动小屏时代的传播逻辑

随着宽带无线接入技术和移动终端技术的发展和成熟，移动互联网取代PC互联网成为主流的传播媒介，其工作原理为用户端通过移动终端对因特网上的信息进行访问，并获取一些所需要的信息，人们可以享受一系列的信息服务带来的便利。以智能手机和平板电脑等小屏智能终端作为主要传播媒介的移动互联时代被称为小屏时代。小屏时代的信息传播对主体、受众及传播方式都进行了重新的定义。信息传播者也不全是专业新闻从事者，人人都可以成为新闻生产者、新闻制造者，可以使用手机拍摄新闻照片、视频，配上相关文字通过移动网络利用微博、微信、抖音、小红书等渠道就可以迅速发送出去，信息的传播过程简化。只要有一部智能手机，传播新闻就不像传统新闻生产那样，需要审稿、印刷等烦琐的程序，简单而凸显即时性。传统意义上的新闻生产者也会成为受众，然后根据用户发送的实时新闻挖掘报道新闻背后那些鲜为人知的故事。

小屏时代的到来，让受众的主体意识发挥到极致，受众在整个传播过程中主动地、有选择地接受信息，而且可以主动发布信息，凭借积极参与、广泛互动实现自我赋权。人们通过不同途径表达自己的意见，发出自己的声音，受众被赋予更多的个性展示空间，彰显了强烈的主体意识。比如，他们可以随手拍摄记录身边的新鲜事、生活中的点点滴滴，制作独创的视频作品，通过抖音、小红书等与他人分享，满足自我展示的社交需求。在这里，传受双方泾渭分明的界限被打破，受众由"消极"变为"积极"。因此，小屏传播是一次来自终端的、自下而上的传播革命，彻底改变了传统传播的逻辑。

在移动小屏时代重新定义传播的背景下，大数据、算法、算力的洪荒之力和圈层网友的转发分享，使得信息可能不再经历千辛万苦，就会轻松穿透层层障碍，飞驰来到你的面前，昭示着移动手机传播时代的传播逻辑正在由搜索转换成为推荐，是那种信息去找人的推荐。

1.2.5 移动小屏时代的传播特点

移动小屏时代的传播特点，主要表现在以下几方面：

一是移动性。相比其他传播媒介，移动小屏传播最基本、最显著的特点就是移动性。以往人们阅读报刊，观看电视，收听广播，抑或浏览电脑一般在固定场所，而智能手机通常随身携带，甚至24小时不离身，人们可以利用空闲时间在任意地点刷朋友圈、刷微博，浏览时事新闻，所以移动小屏媒体不受空间限制，无论何地都可以随心所欲地使用。

二是全时性。智能手机"24小时在线"，使信息的传播具有全时性，无论什么时候发生什么事情，都可以在第一时间发布在手机媒体上，最后被用户所获知。24小时不间断发稿、播报，新闻滚动更新，信息的采集、加工、制作、传递几乎实现了同步，只要拥有一部智能手机，就可以随时发布信息或者随时接收信息。用户不用专门打开新闻客户端或者浏览器搜索新闻，因为新闻客户端或者其他App应用软件会在消息更新的同时采用铃声或者振动的方式向用户推送即时的新闻信息。同时手机传播的信息还具有一定的"信息接收的异步性",如所有信息送达,用户可以在方便的时候再去翻阅,从而可以按照自己的意愿进行信息的接收和利用。全时性模糊了工作与休息的界限,使人的躯体、感官被无限延伸,新闻信息的获取变得轻而易举,同时使分享的成本降到最低,轻轻点击转发信息就可以被许多人所知晓。

三是泛众化。纵观传播发展历史,传播对象经历由自我传播—人际传播—大众传播—分众传播,再到小屏时代泛众化传播的演变过程。泛众传播是以网络为基础,面对所有人提供的个性化传播,是多对多、一对一同时发生的传播。多对多是所有人对所有人的传播。传播的主体可以是任何人,只要使用微信或者微博,都可以是传播活动的信源。若一条涉及社会公众利益的信息出现,政府、媒体、个人都会以任何可以传播的方式对其进行传播,而传播的对象同时也是所有人。一对一是指在对单个对象,根据定位提供人性化的信息服务。智能手机都有定位服务功能,当用户处在某一个精确定位的地方,微信、微博、视频 App 等都会根据用户的定位提供精准化的服务。不仅给用户发送其想要了解的周边信息,还给用户发送当地的实时新闻。

四是沉浸式。在小屏时代,我们所有的需要,不论是物质的还是精神的,都可以在小屏媒体上找到寄托或者慰藉,随时发生、无限发展的小屏传播,使人人逐渐成为媒介本身,兼具人本性和数字人格,置身于无时无刻不在信息传播过程之中,这个过程就是"定位—传播—反馈—再定位—再传播—再反馈"。个体拥有手机媒体,就可以在某一个点把所看所想通过手机发布,让身边的人所知晓、评论、交流、反馈等,它是一个人完全专注于个人的动态定制的传播过程。

五是交互性。传统格局中的信息传播,通常存在某种权威或意见领袖,对某种事物提出意见然后传播出去,当它传达到一般受众时,在时间上或多或少造成了一种距离,反馈是一种"延迟"的行为,搜集众多的反馈更是有很大的难度。在小屏时代的信息传播过程中,传播者和受众在时间上有一种"即时"效应,手机信息的传者和受者之间可以随时进行互动沟通,甚至是多向的沟通。较之 PC 媒体，小屏媒体使得一般受众可以成为传播媒介，每一个用户都可以通过手机媒介发布信息。在手机传播信息的过程中，信息是在传播者与受众的互动过程中形成的，以至信息的发布与互动几乎是同步进行的，从而使交互性得到前所未有的加强。

1.2.6 互联网下传播其实更难

从传播内容和传播速度上看，互联网传播已极大超越传统传播，但是由于信息来源太广泛，导致互联网上信息泛滥，而且真伪难辨，因此互联网上的有效传播，其实难度更大。

信息化拓展了传播渠道，提升了传播的实时性、便利性和可达性。但是移动智能手机和社交媒体缩短了人类平均注意力的时长。据微软公司的一项调查，2000 年人类注意力平均时长 12 秒，而 2013 年只有 8 秒，且传播的渠道越来越多。信息过剩使"大众注意力"成为稀缺资源，即使优秀的内容，真正被看到、被听到越来越难；话题热点层出不穷，花样空间破碎割裂，吃瓜循环不断加速，大众的注意力被消耗在一个又一个爆点话题带来的时间碎片中；信息要穿越"头部热门话题"到达受众已经难度不小，而维持长时间的热度几乎是"不可能的挑战"。所以，从总体传播效果来看，传播不仅没有变得容易，反而会越来越难。

在网络上传播的巨量信息中，不真实的甚至虚假的信息屡见不鲜。一些网站把媒体上发布的信息进行加工剪裁，缺乏完善的信息发布机制，加之人力财力有限，不可能对发布的所有信息的真实性进行核实；还有的受商业利益驱使，为引起"轰动效应"、提升点击率而故意传播虚假信息。上述种种原因使商业网站所发信息的真实性、可靠性大打折扣。有些组织或个人通过联网主机发布信息的情况更为复杂，既可以通过自己的网站发布信息，还可以在 BBS 上、新闻组里、公告板上甚至电子邮件里发布信息。每个组织的动机千差万别，每个人的素质或高或低，匿名假名、多渠道随意快捷发布不经过审查的信息，使得虚假信息的传播就成为极有可能和非常容易的事了。

总之，我们由一个缺乏知识的年代进入一个知识泛滥的年代，网络上的信息太多、太杂，人们往往不知道该选择哪一些有用的信息。信息洪流不仅带来了视野的拓展，也带来信息焦虑，特别对于选择困难户来说，要么"纠结到底就是胜利"，要么"选项太多，我选择放弃"了。

1.3 谁是使用互联网的主力军

1.3.1 20世纪60年代互联网的诞生

1969年，在美国国防部高级研究规划署（ARPA1）主导下，研究人员运用分组交换技术将几所大学的计算机主机连接起来，以满足军方的需求，一种由军方主管并操控的中央控制的网络结构——互联网的前身阿帕网应运而生。随着越来越多军事基地的接入，网络规模不断扩大，阿帕网的潜在价值也被不断发掘，促使ARPA开始认真考虑链接不同网络而实现转型的问题。20世纪80年代中期，阿帕网在教育领域中巨大的潜在需求被挖掘出来，在美国国家科学基金会（NSF）的推动下，阿帕网被扩展为"军网"和"科研教育网"两大部分。教育领域普及该网，意味着互联网向全面普及迈出了关键一步，而基于社会对网络的巨大联通需求以及经济利益的驱动，商业公司开始介入互联网的开发，互联网作为一项军民两用技术，从此步入了全面的开放时期。

1.3.2 20世纪90年代以后互联网风靡全球

1993年，美国总统克林顿宣布正式实施"国家信息基础设施行动计划"，并投入5400万美元的启动资金。这一宏大计划的展开，使互联网受到全世界的热切关注。从1994年开始，互联网开始由科研教育服务为主向商业性计算机网络转变，一批以提供搜索引擎为主要服务内容的公司，如Yahoo等应运而生。1994年11月，美国网景公司推出互联网浏览器Netscape Navigator 1.0，极大地方便了人们在网上的搜索和浏览，激起了用户上网的高潮，推动互联网完全走上商业化的道路。1996 年以后，各国对网络基础设施建设不断加大投入，互联网在全球迅猛拓展。如今，互联网已成为连通世界上几乎所有国家的交际网，也是当今世界推动经济发展和社会进步的重要信息基础设施。

1.3.3 00 年代互联网成为传播主渠道

20 世纪末，人类传播史上一个崭新的标志，就是以互联网为代表的网络传播媒介的出现和崛起。网络传播媒介以快速、海量、多媒体、互动性、超文本性等特征，打破了传统传播的格局，给传播领域带来了一场惊天动地的革命。2000 年是信息技术史上一个重大的转折点。一方面，电子芯片技术更加进步，Intel 发布了经典的 Pentium 4 处理器，占据了更大的市场份额；另一方面，与网络系统结合紧密的操作系统更加成熟，软件巨无霸 Microsoft 发布了基于 Windows NT 网络系统的 Windows 2000 抢占服务器市场，随后又发布了最为经典的 Windows XP，这一切都为经济社会活动的信息化打下了技术基础。与此同时，我国高度重视产业信息化，大力推进网络基础设施建设，用户由 56K 到 128K、384K、512K，逐步实现了 ADSL 的全民普及，为全民信息化夯实了用户基础，互联网由此从"科学研究"阶段转向"野蛮生长"阶段：2000 年百度正式上线，推出了中国第一个搜索；2003 年阿里巴巴推出了面向个人的 taobao.com 和支付宝，形成了新的电商生态；而最早运行起来的 Tencent 的 OICQ 则成为各地网吧网聊的利器。一时间，网络游戏、上网冲浪等网络生活成为时尚的代名词。总体来看，00 年代是中国互联网高速增长的十年，中国网民从 2000 年的 0.2 亿增加到 2009 年的 3.84 亿，为此后十年我国实现"互联网+"战略提供了重要条件。

1.3.4 谁是网络原住民

网络原住民是指在数字技术被大规模使用之后出生的，生活在被电脑、视频游戏、数字音乐播放器、摄影机、手机等数字科技包围的时代，本能地精通各种数字化工具和技术，能熟练使用数字化语言的群体。2001 年，美国学者马克·普伦斯基在"数字土著，数字移民"一文中正式提出网络原住民的概念。

网络原住民从小就习惯数字化生存，每天花费大量时间接触数字设备，对他们而言，电脑、互联网、手机等数字设备已成为信息获取、休闲娱乐不可或缺的存在。由于成长环境的迥异，网络原住民在认知结构、思维方式方面与过去群体有所不同。网络原住民能够迅速地接收信息，喜欢同时处理多种任务，偏好在文本前呈现图表，喜欢超文本式的随机进入文本，在网络上工作时发挥最好，更青睐游戏式的工作。

美国人口统计学家将出生于20世纪80年代到90年代中期的人称为网络原住民。概念提出者马克·普伦斯基将数字原住民界定为1985年以后出生的网络用户；心理学家唐·塔普斯科特指的是迎接着数字化革命的到来，出生于婴儿潮再现时期的年轻人；班尼特则认为如果按电脑出现的时间来算，1980年以后出生的网络用户都应被划分为数字原住民。虽然对网络原住民的界定存在差异，但可以从中提取出网络原住民界定的关键因素：一是将年龄作为界定标准，二是在家用电脑和网络的陪伴下长大。在中国，虽然1994年电脑开始走入家庭，1995年5月中国普通公民开始进入互联网领域。但是，直至21世纪初，中国互联网和家庭电脑才真正普及。进入21世纪，全国掀起了第三次计算机普及高潮，前两次针对大学生和公务员群体，这次普及的对象扩大到中小学生。同时，普及的切入点是网络应用，一改前两次普及以计算机语言和办公自动化为主题的高深和艰涩。自此，计算机和网络成为广大人民的工具，成为亿万群众生活中的一部分。因此，中国学者郭孟虹将2000年作为中国互联网普及节点。为了研究和调查统计的方便，她以年龄作为划分中国网络原住民的标准。根据定义，其至少应在儿童时期就开始接触互联网。因此，1986年为中国网络原住民的开始节点，也就是说在中国1986年后出生的人即为网络原住民。

1.3.5 泛Z世代使用互联网的特征

Z世代，也称为"网生代""互联网世代""二次元世代""数媒土著"，通常是指1995年至2009年出生的一代人，而所谓"泛Z世代"则是"90后"和"00后"的统称。泛Z世代是网络原住民的主体，他们一出生就与网络信息时代无缝对接，受数字信息技术、即时通信设备、智能手机产品等影响比较大。在互联网使用上，泛Z世代表现出以下三个主要特征：

一是生存方式数字化。纵观国内泛Z世代的成长经历，始终与中国互联网的飞速发展同频共振。与"80后"在成长过程中逐渐"迁入"互联网不同，泛Z世代的成长是深度"嵌入"互联网的，他们的学习、生活、社交等社会化进程高度依赖虚拟的互联网，他们是典型的数字化生存的第一代人。国务院2022年4月发布的《新时代的中国青年》白皮书指出，到2020年年底，中国6岁至18岁未成年人网民达1.8亿，未成年人互联网普及率达94.9%，互联网已经成为当代青少年不可或缺的生活方式、成长空间、"第六感官"。

二是集聚于二次元空间。虚拟的互联网世界为泛Z世代的社会化进程提供了多样的媒介，而泛Z世代的想象力则对互联网的应用场景提出了更高的需求。泛Z世代不满足于容纳人数有限的现实互动游戏，于是网络游戏大行其道；不满足于传统的文字叙事，于是有着强烈视听体验的动漫成为他们获取新知和寄托情感的重要载体；不满足于互联网对现实生活镜像般的简单反射，于是再造一个瑰丽的"平行宇宙"成为他们社会化进程中的刚性需求。二次元文化逐渐成为泛Z世代在网络空间的主流文化样态，二次元叙事成为泛Z世代的主要话语体系，二次元空间成为泛Z世代最重要的网络聚集地。

三是热衷于模因文化。对于泛Z世代来说，模因（meme）是他们交流以及上网时间的重要组成部分。在了解泛Z世代使用社交媒体的原因时，寻找模因等内容是他们的三大动机之一。仔细观察泛Z世代关注的账户类型，就会发现娱乐、模因或模仿账户位居第二，仅次于家人和朋友。泛Z世代热衷于meme梗图，主要原因一方面是在模仿中狂欢。米哈伊尔·巴赫金在狂欢理论中认为，在狂欢的生活中，平民可以获得充足的话语权，不再束缚于等级世界，在平等的关系下，勇敢发泄情感，这就是狂欢的价值所在。在社交网络的虚拟性、匿名性和可互动性消除了现实世界的等级秩序，网民可以自由地模仿制作和发布meme梗图，并且借此获得狂欢的感受。另一方面是获得认同感。通过对其他个体行为的模仿，进而获得他人的认同感，是人们想要融入主流文化圈并变成主流文化圈中一部分的首要行为。而在匿名性为特征的网络中，受众对模因在心理上接受、认同和模仿则是其网络传播的基础。同时是反抗传统话语权。渴望表达却缺乏话语权的新一代年轻人，在网络场景中表达自我认知、争夺话语权以及反抗现实，使得 meme 梗图广泛流行。Meme 梗图通过"拼接"和"恶搞"的形式对经典进行解构和重构，其在传播过程中逐步形成了区别于他者的全新语境，某种程度上成为建构身份认同的载体，显示出了泛 Z 世代对传统话语体系的有形反抗，以及拓出一片蔚蓝晴空的坚定情怀。

1.4 泛 Z 世代有哪些基本消费特征

1.4.1 获取消费信息主要渠道是互联网

泛 Z 世代成长于互联网高度普及的时代，他们习惯于在互联网上获取信息、社交以及娱乐，对虚拟环境有着较高的依赖性。《魔镜市场情报》认为，作为第一代完全投身数字化生活的年轻人，泛 Z 世代的信息获取和消费方式发生了根本性的转变。与上一代人相比，他们获取消费信息的主要渠道是互联网，可以说是"无网络，不消费"的一代人。南都湾财社发布《2023 年度 Z 世代消费趋势洞察报告》显示信息获取渠道方面，互联网广告是 Z 世代受访者主要的信息获取渠道，占比 84.82%。社交平台上 KOL 带货推荐也是受访者掌握商品信息一大渠道，占比 54.45%。另外线下实体店也是主要渠道之一，占比为 43.46%[1]。

伴随 20 余年互联网购物的不断发展，他们获取消费信息和购物行为由最初依赖传统电脑网络，转换成以手机为代表的移动互联网终端，而且商品信息获取和购物渠道不再拘泥于单一购物功能的淘宝、京东等纯电商平台，小红书、抖音等社交电商平台受到追捧。诞生于 2016 年的直播购物，更是深受年轻人喜爱。直播购物更好地融合了网红经济和社交电商的优点，具有影响力的主播通过向自己

---

[1] 《南方都市报》. 消费更理性更悦己！Z 世代消费趋势洞察报告正式发布[EB/OL]. 腾讯网：https://new.qq.com/rain/a/20231117A0AM8D00.

的客户推荐个性化的商品，使大量的客户聚集在同一直播间，并呈开放式地展现推荐商品，在直播间和客户进行频繁互动，完美体现了社交电商的优势。娱乐、分享、互动影响了年轻人的购物行为，成为影响购物决策的重要因素。

1.4.2 偏好兴趣社区和追随偶像

相较于其他社会群体，泛Z世代较少参与线下社交，更多依赖于线上网络社交，他们出于自由选择和个性表达聚集成感兴趣的网络社区，比如音乐、游戏、短视频、动漫等多元娱乐场景。在自己喜爱的社区，泛Z世代自我感觉更加轻松自在，他们浏览社区最新动态，检索感兴趣的内容，发表个人观点，与其他用户互动，与大V对话互动，相互分享、进行社交并被认同，达到自我提升、满足归属感、消除社交焦虑等目的，基于兴趣社区的消费意愿也更加强烈。在互联网发展早期，以天涯社区、百度贴吧等为代表的兴趣社区1.0产品，由于不同兴趣圈层之间相对独立，互动性弱，在传播上具有一定的壁垒，近年来较少受年轻人青睐。随着移动互联网的开启与普及，微博超话、B站、小红书、快看等能够满足用户细分兴趣需求的社交产品应运而生，兴趣社区2.0时代来临，吸引了一批又一批的年轻人入驻。

因为热衷于追求丝滑的"人设"，泛Z世代格外喜欢追随着偶像的步伐。这里的偶像并非单纯指代某一个实实在在的个体，只要寄托了美好的愿景和"人设"，哪怕虚拟形象也丝毫没关系。不同时代的偶像们都用他们的作品和言行，打动和影响着属于他们时代的年轻人，在社会历史的发展进程中留下独特的文化印记。泛Z世代的偶像们不仅是社会文化中"精神力量"的创造者，而且还深度参与经济产业生态链和价值创造的过程，产生了不可小觑的"经济力量"。Quest Mobile数据显示，2018年Z世代因偶像推动的消费规模超过400亿，其中有接近70%的Z世代年轻人会愿意购买"爱豆"[①]周边及同款产品，或是其代言推荐的产品，这或许会让Z世代觉得更接近自己理想的"人设"。另外，

---

① 英文idol的音译。

Z世代人群还偏爱跟着KOL直播种草,有数据表明,30%的Z世代群体在购物前会受到明星KOL流量及口碑的影响①。由此可见,在泛Z世代中,追随偶像的普遍性和偶像经济重要性,其原因可以做如下解释:数字化的线上消费场景放大了消费者在决策过程中面临的信息过载问题,增加了消费者决策中的信息搜寻和处理成本。同时,线上购物缺乏体验和配套服务的特点,加剧了产品信息的同质化。如何寻找有效的信息,让消费者在大量冗余的网上信息中注意到企业产品,正是数字化竞争中尤为突出的挑战,而这强化了偶像代言的价值。

1.4.3 追求个性标签和时尚潮流

泛Z世代有鲜明的个性。一方面,泛Z世代追求个性审美,为热爱发声,也为热爱互相认同;另一方面,泛Z世代坚持多元的美,让不同的美和谐共存。泛Z世代的消费圈对电子竞技、二次元、古风服饰等均有涉及。这些消费圈与泛Z世代本身的独特个性和广泛兴趣紧密相连。受个性与兴趣的影响,大众文化与小众文化的概念在逐渐模糊,小众文化爱好者基于互联网而联系聚集起来,使得小众也有可能逐渐变成大众。因此,除了主流文化,一些小众的、独特的文化也容易受到泛Z世代的关注。尽管一面追逐潮流,一面追逐小众文化,这看似十分矛盾,却体现了泛Z世代的消费需求显得合理。同时,受网络信息爆炸的影响,与其他世代相比,泛Z世代接触的信息更加繁杂与多样,这就直接导致他们的思想不会拘泥于一角。可以说泛Z世代是最具有想象力的一个世代,每一个泛Z世代圈层甚至个体都有其自身的独特性,不能简单地以某一个标签来进行分类,而必须考虑他们各自独特的个性特点。因此,在当代如此繁多的信息中,只有那些能引发泛Z世代兴趣的、符合他们个性化需求的产品,才有可能被他们所钟情和信赖。个性化的产品对于他们来说,不仅能够彰显他们自身独特的品位,还能满足其自身的兴趣爱好。

泛Z世代一方面更注重独特性,是潮流时尚消费领域的主要人群。他们

---

① 北京商报. 我的青春我做主——Z世代人群整体画像[EB/OL]. 新浪财经:https://t.cj.sina.com.cn/articles/view/1988645095/768850e702000xsfe.

更愿意将潮流看作一种标榜自我独特性的生活态度，具体主要通过兴趣、穿搭等外显特征表现。另一方面泛 Z 世代是潮玩品类消费的主要力量，会为追求惊喜感而购买盲盒。"时尚性"对泛 Z 世代而言，已经成为一种追求潮流的意识。其原因有三：一是随着社会经济的发展和电子商务的兴起，泛 Z 世代拥有更多接触时尚潮流的机会；二是泛 Z 世代的物质基础丰厚，他们的消费能力足以支撑其追求高品质的时尚性消费；三是科技进步推动产品生产周期不断缩短，可供消费者选择的优质品种样式层出不穷，产品周期的缩短反过来又会促使泛 Z 世代审美趣味的提升。所以，泛 Z 世代对"时尚性"的追求，无形中要求产品的时尚性设计更加突出和亮眼。

1.4.4 平稳时谨慎狂热时冲动

泛 Z 世代是"理性消费"与"冲动消费"的矛盾体，在消费之前他们会做大量的功课，浏览各种评测，在不同的电商平台上进行比价、官网验证等，表现得十分谨慎。如果收货后不满意，相当一部分人还会选择退货。DT 研究院和美团外卖联合发布的《当代青年消费报告》也显示，Z 世代在消费上更加理性。65.4% 的 Z 世代受访者认同"量入为出，消费应该量力而行"，47.8% 的受访者认为消费时"不浪费，需要多少买多少"。在理性消费理念支持下，购物前，为了让每分钱都花得"物有所值"，约有 63.6% 的受访者会注重做攻略，51.0% 的受访者会主动寻找商品的优惠券，49.0% 的受访者会选择与人拼单购买商品。① 然而，有时他们又表现出狂热时的冲动，愿意为兴趣爱好、文化情怀等精神富足买单，愿意为听演唱会、看艺术展欣然下单，更愿意为自己的爱豆同款而一掷千金。他们做出决定后，就不会再犹犹豫豫了，往往表现出一种"做都做了，爱咋咋地"的洒脱。直播电商的火热，应该可以给这个结论添加佐证。

---

① DT 研究院. 不抠"钱"但抠"物"？《当代青年消费报告》总结年轻人消费新潮流［EB/OL］. 首席营销官. https://www.cmovip.com/detail/29826.html.

1.4.5 颜值和亚文化牵引消费行为

泛 Z 世代成长于更包容、更开放的环境中，从小接受到更多的审美教育，因此他们有更高的审美能力，同时泛 Z 世代不再像父辈那样忧心物质的贫乏，物质富足带来的精神需求使他们接触美、接近美，与美对话。无论是穿着搭配、化妆，还是日常物品的选购，美成为他们选择的第一标准，并愿意为美付出更多的时间与金钱。尼尔森 IQ 调研最新数据显示，70% 的 Z 世代受访者都有"颜控"倾向。可以说，商品颜值在年轻消费者购买的决策过程中，正扮演着越来越重要的作用。软饮界的元气森林、咖啡界的三顿半、雪糕界的钟薛高、彩色隐形眼镜界的 KILALA 等新兴品牌都凭借着高颜值的产品设计及口碑力量的持续发酵，在年轻消费群体中迅速蹿红，并受到热烈追捧。中商产业研究院数据显示，我国医美行业消费者以年轻消费者为主，平均年龄为 24.45 岁，2019 年 25 岁以下的医美消费者占比约 54%，Z 世代成为医美消费的主流。

泛 Z 世代热衷于各种亚文化消费，包括二次元、虚拟偶像、盲盒、模玩手办、网游等等，展现出强大的市场消费力。对于泛 Z 世代来说，亚文化消费充当了社交货币的功能。购买盲盒、手办、游戏皮肤等可以供圈内人相互交流，互相晒娃，如果有重款可以进行交换，还可以作为礼物在朋友间进行流通。手游、网络游戏需要跟朋友一起组队和其他玩家对战，击败其他玩家提升段位，将自己的段位挂在朋友圈甚至全服的榜单上进行炫耀，可以获得认同感和优越感。亚文化消费牵引社交产生的攀比和优越感可以让人在一瞬间达到快感，实现了情感慰藉、社会联结、自我实现、群体身份认同等功能。

1.4.6 注重体验和消费评价

伴随收入水平的提高和休闲时间的增加，泛 Z 世代的消费需求不仅仅停留在拥有产品和服务方面，而且更是追求特定的体验，感受服务的多样性。他们把追求体验放在首位，"花钱买刺激""买体验，而不是商品"已经成为一种新的消费时尚，更注重"经历"而非"拥有"。泛 Z 世代特别看重购物体验、浏览体验、场景体验、试用体验、触摸体验、画面体验、视像体验、观感体验、氛围体验和服务体验等，他们喜欢仿真模拟、实景仿造，智能穿戴设备的装配，喜欢线上线下无缝连接的服务、限量版产品、小众品牌，以及体验式环境；他们看重物品的质感、美感、观感、色泽、颜值、纹饰、线条、肌理以及耐用度、舒适度、光洁度等，更喜欢那些能够给自己带来情感慰藉和心性滋养的商品；他们强调与物品之间的"眼缘"与"秒见生情"，得到了钟爱的物品则喜不自禁，如果无法拥有则怅然若失。

泛 Z 世代也乐于分享产品与服务体验，甚至与品牌方直接进行沟通与交流、表达想法。相比于其他群体，泛 Z 世代更为开放、大胆。他们表达自己，乐于分享，也希望被倾听。年轻消费者更容易受到分享带来的刺激和影响，从而增加购物的冲动。购物之后，往往都会跟随进行分享，最终形成"分享—购买—分享—再购买"的裂变模式。21 世纪经济研究院调查发现，62.76% 的 Z 世代在发现自己喜欢的品牌时会向身边朋友"种草"，而 52.03% 的 Z 世代则是通过朋友的"种草"了解到新的品牌。一方面，好物种草、互卖安利的行为，满足了 Z 世代们的分享欲，为他们创造了更多的共同话题；另一方面，种草与被种草的过程也会加深朋友之间的认同感和存在感。

1.5 泛 Z 世代有哪些旅游消费特征

1.5.1 全程网络，无网络不旅游

旅游活动是怎样的一个过程呢？是游客在旅游地的一切旅游活动吗？当然是，但也不全是。为什么？因为互联网改变了泛 Z 世代的旅游习惯，他们在到旅游地旅游之前就开始一系列的准备工作了。去哪里旅游呀？玩什么？吃什么？买什么？他们都在网上解决这些问题。在旅游结束之后，跟亲戚朋友说点什么感受，分享点什么故事，送点什么东西带回来等，他们也通过互联网实现了。旅游的时光似乎很短暂，但回味却很长久。

01. 旅游传播为什么要燃？

"全程网络，无网络不旅游"已成为现代旅游业的重要特点，深刻地展现了科技与旅游的紧密融合。通过网络，游客可以便捷地获取丰富的旅游信息，享受实时互动、个性化定制服务以及移动支付等便利。同时，社交媒体和虚拟现实技术为旅游推广和体验提供了全新渠道。然而，这种趋势也伴随着网络安全和信息真实性的挑战。因此，在享受网络带来的便利时，游客需保持警惕，确保个人信息安全。总之，网络已深度渗透到旅游的各个环节，为现代旅游带来了前所未有的便利和美好体验。让我们来看看泛Z世代在旅游全过程是如何快乐地使用互联网的吧。

王聪的旅游网络生活[①]

1996年出生的王聪，现在定居南京，是个热爱旅游的年轻人。他的旅游经历从与家人同游，以报团或自驾游为主，逐渐转变为享受独自旅行的自由与随性。今年5月，他独自前往厦门，深入体验了当地居民的生活方式，享受海鲜、阳光和海浪带来的乐趣。他的旅游信息获取渠道也从学生时代的马蜂窝转变为知乎、微博、小红书和B站等多元化平台。在B站上，一位厦门旅游博主的视频激发了他对厦门的兴趣，从而决定"说走就走"。

在旅行准备阶段，王聪通过不同平台比价购买机票、火车票、酒店和民宿等。他选择在去哪儿旅行、携程App和航空公司官网购买机票，利用12306官网和智行App购买火车票，并通过阿里飞猪、去哪儿旅行平台预订酒店和民宿。

在旅行过程中，王聪通过手机应用进行攻略查询、门票购买、美食搜索和租车自驾等活动。他使用携程购买景区门票，通过大众点评寻找美食，以及神

[①] 案例来源：根据访谈资料编写，王聪系化名。

州租车App进行拼车或租车自驾。他深入体验了厦门鼓浪屿、环岛路、植物园、环东滨海旅游浪漫线等美丽景点，并在朋友圈实时分享了他的旅行点滴。回到南京温暖的家之后，还在京东上买了几盒在厦门吃过的味道不错的馅饼。

除了享受旅行的乐趣，王聪还乐于将他的旅行经历分享给朋友和社交媒体上的粉丝。他通过小红书等平台发布旅行攻略和心得，记录生活的美好瞬间。这种分享不仅增进了他与朋友之间的互动，也让他的旅游经历更加丰富多彩。

纵观王聪的旅游全程，与网络密不可分，全程依靠网络完成各项旅游服务，可谓是旅游网络生活，无网络不旅游，这正是跟王聪一样的众多泛Z世代年轻人旅游行为的明显特色。

首先，作为网生一代的泛Z世代，与全网用户移动互联网使用时长及App个数对比数据可以看出，泛Z世代无论是用网时长还是App软件使用量都远高出全网用户，泛Z世代平均每天会在至少5个平台上看68个视频，44%的泛Z世代至少1小时检查一次自己的社交媒体，在同一时间内可以横跨5个屏幕，Bilibili网站是Z世代重要的聚集地。

泛Z世代日常的用网习惯，也决定了旅游过程中的无网络不旅游，泛Z世代同样热衷于在社交网络上分享自己的旅行，对他们来说，旅行的结束不止于行程的结束，而是要享受在社交网络上通过分享美图和视频带来的社交长尾。

厦门环岛路
图片来源：趣游一厦微信公众号

报告显示，85.09% 的 Z 世代热衷于在网络上分享自己的旅行内容，其中，近六成受访者表示喜欢在旅行中分享自己的见闻和趣事，近半数的 Z 世代旅行者表示会在旅行后整理和分享自己的旅游攻略。

1.5.2 打卡分享，我在我炫我的人生

虽然我国大部分泛 Z 世代多为独生子女，但成长在互联网时代的他们，天生具有社交基因。家庭中缺少同龄人的陪伴，促使他们在社交网络中分享自己的生活，交流自己的兴趣。泛 Z 世代热衷于在社交网络上分享自己的旅行，对他们来说，旅行不仅是游玩，还要享受通过分享美图和视频带来的乐趣，展示"我在、我炫，我旅游"的人生态度。"打卡分享，我在我炫我的人生"这一表达方式凝聚了当代年轻人借助社交媒体平台展示自我、记录生活的鲜明特点。他们通过拍照、录像和文字等形式，记录并分享自己的独特经历、生活片段和旅行故事，向外界展现自己的价值观、生活态度和审美偏好。这一过程不仅满足了他们自我表达的需求，也促进了与他人社交互动和连接。同时，打卡分享也成了一种记录生活的方式，帮助人们留下珍贵的回忆。此外，它还体现了年轻一代追求个性与独特性的趋势，让他们在社交媒体上塑造出与众不同的自我形象。对于商家和品牌而言，打卡分享更成为一种有效的营销和推广手段，有助于提升品牌曝光度和用户参与度。

itsRae 的旅行打卡记 [1]

Vlog 已成为现代生活中记录点滴的新风尚，吸引了无数人的参与和关注。其中，itsRae 以其独特的视角和真挚的情感，成功在短视频平台崭露头

---

① 案例来源：itsRae_百度百科（baidu.com）[EB/OL]. https://baike.baidu.com/item/itsRae/49951919.

角，成为备受瞩目的旅行达人。作为Papitube旗下博主和微博签约自媒体红人，itsRae通过拍摄单人旅行Vlog，以真实、生动的画面和故事，吸引了千万粉丝的关注和喜爱。

自2018年8月起，itsRae开始分享她的旅行经历，从纽约的毕业生活到犹他的自驾探险，再到摩洛哥、冰岛、张北草原等地的精彩瞬间，她的镜头捕捉到了世界各地的美景和人文风情。在Rae的镜头下，旅行不仅仅是看风景，更是一次心灵的旅行，有沿途风景的惊艳，也有人和故事的感动，还有中国古老文化的传承。Rae以其独特的方式，展现了旅行中的自由、坚强、独立和决断，让观众深刻体会到旅行的魅力和她个人的风采。

Rae的Vlog作品广受好评，不仅在短视频平台上获得了大量的点赞量和粉丝数，还荣获了多项荣誉，包括"第三届中国直播与短视频峰会"年度最受欢迎Vlog达人、福布斯中国三十岁以下精英榜等。她的代表作品《在所有和纽约有关的记忆里，我最喜欢你》《冰岛的极光和瀑布，足够让我热泪盈眶》等，更是引发了广泛的关注和讨论。

如今，itsRae已经成为抖音等短视频平台上备受瞩目的旅行达人，她的作品不仅展现了旅行的美好，更传递了积极向上的生活态度和正能量。她以"一个相机，一个无人机，一个三脚架和一个她"的简单装备，捕捉到了世界的美好，也让我们看到了旅行的无限可能。

超过90%的女孩都梦想着可以周游世界，但大部分的女孩往往会被旅途中的种种艰难给劝退。而Rae并没有因此害怕，而是勇敢地凭借自己的力量去了解世界，在她的视频中，我们能够看到她在旅途中遇到的麻烦，也可以跟随着她的脚步去欣赏美丽的风景。有粉丝说：Rae活出了每个女孩子都想活出的样子。据青山资本调查显示，"Z世代"KOL正在崛起，包括小红书、B站在内的这些以内容分享为主的网站中，大部分KOL都是"Z世代"群体。不少人希望将Vlogger作为终身职业。越来越多的游客会在旅游过程中晒图、晒视频，来记录和分享旅游行程中的见闻，而更多的潜在游客则可通过这些可视化的旅游信息进行旅游目的地的选择。这种新兴旅游信息传递方式的出现，催生了一批批"网红打卡"旅游目的地、网红景区和网络红人。"网红打卡"逐渐成为引导游客旅游决策的重要因素之一。

1.5.3 圈层同行,身份的认同和自我的体现

圈层同行,身份的认同和自我的体现,这一现象体现了现代社会中人们寻求归属感和自我实现的一种趋势。在特定的圈层或社群中,个体通过与志同道合的人共同行动、交流分享,不仅获得了身份的认同,也得以在群体中展现自己的独特性和价值。这种同行不仅是对共同兴趣、理念或目标的追求,更是一种自我表达和自我实现的途径。在圈层中,个体可以找到共鸣和支持,同时也在不断地互动中塑造和强化自己的身份认同,从而实现自我价值的肯定和提升。因此圈层同行的行为内容是兴趣相投,特点是广泛交友。摄影圈、同人圈,素不相识,只要兴趣相同,便能"面基"。除了传统和亲友旅游,年轻人也喜欢和同好一起旅行,在旅行中结识同好。圈层因为兴趣联系在一起,互联网的豆瓣小组、超话、Q 群,更是促进了圈层的分化,让你轻松找到自己的圈层。圈层让人摆脱现实中熟人社交关系的束缚,打破固化的身份和人设。圈层同行,可以在旅游中有相同的目的地、类似的旅游选择,让旅行过程更愉快,在泛 Z 世代之间产生强烈的共鸣。

草莓音乐节——这个圈层嗨 [①]

草莓音乐节是国内音乐厂牌摩登天空继"摩登天空音乐节"之后,于 2009 年创办的另一音乐节品牌,比之摩登天空音乐节,草莓的气质更为多元,更具有春天、浪漫、爱的特质。"草莓"不只是一种水果,更是一种生活态度,它

[①] 案例来源:草莓音乐节_百度百科(baidu.com)[EB/OL]. https://baike.baidu.com/item/%E8%8D%89%E8%8E%93%E9%9F%B3%E4%B9%90%E8%8A%82/4207069.

代表着充分享受音乐与生活，是给大家的一个属于春天的节日，也是新的娱乐定义。一切属于春天的元素都将在这里出现，也包括游荡在空气中的柔软气息、青春荷尔蒙与未知的爱恋。

首届草莓音乐节共设置了"草莓""爱""电子"三个舞台，邀请了 Deerhoof 这样的国际大牌独立摇滚乐队，也有张楚、曹方、王若琳、周云蓬、老狼、小娟等气质歌手，而重塑雕像的权利、声音碎片、宠物同谋、脑浊等乐队则带给观众更加摇滚的体验，来自美国纽约的 Arms and Legs 乐队，更成为本届音乐节上最大的一匹黑马，令人惊喜。

草莓音乐节每年都会邀请来自不同音乐风格和流派的艺人，包括摇滚、电子、民谣、流行等。这种多元化的音乐阵容吸引了各种音乐口味的观众，使得不同圈层的音乐爱好者在音乐节上有了共同的话题和兴趣点，从而促进了他们之间的交流和互动。草莓音乐节的观众群体非常广泛，涵盖了不同年龄、职业和地域的人群。这种广泛的观众群体使得音乐节成了一个跨圈层、跨文化的交流平台。在音乐节上，人们可以结识来自不同背景的朋友，分享彼此的音乐喜好和生活经历。

在 2020 年的长沙草莓音乐节上，新裤子、痛仰、达达、五条人等多支中国顶级乐队登台献唱。这些乐队拥有不同的音乐风格和粉丝群体，但他们都吸引了大量观众前来观看。在音乐节现场，观众不仅可以欣赏到精彩的音乐演出，还可以结识来自不同圈层的朋友，共同分享音乐带来的快乐。

在音乐节现场，观众通过各种方式进行互动，如一起挥舞荧光棒、合唱歌曲等。这些互动不仅增强了观众的参与感和归属感，也促进了不同圈层观众之间的交流和互动。此外，音乐节还设置了跳蚤市场、野餐区等区域，为观众提供了更多的社交机会。

因文化娱乐产业的兴起，泛 Z 世代消费群体受到明星、Vlogger、品牌的影响更为直接，粉丝经济、IP 经济、种草经济、品牌效应、小众社群都对泛 Z 世代的消费产生影响，一场演唱会、一部影视剧也可以是去旅行的动因。

小众消费将有共同的兴趣爱好、价值观、生活情怀的不同维度的人聚集在

01. 旅游传播为什么要燃？

音乐节现场
摄影师：刘剑聪

一起，形成以社群为核心的消费群体。伴随着社交工具的兴起，为小众社群的形成提供便利。年轻人群善于通过兴趣结交同好，形成丰富多彩的圈层文化，他们对各自的圈层有强烈的归属感并且乐于为此买单，由圈层文化带来的消费潜力不断释放。

像草莓音乐节这种充满春天气息又放飞自我的新娱乐形式，更符合小众圈层的审美和消费理念。因为他们注重体验和品质但又追求高性价比，爱买但又不主张败家。看似矛盾的消费观，却折射出其在能力范围内，希望为自己争取最好的享受的消费态度。除了高性价比的产品，符合泛Z世代审美的小众圈层产品也深受其喜爱，他们热衷于为自身兴趣与爱好买单。

1.5.4 潮玩主义，谁都愿意成为时代的宠儿

"潮玩主义，谁都愿意成为时代的宠儿"凸显了当代社会对于个性、时尚与自我表达的追求。这种特点不仅体现了泛Z世代对于新鲜事物的敏锐嗅觉和积极拥

抱的态度，也反映了他们渴望在快速变化的时代中寻求自我认同和价值的渴望。

潮玩主义的特点首先在于其独特的审美和时尚感。它鼓励人们追求与众不同，通过个性化的穿搭、配饰和玩具来展现自己的独特品位和风格。这种对时尚的追求不仅让人们更加关注自我形象，也促进了时尚产业的发展和创新。其次，潮玩主义体现了泛Z世代对于自我表达和创造的渴望。在潮玩的世界里，每个人都可以成为设计师、艺术家和创作者，通过DIY、定制和改造等方式，将自己的想法和创意融入潮玩中，从而表达自我、展现个性。这种创造性和自我表达能力不仅让人们更加自信和独立，也促进了文化的多元和交融。最后，潮玩主义也反映了泛Z世代对于社交和认同的需求。在潮玩的世界里，人们可以结识志同道合的朋友，分享彼此的喜好和创意，从而建立紧密的社交联系。同时，潮玩也成了一种身份的象征和认同的标志，让年轻人能够在特定的社群中找到归属感和价值感。

因此，潮玩主义体现了当代年轻人对于个性、时尚、自我表达和社交认同的追求。它不仅是一种文化现象，更是一种社会心态和价值观的体现。泛Z世代是时代的弄潮儿，在文化自信崛起的当下，勇走潮流前端，热衷新潮风尚，紧跟国风与国货热潮，尝鲜潮玩新宠，投身旅行盲盒新玩法。

盲盒的 N 种玩法 ①

盲盒的玩法其实很简单，盲盒和幸运盒子类似，都是先挑选一个盒子，然后付款，付款后才能打开盒子，里面有可能是自己想要的，也有可能是自己不喜欢的物品。

拆开前，充满期待；拆开后，要么欣喜、要么失望。"盲盒"以特有的不

---

① 案例来源：盲盒（以随机抽选为主要特征的一种销售模式）_百度百科（baidu.com）[EB/OL]. https://baike.baidu.com/item/%E7%9B%B2%E7%9B%92/23757777.

确定性而自带一种独特的神秘感,成为当下消费者竞相追逐的宠儿。

说到盲盒的起源,实际上要追溯到扭蛋文化。在20世纪20年代左右,美国出现了扭蛋机,起初是用来销售口香糖的,后来就被用来放在杂货店给小孩子玩,可以扭出一些小零食和小玩具。扭蛋机引进到日本,大受追捧,扭蛋的内容逐渐成为各种动漫IP或者品牌产品。当潮玩进入中国时,日本Medicom出品的Bearbrick小熊和Sonny angel以盲盒的玩法出现在市场上,接着泡泡玛特发现了商机,签约了大量设计师转型潮玩领域,结合多种推广方式,成功让盲盒文化从小众文化进入了大众视野。近两年,随着"盲盒"经济在国内大热,盲盒载体从潮玩"盲盒"、机票"盲盒"再到文具"盲盒",连点个外卖都有可能遇见"盲盒",各类"盲盒"层出不穷。

不到百元就能飞全国的机票盲盒、可在全国任意城市开启的酒店盲盒……在携程关键词搜索排行榜中,"盲盒"排名第5,搜索量暴增40倍,力压全国多个热门目的地关键词。同程旅行数据显示,参与机票盲盒的用户中,"90后"用户占比超过65%,"00后"用户占比24%。飞猪"五一"前推出的66元机票盲盒带动多城市飞机出行人数涨幅超过500%,其中武汉预订涨幅达12倍,北京、中卫、敦煌等地涨幅达9倍。

"盲盒+旅游"是旅游行业借用盲盒概念而延伸出来的创意营销活动,这一跨界合作无论人气热度还是经济效益都非常可观。

抖音旅游百万粉丝抖主"浩儿的旅途"于8月16日分享了一条西沙群岛四天三晚的游玩攻略,获赞3.5万,同程旅行机票盲盒开出重庆飞三亚,来回仅98元。

从早期的动漫、影视周边,到如今的"潮流玩具"逐渐拓展

2022年厦门中秋旅游嘉年华盲盒设计图
图片来源:厦门文旅微信公众号

至"文创+盲盒""旅游+盲盒",文旅企业不断"破圈"。一方面,丰富了传统文博文创衍生产品的生产与销售模式;另一方面,着眼于体验与玩法,将盲盒的"博彩"与"IP"衍生特性和旅游、文博、文创所追求的文化创意、创新特性紧密结合,颠覆传统旅游体验与营销的单一模式,用互动娱乐的小确幸、小惊喜,以创新方式赋能新时代旅游,迎合并适应泛Z世代潮玩的旅游习惯。将盲盒经济运用到文旅,是一种新商业模式的探索及跨度较大的几个领域的融合,还需要更多的实践,但跨界创新的尝试值得肯定。

1.5.5 沉浸愉悦,乐在其中的真实味道

沉浸式体验大多是以文化创意为主导,以技术集成为支撑,构建不同的场景来调动观众的视觉、听觉和触觉等感官进入沉浸的互动叙事环境。Z世代重视沉浸式体验,在声电光影制作的特效中体验感官刺激,或是步入奇思妙想的虚拟宇宙,漫步于月球之上,再"穿越"至清明上河图的场景里,体验一段历史岁月……随着科学技术的发展、体验经济的兴起,沉浸式项目风靡全国各地,各类沉浸式相关的新业态、新模式、新产品不断涌现。

首个国漫主题数字景区——"狐妖小红娘"一炮走红[①]

在浙江临安,有着1300多年历史的河桥古镇,"五一"期间,国内首个国漫主题数字景区《狐妖小红娘》,在河桥古镇开业便一鸣惊人,"国漫主题沉浸式夜游"连演12场,场场爆满的同时,更是带动周边民宿等乡村旅游收入超过3000万元。

由腾讯动漫与宏逸集团联合打造的中国首个国漫主题沉浸式夜游数字景区

---

① 案例来源:靳畅."狐妖小红娘"景区爆红,国漫IP落地景区的逻辑你看懂了吗?[EB/OL].第一旅游网:https://new.qq.com/rain/a/20210728A0D7ZJ00.

狐妖小红娘景区，是杭州继《印象西湖》《最忆是杭州》后的又一部经典力作，它首创了动漫＋夜游的全新体验模式。

如果说，迪士尼乐园、环球影城、Hello Kitty乐园是主题乐园游的初阶模式，其唤醒童年记忆的动漫人物、简单易操作的游园线路、温馨童趣的互动形式，是一种老少皆宜的业态，那么"国漫＋黑科技＋沉浸式"的《狐妖小红娘》景区，是对泛Z世代游客不走寻常需求路的正面回应。

"涂山城门开，情缘入梦来。"曾经创下全网播放量超25亿成绩的国产动漫《狐妖小红娘》，是二次元世界里的超级IP。景区在还原《狐妖小红娘》各大名场面的同时，结合景区场景特色进行了内容再创作，让游客可以边逛景区、边近距离见证一段段浪漫爱情，进入一个可触可感的国漫世界。

项目采用国内实景演绎中顶尖的数字技术，实现听觉、视觉、触觉三位一体，全息投影、水幕、特斯拉电圈、3Dmapping等黑科技，15米高光影互动相思树、22米高高空威压塔还原，让只存在于二次元世界的场景浮现在河桥古镇中，带领游客穿越涂山。

涂山城门，之于"80后"与"95后"而言，犹如一道次元壁，一个在外面、一个在里面。"涂山城"里，登高远眺于城门之上的银狐门神、"妖市"里来来往往的"路人甲"、豆腐摊前叫卖吆喝的老板娘是演员，城里的相思树、许愿铃也是"演员"，身穿涂山苏苏、银狐、舞姬服饰的泛Z世代，是游客也是演员，那件COSPLAY服饰让他们在二次元的世界里，勇敢地走进属于自己的"世外桃源"。

开业至今，周末、节假日时演出上座率经常是100%，演出门票一票难求，不少游客从全国各地慕名而来。今年国庆期间，狐妖小红娘景区动漫电音嘉年华、动漫创意集市、动漫快闪秀、沉浸式夜游等活动的推出，河桥古镇格外热闹。给当地乡村带来人气，从而产生住宿、餐饮、购物等的旅游消费需求，给当地村民带来了实打实的经济收益。

狐妖小红娘景区是国漫IP落地实景景区的一次试水，也是传统古镇景区的创新探索，不仅可以让漫迷们体验现实生活中的"涂山世界"，更能让众多普通游客感受到国漫与文化和旅游碰撞产生的独特魅力。

当"80后"以城市为目标寻找度假模式时,作为新兴消费主体的泛Z世代,则是反其道而行,他们是超级IP在哪里,动漫国潮风在哪儿,他们就去哪里,沉浸参与,享受其中亦真亦幻的世界。

虚拟世界变成现实的沉浸式情境体验,说明一个旅游地能否成功,能否成为吸引人蜂拥打卡的网红地,产品特色是本质,让产品有好的感知和体验才是网红的前提。沉浸式景区以其独特的魅力,深刻启示了我们旅游业的未来发展趋势。它彰显了体验经济的崛起,展现了科技与旅游融合的创新力,满足了游客个性化与定制化的需求,同时深度结合了当地文化,为游客带来丰富的文化体验。

1.5.6　IP星潮,追星中的IP和IP中追星往往是当下的潮流

跨界和IP是泛Z世代最爱的情感联结;国漫IP、潮流IP是泛Z世代最爱的流行符号;追星同款是泛Z世代最希望做的事情,旅行将他们熟知的IP结合起来,往往会产生意想不到的化学反应。比如,最具代表性就是与宫崎骏《千与千寻》IP夜景相似的重庆洪崖洞,二次元IP文化特质映入泛Z世代的眼帘,于是火爆的场面被徐徐打开,而一发不可收。还有追星族,愿意为明星同款作出消费的决定,他们热衷于寻迹打卡明星食、住、行的同款,强化自己与爱豆之间的联系和认同感。而那些因综艺节目提升了知名度的拍摄地,迅速升级为新晋网红,成为炙手可热的旅游目的地,很快就被泛Z世代拖进了滚滚旅游的洪流。

重庆洪崖洞的IP之星源 ①

宫崎骏动漫影片《千与千寻》于2001年在日本上映后,引发轰动,不仅

---

① 案例来源:【案例+解读】洪崖洞:从"网红"到"长红"之路[EB/OL]. https://www.sohu.com/a/582059389_121124406.

获奖、票房双丰收,也在全球各地广受赞誉。2019年开始在中国大陆播放,大量的观众涌入影院,重温让人无限怀念的神隐世界。

洪崖洞原名洪崖门,是古重庆城门之一,位于重庆市核心商圈解放碑沧白路、长江、嘉陵江两江交汇的滨江地带,拥有2300年历史,以巴渝传统建筑"吊脚楼"为主体,依山就势,沿江而建,风貌独特。

洪崖洞因仿古建筑层楼叠榭,与《千与千寻》剧中场景不可思议之街、汤屋相似而引起广大网友们的反响,被称为现实版的"千与千寻"。动漫中的汤屋约有五六层楼那么高,层层叠叠,整个屋子唯美而魔幻,极具建筑美感。洪崖洞以巴渝传统建筑特色的"吊脚楼"风貌为主体,也是密密麻麻,一层挨着一层,特别是夜晚的时候,全部灯光全开,灯火辉煌,无比耀眼,超现实的魔幻建筑,闪烁着漫画中的复制场景,成为众多游客的"打卡地"。

作为网红城市重庆的超级网红景点,洪崖洞吸引无数的宫崎骏动漫迷深陷

重庆洪崖洞
摄影师:刘剑聪

其中,尤其是泛 Z 世代,身穿萝莉衣服公主裙,纷纷前往打卡拍美美照片。

其实,洪崖洞在建造完工后的十年时间里,一直被世人所遗忘。而其与《千与千寻》中汤屋相似的概念,日本网友 2014 年就发帖称像极了动画场景,2017 年才吸引游客围观,2018 年抖音之城短视频传播、2019 年《千与千寻》在大陆播放,吸引 IP 星潮同款打卡,借助火爆短视频推广向全国,便有了后续的大火,成为网红城市里的超级网红景点。

2018 年"五一"假期,爆火的洪崖洞人山人海,挤得质壁分离!人多得限流,只进不出,连做直播的都断线了,千厮门和东水门大桥被迫限行。

近几年来,每逢长假或小长假,当地居民尽可能地避免到洪崖洞周边,为游客"让"出空间;同时,一到晚上,渝中区警方还会对洪崖洞旁边的另一个重庆网红打卡点"千厮门大桥"进行临时管控,禁止机动车上桥,游客可"踩桥"或站在桥上与身后的洪崖洞来张亲密合照。

可以看出,洪崖洞作为重庆主城旅游的一张美丽名片,通过短视频平台助力、宫崎骏 IP 动漫追星潮流,以及借助网红城市的红利,洪崖洞得以持续爆火多年。

在动漫、影视剧带动下,取景地旅游迎来强劲的增长势头。无论是追随动漫 IP "情怀"式的旅行,还是影视剧追星攻略型的"拷贝旅行","旅游 + IP""旅游 + 明星"成功嫁接之后,成为超级旅游 IP 和超级旅游星款,这也是大多数 IP 实现多元化变现、大多数旅游地巧做明星效应的一个必经之路。人们对优质旅游的需求越来越迫切,明星的"向导"带动作用也将越来越突出,"旅游 +IP""旅游 + 明星"无疑是旅游传播的重要选择。

1.5.7 社交为尚,同龄人的世界好似一片艳阳天

"没有朋友一起玩""周末闲下来会觉得孤单",这是目前不少城市泛 Z 世代的生存状态。他们因社交关系淡薄且平时工作忙,或被动或主动地陷入无社交圈、无归属感、无交往动力、无长远规划的"四无"境地,然而心理上却处于一边享受孤独,一边又渴望陪伴的矛盾状态。为满足年轻人拓展社交圈、追

求高品质旅行生活的需要，一种新的定制化旅游模式——同龄人旅行团应运而生，深受"95后""00后"群体的喜爱。这种形式的旅行团由志趣相同的年轻人组成，在专业旅游博主带领下，或以徒步"不走寻常路"为亮点，或以全程推荐穿搭拍照为噱头，有的还提供全程跟拍服务，具有丰俭由人、行程自由、没有购物、深度体验、注重社交等特点。传统旅行团，全程以导游介绍为主，游客被动接收，缺乏参与感，更难以形成彼此之间的互动共鸣。同龄人旅行团回应了当前泛Z世代渴望社交却缺乏渠道、缺乏动力的现状，让旅行成为一种社交新方式。如此纯粹的体验，哪有年轻人不沉浸在旅行的欢乐中呢？

主打"社交+旅游"同龄人旅行团火了 [①]

"你以为我们是好朋友？其实我们都是陌生人。""五一"前，"95后"杭州姑娘林林在小红书刷到了这么一篇笔记，声称"年轻人的专属旅游团""i人也能变e人"[②]"旅行博主带队、摄影摄像全程跟拍"，这瞬间勾起了她的好奇心。和博主私聊后，林林决定加入他们，来一场说走就走的五天四夜青甘大环线。

"工作之后感觉社交圈变小了，正好可以趁这个机会交点新朋友。"林林自称是个i人，她分享了这种全新的旅行方式吸引她的原因，团员大多是单独报名，彼此互不认识，也不会太感觉尴尬，还能给她带来一次充满新奇感的"盲盒社交"体验。"我们这次跟团的有八个人，来自全国各地，我跟着东北人学东北话，被广东人的广普带跑偏，熟悉了之后什么话题都聊，我感到了前所未有的自由。"

本次带团的团长小余，是一名刚刚裸辞"勇闯"文旅行业的"00后"。她

[①] 案例来源：黄诗睿. 与天南地北的陌生人来一场"盲盒社交"？主打"社交+旅游"同龄人旅行团火了［EB/OL］. 每日商报，https://hzdaily.hangzhou.com.cn/mrsb/2024/05/08/article_detail_3_20240508A107.html.

[②] "i"即Introverted，代表着内向、内倾型。"e"即Extroverted，代表着外向、外倾型。

告诉记者，这个同龄人旅行团是她和一群志同道合的小伙伴于今年3月创办的，他们之中有旅游博主、专业摄影师，也有单纯的旅游爱好者。"目前，我们已经集结了十几名小伙伴，一名团长＋一位摄影师是我们一趟行程的标配。"

记者了解到，他们团队主要以月份为单位、综合客户意见设计旅游线路，以5月份为例，他们总共开设了8条国内线路、6条国外线路。"我们的收费按照时长和目的地在几千元到上万元不等，除交通和餐饮外全包。"小余解释道，像他们这种类型的旅行团，主要能提供的就是充足的情绪价值和较为专业的旅拍服务。"我们6~10人的小型团一次盈利在5000~12000元不等，当然这是在旺季，由于知名度还不够、客群小，淡季有时候不一定能成团，我们仍处于摸索阶段。"

尽管如此，团队仍然对这个赛道的发展前景有很大的信心。在小余的合伙人拍拍看来，这种形式的旅行团能够打破年轻人对传统跟团游无聊、旅游线路固定的刻板印象。"我把它称为'同频旅游'，大家年龄相近，很容易找到共同话题。"

"去哪不重要，和谁一起玩才重要。"同龄人旅行团是旅游社交化发展的产物，反映出旅游市场的需求更加多样化和个性化。旅游不再只是为了观光，而是成为一种社交方式和生活方式。

1.5.8 穿越时代，没有情绪原点的别样畅想

根据相关研究，"怀旧"是现代性的症候。尽管现代性一直在培养人们对变化和新奇事物的热爱，但对于生活中接踵而来的变化，最普遍的心理反应还是多愁善感的怀旧，希望回到过去，回到一个平静和安全的时代，一个更有"在家"的感觉。无论是父母辈的自我怀旧，还是"70后"的触景生情，都存在情绪原点，是跨越时间的真实情感交流。而情绪原点的缺失，让泛Z世代的怀旧方式显得更加随机。对泛Z世代来说，当他们依托一个连接古今的"锚点"穿越世代，以"自我生产"的怀旧方式，不做观众做"主角"参演到旧时光时，就意味着正在认真地将旧时光写进自己的真实人生，让自己获得一段跨越时间的旧时光体验。

案例赏析

西塘汉服文化周[①]

现如今，以泛 Z 世代为主的汉服圈已经不是很小众的领域了，喜欢汉服的人们不仅聚集在淘宝、闲鱼这些一、二手电商和交易平台，也不仅聚集在贴吧、微博、B 站这些兴趣社交平台，更聚集在线下。除了每年花朝节、中国华服日和汉服出行日这三个汉服节日，也有影响广泛的重大汉服活动，例如西塘汉服文化周。

西塘汉服文化周是由方文山于 2013 年创办的大型汉服文化活动，在每年的十月底十一月初举办。西塘是浙江省嘉兴市嘉善县的一个水乡古镇，中国首批历史文化名镇，国家 4A 级旅游景区，已被列入世界历史文化遗产预备名单。西塘以"桥多、弄多、廊棚多"的三大特色而赢得广大游人的青睐，而西塘汉服文化周也成了西塘乃至浙江的一张文化名片。

2023 年的西塘汉服文化周于 11 月 4 日开幕，为期四天三夜，创新推出汉服标准方阵、中国非遗方阵等方阵，通过汉元素与非遗元素相结合的形式展示中华民族传统文化的一脉相承，汉服实景剧、剧本娱乐大赛、花灯巡游等新玩法为汉服爱好者开启沉浸式穿越之旅。

参加西塘汉服文化周的汉服爱好者们往往是费尽心思去准备这一次出场造型。在西塘汉服文化节活动中，你可以写红笺、放河灯，戴着面具冲上"汉服相亲大会"的舞台抢亲，站在石桥上看四大美女同乘乌篷船向你行礼。不过融入这里，需要懂一点入门规矩：比如，入园时要实名登记——这表明，你并不是来凑热闹，而是对身上的汉服有发自内心的自豪感；比如进了园子，需要自称"袍子"，互称"同袍"；比如身上的汉服必须正统——要分得清"襦裙""深衣"，要"上衣下裳"，要辨别得出"穿山"还是"穿正"——主办方

[①] 案例来源：西塘汉服文化周_百度百科（baidu.com）[EB/OL]. https://baike.baidu.com/item/%E8%A5%BF%E5%A1%98%E6%B1%89%E6%9C%8D%E6%96%87%E5%8C%96%E5%91%A8/22429543.

汉服文化节
图片来源：厦门旅游集团提供

在分批发放免费门票时，也明令"谢绝影楼装、山寨汉服，一经发现，有权取消其免费进入西塘景区的资格"。立了规矩后，新西塘一跃成了汉服迷们热捧的胜地——尽管离此不远的老西塘才是拥有古建筑的古镇原址。

西塘汉服文化周入选浙江省文化和旅游 IP 库。这是一种创新的尝试，这是一次汉服同袍的交流聚会，共同爱好的交流探讨，融合汉服、礼乐、国学、传统工艺以及文化展演等多方位的文化创新活动。在古色古风的古镇，流淌千年的水，身着一袭汉服，一场场情境怀旧体验，魂牵千年的情。

旅行的本质开始由个体行为向群体的狂欢演进。针对泛 Z 世代这一旅游行为特点，在旅游产品规划设计和传播上，注重引发泛 Z 世代情绪共鸣，邀请泛 Z 世代当"主角"参演其中，体验畅想的各种可能，做到真正取悦泛 Z 世代，从而达到"出圈"爆红的可能性。

1.5.9 知识标签，跨越炫富时代的凡尔赛

泛 Z 世代的凡尔赛，不再是物质的炫耀，而是对新潮圈层知识的优越炫耀。总喜欢分享新学到的知识，分享旅游过程中旅游地建筑背后的故事等，凡尔赛要自带"个性化"的知识标签，就要展示跟别人与众不同的态度。这种"凡尔赛"的行为折射出泛 Z 世代对知识和分享知识的渴望，映照着泛 Z 世代定义旅途人生和热爱生活的信念。对旅游地或旅游产品而言，知识标签不仅能够为游客提供丰富、有价值的信息，增强旅游体验的深度和互动性，还有助于塑造一种积极、健康的旅游文化。通过知识标签的精准传递，游客可以更加深

入地了解旅游目的地的历史、文化、自然等方面的知识,从而提升旅游体验的质量和满意度。因此,为了"凡尔赛"式的炫耀更有厚度,旅游地或旅游产品应更加注重内涵和价值,引导游客关注旅游的真正意义,享受旅游带来的精神满足和成长。而在旅游传播中,知识标签的引入和"凡尔赛"的超凡脱俗,不仅有助于提升传播效果,也有助于推动旅游文化的勃勃生气。

厦门阿波讲故事 ①

抖音分享达人往往不满足于纯粹风光景致的分享,更热衷于挖掘景区背后关联的小故事,知识型的分享更符合泛 Z 世代个性化的彰显,例如粉丝数超 2160 万的"厦门阿波",喜欢在旅行过程中以讲故事的形式生动传递旅游地的文化,展示不一样的旅游达人分享风格。

"阿波"是一名厦门导游,曾获得厦门导游大赛冠军,在厦门生活十多年的他,渐渐找到了自己的方向。突如其来的疫情,让他的工作方式发生了巨大改变,他由线下导游转型蜕变为一名短视频平台博主,用讲故事的方式带你旅游,用旅游传递文化,用文化传递正能量。

"为什么台湾 70% 是福建人?"娓娓道来讲述闽台情缘,"用他一生捐建了 118 所学校"来作为引子讲述陈嘉庚的故事;你听过片仔癀吗?探秘厦门红楼……以讲述旅游地的奇闻趣事并结合美景介绍的方式,比起单纯介绍景观资源更具吸引力,内容的丰富性、故事的趣味性、知识的科普性,迅速吸引了抖音平台泛 Z 世代群的喜欢。而类似阿波这样的旅游"讲故事"型博主,还有全国知名的杭州导游"杭州小黑诸鸣",以一条共同富裕区选在浙江,花式夸浙江上了央视《东方时空》的报道。

---

① 案例来源:厦门阿波 – 抖音百科(baike.com)[EB/OL]. https://www.baike.com/wikiid/7315595013093949479.

厦门阿波主页
图片来源：抖音截图

泛Z世代有着对知识标签的崇拜，也更愿意为知识付费，传播有内涵有价值的内容，更能吸引他们。打动泛Z世代的旅游传播就得打破固有的旅游推荐方式，赋予紧跟潮流、更有趣味、更具网感的表达，不断用泛Z世代感兴趣的小变化进行创新，积极应对社交平台上传播内容及形式的变化，持续推陈出新，不断创造精彩。

1.5.10 自由自在，我的世界我做主

享受改革开放与独生子女福利，更富裕的家庭环境与更可观的可支配收入，使得泛Z世代逐渐成为未来的消费担当，也造就泛Z世代更富个性化，有主见，喜欢自造假期，更崇尚自由行。泛Z世代未必愿意去长辈们常去的地方，希望自己发现新奇特，哪怕就是一张照片，一个航拍，只要具有独特性，就会吸引他们前去打卡。"自由自在，我的世界我做主"强调了旅游的本质——追求自由、自主和个性化的体验。在旅游过程中，泛Z世代渴望摆脱日

常生活的束缚，释放内心的渴望和梦想，追求心灵的自由与宁静。如果旅游传播中彰显这一现实存在，不仅有助于吸引那些追求独立、自由精神的游客，还能引导旅游行业提供更加个性化、定制化的服务，满足游客的多元化需求。同时，也必然鼓励游客在旅行中积极探索、发现自我，通过旅行来丰富自己的内心世界，实现自我成长和超越。

16岁小伙带700元徒步游西藏41天 ①

今年6月，尚女士自驾游西藏时遇见一名皮肤黝黑的小伙子，独自徒步在水泥路上，身上背着看似沉甸甸的行李。尚女士上前询问得知，少年今年16岁，刚初中毕业，来自广东，从成都徒步游西藏，已经走了41天了。被问"为什么选择走这条川藏线？"，少年称自己想锻炼自己，于是自己带着700元钱就出发了。"你父母知道你一个人徒步的事情吗？"小伙笑着说："知道，我一直有这个习惯，以前就去过很多地方。"父母都很支持，他们觉得我应该到处去看看。被问到累不累的时候，他笑着说："现在正是体力好的年纪。"面对路人给他零食、开车带他一程，少年都礼貌拒绝了。

尚女士这条抖音视频收获172.1万点赞，转发评论7.6万，有网友留言：原来我们所谓"没钱，没时间"，都是不能不是在路上的借口……作者当下回复：我当时真的感动了很久，很多时候，我们都喜欢给自己找各种理由借口，但其实，出发的那一刻才是最好的决定！

这条视频被B站、好看视频、腾讯视频、网易视频、爱奇艺、知乎、一点资讯等网站转载。

徒步的意义是什么？为什么要把大好的时光浪费在路上？对于泛Z世代来

---

① 案例来源：16岁小伙带700元徒步游西藏41天，谢绝帮助：走到哪算哪［EB/OL］. 哔哩哔哩, https://www.bilibili.com/video/BV1Z44y1z72v/?vd_source=060818b550b23e8f42edb1e70adce5f0.

西藏徒步
摄影师：泽仁拉布

说，也许没有那么多顾忌，也没有那么多存在的意义，也许，自由自在，只是他们以自我为中心的精神追求，重视自我感受、说走就走的即时满足与自由洒脱，不也是积极人生的存在吗？

1.6 互联网下需要什么样的旅游传播

　　有人说，旅游传播就像一场赛车比赛，传播内容如同比赛的赛车，传播形式仿佛是赛车手的驾车技艺，传播渠道宛若比赛的赛道，而看比赛的观众就是传播的受众，那些被精彩比赛所感染的观众，可能成为赛车的铁粉，进而极有可能为赛车买单。是啊，在互联网和泛Z世代激荡生成的传播生态下，旅游传播如何才能精彩成功呢？赛车的速度、车手的技艺和观众的激情与亢奋，似乎可以如此诠释。试想，如果旅游传播内容像装配了多缸涡能增压的大马力赛车，如果旅游传播渠道像宽阔笔直平坦的赛道，如果旅游传播方式像赛车手高超娴熟的技艺，旅游传播的受众，怎么可能不像观看赛车比赛的观众那样欢呼喝彩呢？怎么可能不成为旅游传播者的游客呢？互联网下，需要这样的旅游传播，这样的旅游传播又该如何定义呢？

旅游消费行为的独特性决定了旅游传播的独特性。从产品属性来看，旅游产品不是单纯的商品而是服务加商品，是由一系列的活动所组成的过程，而这个过程让消费者参与到旅游产品生产、多种消费创造性的选择之中，这一特性非常适配互联网新媒体时代的传播。从消费行为决策过程来看，旅游属于高介入度产品。高介入度产品的消费行为是热情和激情，这也就意味着消费者更容易注入感情、更容易被情绪左右。因此，互联网下的旅游有效传播就是要让受众的激情燃起来。"燃"，本书所言之传播，是网络流行语中用来形容的那些令人亢奋、血脉偾张的行为或事物，代表昂扬向上的状态，充满阳光的精气神。这种基于互联网新媒体时代，以高势能的传播内容、高匹配的传播渠道、高匠心的传播方式，高触达的受众情绪，从而实现高转化的高效传播，我们称之为旅游燃传播，它是现代高效范式的传播。

旅游需要燃传播，旅游传播必须燃起来，才能突破无垠的信息屏障。

1.6.1 内容高势能，有效传播的开始

内容高势能，即传播内容有吸引力、让人深感震撼，它是旅游燃传播的起点。没有高势能的内容，就没有旅游燃传播的存在。如果旅游传播是一场燃情四射的赛车比赛，那么，高势能的传播内容就是那部装备了神级马达的赛车。没有高性能马达的加持，赛车手想要拥有掌声雷动的高光时刻，那无异于痴人说梦。高势能的传播内容是旅游传播获得精彩成功的定海神针，在当今传播内容大差不差的情况下，如何造就高势能的内容呢？"造梗""提亮""提鲜"便是其中几种不错的方式，我们不妨看看福建省文化和旅游厅是如何"造梗"的吧。

2023年7月，福建省文旅厅打造的全新文旅创意宣传短视频《来福建 好舒服》正式上线。《来福建 好舒服》旅游创意宣传片分别以清新、烟火气、舒服、慢生活为关键词，创作出4篇风格各异的短片，从多个维度呈现了福建清新的品牌定位与特色鲜明的品牌形象。在创意内容的加持下，它与用户、游客实现了更亲切的交流对话和更深刻共情的情绪链接。短时间内，其以创意、

有趣的内容实现强势破圈，根据福建文旅公众号数据，上线四天，就获得超2.7亿人次的全网覆盖传播量。

《来福建 好舒服》旅游创意宣传片出圈的亮点之一，就是在内容创新上对"梗"做出了更多元的创意表达。宣传片第二篇章"烟火气"结合了当下短视频中流行的"影视解说风"AI配音和网络热点话题"特种兵式旅游"，以大学生樊任欣和室友的穷游之旅为主线，将福建的人文风情、市井美食串联在一起，生动形象地展现出福建的人情味和烟火气，同时将"樊任欣"与"凡人心"的谐音梗作为反转，把樊任欣的遭遇和"人间烟火气，最抚凡人心"相结合，体现出强大的造梗能力。第三篇章"舒服"，邀请福建省文旅厅一级巡视员吴立官一人分饰两角介绍福建特色小吃"口口酥"和"锅边糊"，结合福建口音将其与"舒服"谐音，片中，主人公在不同风格下的切换对唱，"福建塑料普通话酥酥糊糊bgm"魔性洗脑，不少网友在评论区玩起"酥酥糊糊"的福建塑料普通话谐音梗。

1.6.2 形式高匠心，让传播如此精彩

旅游传播的好形式，其实就是要让受众在认知上特别好接受，只有特别好接受，才能使传播的内容顺畅触达目标受众。在赛车和赛道确定之后，赛车手就是比赛制胜的关键，确定驾驶策略、精准控制赛车、敏锐洞察路况、适时提速减速、专注冷静果断等，都是赛车手的上佳表现，是取得胜利的技艺法宝。在旅游传播这场赛车比赛中，每个选手都想C位出圈，赛事举办方更是希望选手精彩迭出，一路高歌猛进，赢得观众掌声和尖叫。旅游传播更是如此，要想在众多旅游目的地、旅游产品中脱颖而出，传播方式无疑是关键。旅游传播包括传播内容和传播形式，它们与传播渠道构成了一个牢固的三角支撑，成为传播可能实现高触达的黄金基础。如何将这一"可能"变成现实？在传播内容既定的情况下，传播方式就显得特别突出和重要了，那些针对不同的受众群体采取不同的匠心传播形式，必然成为高触达的重要力量。例如，面向泛Z世代传播中华优秀传统文化时，应以他们乐于接受的现代方式进行叙事，"无语菩萨"

表情包的出圈便很好地说明了这一点。

2023年国庆假期,景德镇被博物馆里一座"无语菩萨"佛像"带火了"。在景德镇博物馆里的一隅,伫立着一尊雕像,表情微妙:他的眼睑下垂,嘴角露出一丝无奈的假笑,生动传神的面孔,犹如"打工人"上班时的表情——生无可恋,一脸无语。于是被网友们戏称为"无语菩萨",而疯传于泛Z世代群体。这尊"无语菩萨"在2023年的短短八天双节假期中,共"接待"了十万余名游客,在网上各大平台掀起了一股表情包热潮,引得网友们辣评:国庆被人群包围的"无语菩萨",此刻显得更无语了。

"无语菩萨"火了,离不开年轻人的追捧。而年轻人对"无语菩萨"的火热追捧,却离不开"文博创意娱乐化"的表达方式。前几年,故宫博物院的文创把朱元璋、雍正等众多皇帝从神坛上拉进烟火人间,用的也是这一种表达方式。文物自带"厚重"的历史属性,给人以冰冷、晦涩的固化印象。而"文博创意娱乐化"的表达方式,则根据不同文物的形态特征、历史人物的神韵特点,挖掘其现世的精神价值,通过互联网社会文化语境下的泛Z世代独特话语形式,让一个又一个躺在博物馆橱窗里的文物,在你我的表情包、朋友圈里闪亮登场。这些表情包将文物的严肃形象与搞怪文字的"无厘头"巧妙融合,形成了一种和谐的反差,并体现出使用者的品位志趣,真切地拉近了历史文物与泛Z世代的距离,引导年轻人与文物对话、触摸文物背后的厚重历史。

1.6.3 渠道高匹配,没有如此一切躺平

如何在众多的旅游选项中脱颖而出,成为游客心中的首选之地、首选之品,是旅游传播面临的一大挑战。"酒好也怕巷子深","车好也怕路况差"。试想,当你驾驶着顶级赛车颠簸在坑坑洼洼或减速在曲曲折折的赛道上,"心塞""崩溃"那是分分钟的事。传播渠道就好比赛道,高势能的传播内容如果试图在不匹配的赛道上全速前进,翻车就是大概率事件了。因此,虽然多元的渠道为旅游传播提供了多个选项,但"渠道匹配,事半功倍"。对于旅游传播来说,渠道选对选好了,就已经出圈了一半,而错配渠道必然事倍功半,甚至

如同躺平一般，投入打了水漂，没有任何回报。

2023年淄博烧烤频频"出圈"，来自全国各地的游客纷纷前来感受淄博烧烤的魅力。梳理淄博爆火全过程，我们发现，淄博"烧烤"出圈虽然始于"报恩"，但出圈的底层逻辑都与互联网这一巨大的匹配渠道和传播渠道密不可分。

2022年5月，山东各地有12000多名学生因新冠疫情防控被转送到淄博隔离，热情好客的淄博人，为学生们提供了很好的食宿环境。隔离结束后，学生们临行的最后一个晚上，当地政府请同学们吃了一顿烧烤，并约定来年解封之时，大家回来再吃烧烤。

2023年2月，淄博市网信办、B站联合KOL@大漠叔叔开展文旅宣传直播，将淄博这个城市从小众推到了大众的面前。

2023年3月，随着淄博火车站的大学生客流越来越多，#大学生组团到淄博吃烧烤#成为抖音同城的热搜，@superB太、@学好姐姐、@乌啦啦等多位本地或外地的博主也当起了"自来水"，为淄博"烧烤"加热。

2023年4月，在大学生"特种兵"打卡淄博及各路大V的轮番加热下，淄博"烧烤"迅速成为网络爆点。淄博市政府迅速反应，召开新闻发布会，官宣打造"淄博烧烤"美食品牌，宣布举办"五一烧烤节"、开通"烧烤专线"公交、成立淄博市烧烤协会、发布淄博烧烤地图等内容，很好地承接了这波热度。

看来淄博市先把线下流量进行包装定位，其实意在后续的线上传播推广，以便使流量急速裂变，在最短的时间内进行线下转化。淄博抓住了大学生这个泛Z世代群体有活力、善分享、爱传播、善于运用互联网的特点，通过线下服务好年轻群体进而在社交媒体"种草引流"。在打卡思维的驱动下，来淄博吃烧烤的泛Z世代主动当起了"宣传员"，不断通过朋友圈、抖音、小红书等分享消费历程，社交平台迅速出现"滚雪球"式"裂变传播"，一时间，几乎人人都能在朋友圈、短视频中刷到淄博烧烤，嗅到烧烤的味道，从而形成了强大的"蝴蝶效应"。淄博既打好了年轻人的牌，也打好了互联网传播的牌，不能不说是"好酒"通过高度匹配的传播渠道而香飘九州，不能不说是"好车"行驶在宽广平坦的大道上，激情燃烧的经典案例。

1.6.4 受众高触达，点燃亢奋的情绪价值

轰隆的马达声，车手娴熟的技艺，超棒的赛道，还缺什么？观众热情亢奋的、高声量的欢呼呐喊声！这似乎是整场赛事的灵魂！速度与激情缺一不可，旅游传播亦是如此。高触达目标受众，只是走完旅游燃传播旅程的一半，只有当传播内容激发起目标受众的亢奋、血脉偾张、情绪兴奋、满腔热血，点燃愉悦的旅游情绪，激起狂热旅游的体验冲动，才能为传播者的旅游买单，确定到此旅游的行程。从这个意义上讲，情绪高兴奋是旅游燃传播的内容高势能、渠道高匹配、受众高触达的必然结果，其核心是它们激发了受众的旅游情绪，实现了传播的功能价值到情绪价值的转换，这是多么惊人的一跳、多么惊险的飞跃，这本就是旅游传播应有的范。

2023 年，旅游亮点层出不穷。大学生带火特种兵式旅游，年轻人中意寺庙游，万人空巷的村超村 BA，再到悄然走红的 City walk、围炉煮茶、反向旅游，为旅游带来了新的看点。它们看似各有千秋，实则内核出奇一致：在一系列的新玩法中，情绪价值构成了它们的主导因素。

哈尔滨，男，恋爱脑，讨好型市格。这个冬天，最出圈的城市莫过于哈尔滨了。"不是北欧去不起，而是哈尔滨更有性价比""零下二十摄氏度，我在哈尔滨当'俄式公主'"。2024 年 3 天的元旦假期，哈尔滨就收入了近 60 亿元。"尔滨"凭什么吸引着"南方小土豆们"？情绪价值也。

快速生活节奏的泛 Z 世代，面对日益加重的学习和生活压力，容易产生各种负面情绪，而激烈的竞争使得他们很难有足够的时间和精力疗愈心理，这些负面情绪如果得不到及时调整，可能导致情绪内在消耗。于是，情绪价值成为他们旅游的重要需求。在此背景下，哈尔滨开启的"全员陪 qiě"模式，人格化地讨好，持续输出和发酵情绪价值。无论是市民自发组织的免费车队，东北大哥的"夹子音"，还是索菲亚教堂广场上的升起的"人造月亮"、马路边演绎的飞马冰塔、松花江上升起的 N 个彩色热气球，都表现出哈尔滨人的真诚、热情，而这些又被新媒体铺天盖地地营造出一种让受众宾至如归的感觉，芸芸受

众被带进一条又一条的情绪之河，期盼着受宠的感受。可以说，哈尔滨破圈的过程，其实就是情绪价值"集中兑现"的过程。

1.6.5 行动高转化，这才是旅游传播的目的

在观众的欢呼雀跃中，赛车划过眼前，冲入终点，结束了吗？不，真正的速度与激情应是能激发起观众内心的渴望，形成持续的欲望冲动，甚至是跃跃欲试、参与行为。旅游传播更是如此。从旅游传播的角度看，受众的情绪高兴奋，本应是一个完美的句号，而不应存在触达转化这一个营销才有的环节。但是，旅游传播的根本目的就是实现变现的转化，转化看似传播的一个附加，实则是旅游燃传播的必然，而这正是旅游燃传播的价值所在、魅力所在，也正是我们极力倡导旅游传播要"燃"的根本宗旨。受众情绪高兴奋的必然结果，一定是行动高转化，即受众在亢奋的情绪引动下，付诸购买旅游产品、参与旅游活动的行动，远远超过一般的旅游传播亦即非旅游燃传播所带来的收获。

克劳锐发布的《2023旅游消费内容研究报告》显示，在决定旅游目的地时，五成以上的用户早已被"种草"而心有所属，八成以上游客会在出发前备足攻略，在平台花费时间精力的分布中，小红书位居首位。在这一过程中，小红书强势"种草"传播，促成旅游消费转化。以微度假趋势中的长隆为例，具备乐园属性的长隆，率先抢占原地遛娃的旅游趋势，打造"看—搜—发"这一种草传播链路，针对亲子游人群进行有效的内容沟通。长隆先通过一轮内容种草，用"看"触达核心人群，激发"搜"的无意识被深度种草的欲望，再带动线下打卡分享的"发"动作，让UGC内容在社区自然发酵，形成二轮种草。由此，长隆迅速占据用户心智，实现单个季度景区搜索指数环比提升56%，成功跃升为景区乐园亲子游赛道的TOP 1。这种在互联网时代下，借助新媒体从旅游种草传播到旅游决策、再到出行的高效转化，显然是旅游传播者的目的和期盼，而这一切，在旅游燃传播的背景下，都显得那么自然和必然，必将是如此传播的碧空万里与星辰大海。

02 面向泛 Z 世代哪些旅游传播方式燃？

　　面向泛 Z 世代，旅游传播方式没有别的选择和出路，唯有走"燃"的道路，点燃他们的激情，才能开疆拓土、打开新天地。要做到"燃"，我们必须立足移动互联网这个巨大的时代背景，把传播内容的希望，用时下最佳的传播方式高高托起，撒将开来，朝着目标奔赴。面向泛 Z 世代的旅游燃传播，其传播方式甚至比传播内容显得更为重要。这与其说是我们要使传播方式更加匹配传播内容，不如说是要让传播内容更为耦合传播方式。正是在这样的生态环境滋润下，旅游传播的春天大地，涌现出了诸如模因传播、病毒传播、直播传播、话题传播、网红传播、出圈传播、种草传播、算法传播、故事传播、画面传播等一大批颇为"燃"的传播方式。这 10 种传播方式，可以说是当下旅游燃传播方式的主要典型代表。我们想要做的，就是在时代的叙事方式下，将它们一一进行叙述和解构。当然，我们应该清楚，在实际的旅游传播中，并不是一个传播内容，仅采取一种燃传播方式，而是可能同时或先后采取多种燃传播方式，甚至可能会自然而然地形成多种燃传播方式同台表演竞技的局面。这种叠合而成的综合性的传播方式，往往比单一传播方式更加"燃"，堪称"超燃"，但鉴于掌握单一的燃传播方式是开展超燃传播的实践基础，故本书仅仅叙说单一的燃传播方式。

　　我们将从燃传播方式的定义、本质、特征、案例、实战要诀和注意事项等方面解锁这 10 种燃传播方式。这 10 种燃传播方式既有个性特征，也有共性特征，我们先在此对它们共同的实战要诀和注意事项予以叙述。

其一，选对渠道。旅游燃传播方式是在移动互联网的背景下，传播主体选择网络新媒体渠道进行的旅游传播。当下网络新媒体传播平台可谓五花八门、不计其数，仅头部新媒体平台和准头部新媒体平台就有上百家，如果我们按其特征进行归类，也有行业媒体、社交媒体、视频媒体、音频媒体等十余种类型。不同的旅游燃传播方式因其特征不同，与之匹配的燃传播媒体渠道也不尽相同，甚至可以反过来说，因燃传播媒体渠道的不同，才有不同的燃传播方式，因此网络新媒体渠道对燃传播方式具有极端重要的作用。故而，选对与传播方式相匹配的渠道几乎是所有旅游燃传播方式的实战要诀，也是为了避免选错传播渠道而成为选用旅游燃传播方式应该注意的事项。正因为如此，我们在本书的第四章，将专门阐述十大类型的新媒体及其特征、适配的旅游燃传播方式和内容。

其二，表达简洁。传播方式实质就是传播的表达方式，旅游传播方式的表达宜短不宜长，这既取决于传播的属性与规律，也取决于受众的时代特点与潮流。从网络媒体承载的内容无限延展的可能性来看，这似乎与之有所背离，然而，基于泛 Z 世代接受旅游资讯用时碎片化的习惯，在使用旅游燃传播方式之时，即使有万般精彩的内容，也不可冗长表达，否则那万般精彩的内容，也会因此折寿，甚至灰飞烟灭。要做到表达简洁，首要的是，力求聚焦一个就足够了的劲爆表现形式，把那些看似不错的叠加形式，却是旁门左道的花招抛在九霄云外，让旅游形象与旅游产品的记忆点在直击中凸显出来，让旅游内容的精彩和魅力在泛 Z 世代的脑海中铭刻至深。

其三，跟踪反馈。在旅游燃传播过程中，实时跟踪传播变动状况十分重要。互联网的宽覆盖和自媒体随时随地主客互动的特点，使得受众对线上传播的内容反应瞬息万变，没有任何一个人、没有任何一个机构可以保证传播内容会完全按既定的目标和路径铺开它的叙事方式，这就需要传播主体务必高度重视实时跟踪传播动态，对传播过程中的变化状况了如指掌，为及时调整传播策略和传播方法做好充分的准备。互联网以及数字技术已为我们打通了跟踪传播受众接受信息状况的反馈通道，我们要做的，只是通过构建旅游燃传播信息反馈系统，挖掘传播数据资源，分析受众接受信息的点点滴滴，形成旅游传播动态情况报告。

其四，及时调整。旅游传播过程中的相关调整是旅游燃传播题中应有之义。如何进行调整，应抓住依据、及时、有度等三个要点。一份高质量的旅游传播动态情况报告，是及时进行旅游传播调整的主要依据。传播主体要根据传播动态报告，及时加柴拱火，推动传播尽可能沿着预先设定的路径绽放光彩，促进传播目标如期完美实现；及时另辟蹊径，提高针对性，采用新方式，突出新亮点；及时开方抓药，止损扬益，去旧上新，激发潜能。在整个调整期内，既要做到调整范围有度，果断剔除那些无用的或作用甚微的方法；也要做到调整力量有度，添柴拱火太少太小，可能火焰仍然不高，浪费了功夫也可能错过时机，添柴拱火太多太大，浪费资源不说，甚至可能会适得其反；还要努力察觉那些预期之中未有的新势力，为那些无心插柳而快速柳成荫的传播之法，整平路基，拓宽路面，让新势力的跑车尽展狂欢的激情与力量。

其五，确保安全。安全大于天，它是旅游燃传播的底线和红线。那些哗众取宠的、庸俗低俗的、侵犯知识产权的、扭曲意识形态的旅游传播方式，无论是赤裸裸的直白，还是披着外衣的乌合，都不是旅游燃传播方式定义所要丈量的良田。尽管如此，旅游传播主体依然要对照旅游燃传播方式的内涵和特征，对标旅游燃传播方式应有的实战要诀和注意事项，采取应有的措施，警惕乌鸦混入喜鹊的队伍，避免非安全因素搅乱旅游传播燃起来的良辰美景。

以上是面向泛Z世代的旅游燃传播方式所共有的五条实战要诀与注意事项，是我们使用旅游燃传播方式应普遍遵循的准则；接下来，每一个旅游燃传播方式都会有各自特有的实战要诀与注意事项，是我们选用的旅游燃传播方式应特别遵循的准则。当某个具体的旅游燃传播方式的实战要诀或注意事项，在上述共有的实战要诀或注意事项中尤其突出或重要之时，我们也会特别单独列出，并针对性地进行阐述，在以示重要的同时，期待实战之招，招招可用，招招载满鲜果，在融合创新之下，铸造一个个旅游燃传播方式的经典案例。

2.1 模因传播，让玩梗像文化传承那样成为无限可能

模因传播是指通过社交网络和大众传播媒介传递一种文化符号、段子、图像或视频，引致它们短时间形成"梗"直至"热梗"，并大规模流行起来，从而带动传播内容迅速传播开来。模因既可以是传播者有意为之，也可以是由用户创造或修改，然后在网络上迅速传播，通过分享和转发，产生一种共同的文化语境及共识与共情。有些长时间、大范围流行的"梗"，可能会以文化遗产的形式不断地传承下去。在这种传播方式中，"梗"不仅是一时流行的文化载体，而且成为一种与时代相关的、共同的、有价值的文化符号，成为泛Z世代乃至其他群体传达信息、交流情感和构建社会认同的方式。由此来看，流行的梗可以将"梗"变成更具时代意义的文化符号，赋予它们更多的应用场景和无限释放的可能，于是模因传播定义的关键词自然而然地就落在"流行的梗"的身上了。

2.1.1 模因传播的本质和特征

模因（Meme）是形容一种可复制传播的文化模仿单位，例如视频片段、表情包、流行语、段子等"梗"都属于模因的范畴。模因传播的过程则是一种文化演化的现象，像基因那样继承，像病毒那样传播，表现为一些视频片段、表情包、流行语等文化载体。这种经常发生在互联网上的语言感染现象，从造"梗"再到"融梗"，体现了信息加工与二次创作。模因传播的过程一般分为同化、记忆、表达和传输四个阶段[①]。模因最初由某个创作者或用户创造，并在特定的平台上发布，例如制作一个有趣的表情包、写一个幽默的段子等。当其他用户看到并觉得有趣或有共鸣时，便将它分享到自己的社交网络，通过大范围的转发分享，"梗"就开始在网络上快速传播。我们现在所说的"玩梗"，其本

---

① 路新理，王宏军. 网络流行语的模因传播研究［J］. 海外英语，2022（18）：83-85.

质就是在传递模因。因此，从这个角度来看，模因传播的本质就是"梗"的传递，是大众"玩梗"的过程。

当然，并非所有的"梗"都可以与模因传播挂上钩的，比如那些极小圈层自嗨的所谓的"梗"，没有经过其他圈层的洗礼，而成为大众频繁使用的"热梗"，无以称为"模因"，也就不可叫做"模因传播"了。因此，模因传播中的"梗"实际上指的就是"热梗"。模因传播几乎把全部宠爱聚焦于一个可能没完没了的大众玩梗，而模因传播最为突出的特征非"大众玩梗"莫属了。

随着互联网和新媒体传播技术的发展，越来越多的泛Z世代开始喜欢"玩梗"，"玩梗"成为他们的流行文化。到底什么是"梗"呢？恐怕连沉浸其中的泛Z世代也很难精准表述它的内涵。一般来说，"梗"可以是各种独特的、有趣的或具有特定含义的词语、图像、视频或表情等。这些"梗"通常在网络上被广泛传播，以至引起了大众的普遍兴趣，甚至形成一种大众网民的狂欢。这样的传播方式非常有趣，可以帮助人们缓解压力和消遣娱乐。从趣味上看，这些"梗"的明显特征就是诙谐幽默，其中也不乏一些"自黑"和"自嘲"的调调儿。比如曾一度风靡网络的"奥利给"，就是一个非常典型的"梗"。这个"梗"的走红得益于一个网名为"朝阳冬泳怪鸽"的网红，他在镜头前以魔性的外观和表情，喊出那段"流行语"："消除恐惧的最好办法就是面对恐惧，坚持才是胜利，加油，奥利给！"后来很多网友不仅在网上模仿"奥利给"的语气和表情，也在线下用这个"梗"来激励自己，甚至还有学生在大考前夕来一番"奥利给式的宣誓"，为自己加油打气，舒缓考前的压力。类似"奥利给"这样流行的"梗"还有很多，比如"雨女无瓜"[①]"栓Q"[②]"YYDS"[③]等，这些"梗"背后的故事虽然各有不同，但它们的一个共同特点就是趣味横生。面对

---

① 雨女无瓜：网络用语中指"与你无关"的谐音，是一种普通话不标准、带有方言腔的表达。

② 栓Q：网络流行语，英文短语"thank you"的读音空耳衍生，英文的本意是感谢。后来衍生为表达自己很无语，对某件事特别讨厌的情绪。

③ YYDS：汉语"永远滴神"的拼音缩写，用来表达某样东西或某个人很优秀，像神一般令人惊叹。

现实压力的泛 Z 世代，用"玩梗"来调剂生活，让自己和身边人更加快乐，这难道不是一种积极向上的生活态度吗？当然，除了趣味性之外，"玩梗"的另一个非常重要作用就是社交。当下，"梗"的内涵实则是对"哏"在网络交流背景之下所进行的含义补充。在网络社交中，"梗"就是有使用数量的基础与影响力，约定俗成地代表着某种特殊含义并能引起知情网友共鸣的相关内涵及其衍生符号。"梗"的使用方便了表达者的想法输出，节约了其在日常聊天中思考的精力成本。与此同时，"玩梗"能适度调节气氛、增加同样懂"梗"人群的认同感。

在"人的本质是复读机"和"去中心化"的网络文化中，泛 Z 世代通过"融梗"的方式，在现有信息的基础上融合既有的"梗"开展二次创作。在模仿与二次创作过程中，初始的信息内涵得到了进一步丰富，在迭代中获得了适应不同圈层的传播能力。

在互联网技术发达的今天，模因从一个大脑传递到另一个大脑的过程变得极为简单，甚至可以用"病毒裂变"来形容。当一件热门事件发生，"梗"往往会伴随其在网络上迅速传递。并且，具有代表性的梗，哪怕事件热度下降，也依旧会流传下去。直到最后，可能连事件本身都已经被遗忘了，但仍会有无数人去使用它、热恋它。例如曾风靡全球的"I ❤ NY"（我爱纽约）标志，最早是为 1977 年纽约州为期数月的旅游活动设计的宣传口号，意在呼吁彼时混乱冷漠的纽约人爱护并维护城市美好形象，以吸引游客。当时，纽约城里到处举着同样的牌子，不论男女老少，城里人还是乡下人，都对她一见如故，没有人觉得这是一个"设计作品"，她好像早就在这里了，就像孔子、苏格拉底或自由女神像那样供人随时取用。之后，在一系列营销推广活动过程中，"I ❤ NY"的宣传口号成为纽约人表达对自己城市自豪感的一个标志出口，这个标志很快成了帝国大厦和自由女神像之外又一个代表纽约的标志。自 20 世纪 70 年代诞生至今，这个标志已成为人类流行文化的一部分，近两百个国家上千座城市都在复制着它。在中国，上海市、长沙市同样运用了"I ❤ SH"和"I ❤ CS"作为各自城市的标志之一，许多游客也会慕名而来进行拍照打卡。"I ❤ NY"图像标志的复制与发展启示我们：模因传播可以让梗像文化传承那样成为无限可能。

模因的传播代表着观念、想法、思想的传递,人们为什么如此热衷于造梗,热衷于传递梗,热衷于表达自己的观念和思想呢?可以说,一定程度上就是在满足自身对于传承的欲望和需求。肉体总会消亡,模因却可以通过传递而不褪色于时间长河,因此渴望通过反映时代的创造,通过思想的新表达,在历史上留下自己的痕迹。一个人可能难以做到,于是就通过团体的力量留下可能痕迹。从根本上讲,模因的传播,更像是人在传承欲望动力的驱使之下,用团体的方式来更好地留下自己痕迹的一种本能。当你认同某个观念某个梗时,一个人的力量也许难以将它传播开来,但却可以通过模因将其传递出去,找到同样认同她的群体,不断地复制传播,影响更多的人,自己也参与到一个现象甚至是一个文化现象产生发展的过程。

"玩梗"看似不登大雅之堂,但它却可以拉近泛 Z 世代和中华当代文化甚至传统文化的距离。文物背后的文化也许具有陌生感,然而通过弹幕互动分享、"玩梗"二次加热话题,将匠人精神、历史文化带上生活的温度,不是也有利于文化的传承和创新吗?

一般性的梗不容易成为文化,因为梗像语言中的"预制菜",拿来加热就能吃,不会有人追问炒菜时用的是花生油还是橄榄油,烹饪红烧肉加的是料酒还是啤酒。就像当我们在"玩梗"的时候,很少会在意梗产生的来由和过程。一旦梗开始无意义重复,就会成为"无内涵、无意义、无品位"的"三无"烂梗。比如曾经的"蓝瘦香菇[①]""你个老六[②]"等,现在看来是如此老土、无聊,乃至令人厌烦。央视网在微信推文《当我们讨厌烂梗时,到底在讨厌什么?》中指出:"梗自有其生命周期。好梗能跨时空流传,烂梗则会默默退隐。"[③] 而不少原本属于文化类的词语、句子,如"人类的悲欢并不相同"却

[①] 蓝瘦香菇:网络流行语,由于音位的自由变体产生,"蓝瘦"即"难受","香菇"即"想哭";代指"难受,想哭"的意思。

[②] 你个老六:网络流行语,是游戏玩家常用的一句吐槽,除了在游戏圈,这句话在日常交际中多用来嘲讽那些以出其不意的方式获胜或玩阴险手段的人。

[③] 央视网. 当我们讨厌烂梗时,到底在讨厌什么? [EB/OL]. 2023. https://mp.weixin.qq.com/s/UChAMvYN4ABbIBZrGgIkfA.

因为有较广的受众基础而更容易衍生为"梗",焕发出新的生命力。还有引起了广泛讨论的动画电影——《长安三万里》中那些为人熟知且流传至今的优美诗词,证明了诗与美的生命的无限长度。挖掘这方面的文化,将传统文化转塑为更符合当今审美和情感需求的"梗",对于提升传播影响力具有广泛的、显著的作用。

模因传播启示我们,用玩梗的方式,可以让城市拥有更高的辨识度和更魔性洗脑的旅游宣传语,并主动引导那些下沉的声音,让人们不再仅仅是信息的接收者和传递者,而且是信息的加工者与信息的创作者。通过各种二次创作,使得 slogan 深入人心,甚至人们为了这句话而充满热情地前来旅行打卡,这不就达到了旅游宣传推广的目的了吗?当然,好的旅游目的地宣传语还是要"常换常新"的,一条具有高辨识度的宣传推广语似乎已经成为许多城市发展旅游的必然选项,旅游地的宣传推广语要靠近泛 Z 世代的语感偏好,能写短就不写长,"以简代繁""以小代大"已然成为时下新的趋势;要"魔性洗脑",就要独特表达,让文字越看越"有内味儿";念出来不如唱出来,循环洗脑的旋律可以成为文字传播的加速器。梗的二次创作在传播之中将宣传推广语传得更远,传得更深入人心。这个新媒体传播时代的"核武器"——模因传播,因在传播中总是伴有对旅游行为转化的强大力量,使得"模因旅游"成为全球旅游的新趋势,我们有什么理由不去深情而又大胆地拥抱她呢?

2.1.2 模因传播的案例赏析

钉钉在线求饶,玩"梗"玩出圈[①]

2020 年年初,钉钉(阿里巴巴出品的智能移动办公平台)被教育部临时

---

① 案例来源:知乎 @啊嘿哒公关《钉钉在线求饶,不是谁都能叫爸爸的》。

启用,选作中小学生的网课平台,然而由于中小学生不满于春节长假被学习占用,愤怒之余,纷纷在各大软件平台给钉钉打出了"一星好评",原本4.9分的评分连续5天因此被下拉到1.3分,网友纷纷调侃"此生无悔入钉钉,分期付款给五星;先有假期后有钉,反手好评带一星"。钉钉一时间成为小学生的眼中"钉",在小学生"五星分期"的威胁下,钉钉官方主动吐槽,发布《钉钉本钉,在线求饶》的鬼畜电音视频,采用了表情包、鬼畜视频和弹幕等泛Z世代网民喜爱的方式"卖萌打滚求放过",并得到了大量B站up主的二次创作,实现了大范围传播。经此一战,钉钉凭借可怜兮兮、弱小无助的人设成功出圈。就连之前不知道钉钉的人,在看过视频之后,都十分好奇究竟是什么软件,评分那么低还那么火,我要下载一个看看。

大家看到了钉钉在应对此次危机中的可爱又有趣的一面,钉钉在B站涨粉70多万,且携手淘宝、支付宝在B站集体出道,官方"对线",玩梗互动,让网友纷纷感叹"官方搞事,最为致命",一波妙操作帮阿里在泛Z世代群体中赚足好感。

"梗"具有天然的社交属性,"玩梗"是泛Z世代的全新表达方式,也是泛Z世代的网络日常交往。同时,因为"梗"具有文化认同的特性,所以"玩梗"也成了一种识别同好的方式。钉钉的这次自黑就是一种借梗营销,将梗作为一种"社交货币",通过"梗"的表达方式,融入圈层的话语体系,进而打入圈层内部,快速拉近与用户的距离,获得这部分用户的好感和认同。钉钉懂梗、会"玩梗",能和用户"打成一片",相当于找到了一条和年轻用户对话以及打入亚文化圈层的捷径。当然,钉钉的成功案例并不代表"玩梗"的方式适用于所有旅游产品的传播推广。在网络时代,"梗"层出不穷,一般能级的"梗"生命周期非常短暂,热度快速下降可能会影响旅游传播的效果;更为重要的是,玩接地气的"梗",意味着要接受主流文化的审视,特别需要注意"梗"的正能量价值取向以及与自身品牌格调的匹配度。

案例二

"淡黄的长裙,蓬松的头发"之模因洗脑[①]

"淡黄的长裙,蓬松的头发"这个梗是出自 2020 年的一档很火的真人秀综艺节目——《青春有你 2》。节目中说唱歌手 Jony J 担任导师辅导说唱训练时,由于学员没有说唱基础,说唱的时候类似于朗读,在反复训练其中的一句歌词"淡黄的长裙,蓬松的头发",彻底让 Jony J 感到崩溃。由于这句歌词在当期节目中出现频率较高,导致在大家脑中疯狂地循环,网友们除了心疼 Jony J 老师,还强烈反映这个旋律太上头,稍微多听了几遍就已经无法自拔,这个声音甚至演变成可以听到的文字。

与此同时,一个又一个有关的话题登上热搜,为这一狂欢增加了新的热度,持续燃烧网络上的热情之火。各路神仙纷纷玩"梗",其中有不少明星也追赶着这股时尚潮流,有出面剪辑搞笑视频的,有展现真正说唱实力的,也有写搞笑段子、创作表情包进行"玩梗"的,使得这场狂欢波及范围扩大。到后来,朋友圈也开始刷屏,越来越多的网友加入狂欢,由此引申出"淡黄长裙和蓬松头发"的时尚穿搭展示。"淡黄的长裙"由原来单一的话题,逐渐分化出多元化的话题,以多个花式话题承包了微博热搜。

除了网友自发讨论和娱乐之外,一些意见领袖(KOL)和品牌官方也纷纷借用这个梗,加入这场戏剧化的配图戏码当中,制造了一种"万物皆可淡黄蓬松"的现象。许多旅游景区微信公众号和旅游类自媒体将景点特色与"淡黄的长裙"相关联,围绕这个梗进行宣传,吸引更多网友的关注。

"淡黄的长裙,蓬松的头发"之所以能够成功进行模因传播,主要归功于三点。首先,受众参与二次创作,形成了拥有众多流行因子的复合模因。在传

[①] 案例来源:知乎 @ 知乎用户 0mwN0n《网络上爆红的"淡黄的长裙,蓬松的头发"是什么梗?JonyJ 太难了!》。

播过程中,这种融入了表情包、剪辑视频和段子等众多网络流行元素的复合模因,能够吸引其他受众结合自身兴趣参与到传播当中,从而进一步扩大它的流行范围。其次,公众人物和媒体的大力渲染,强化了模因的触发力度。在节目《青春有你2》中的rap片段在网络上流传之后,许多知名的rapper纷纷发布自己的翻唱视频,增加其热度,使这一模因得以迅速复制和广泛传播。最后,从众心理的推动。网络对个体的压力更多体现在强大的信息流中,在网络模因传播的过程中,并不是所有人都有意识地参与其中,但有部分网民会潜意识地与群体行为保持一致,也就是"人云亦云"和"随大流"。由此,我们知道全民玩梗就是一种模因现象,魔性洗脑的梗更容易传播,只有用户认可你,才愿意玩你的梗,甚至为你创造新的梗。

案例三

嘉峪关的"梗",争抢游客来"通关"[①]

在"天下第一雄关"嘉峪关的关城出口,有一位威武的古代"大将",为往来游客签发通行证件"关照"。2021年,这位"光头大叔"火了,被游客和网友称为"嘉峪关梗王"。这位大叔名叫李森,是嘉峪关景点的一个演员。扮演嘉峪关"关长"的他,每天的工作就是帮来往的游客"签发"专属的通关文书。因为在古代,嘉峪关作为明长城最西端的关口,来往的行人在通关时,都需要获得通行凭证,即所谓的"关照"(相当于唐僧的通关文牒)。于是,"关长"李森便仿照古代的"关照",在问清楚游客们来景点的缘由后,为游客们"签发"这独具地域特色的"通关文牒"。

[①] 案例来源:腾讯新闻@TOP趣旅行《嘉峪关景区一工作人员成"梗王",游客争先前来"通关"!网友:光头,强!》。

面向泛Z世代的旅游燃传播

"天下第一雄关"嘉峪关
摄影师：刘剑聪

在视频中，光头络腮胡的大叔，身披甲胄，手握狼毫。时而抬头询问，时而伏案疾书。游客们说出的每一个居住地，每一个来访理由，到他笔下，都成了充满文化底蕴的古地名和古今结合的"梗"。

举例一：

一位山东枣庄来的女生，大叔听到枣庄，就念出了"兰陵人士"。

大叔问："你到西域有何贵干？"

"我到西域来看风景，看帅哥，看您。"

"哈哈哈，可真会聊天儿。"随后大叔将写好的通关文书朗读了一遍，"兰陵美女×××，前往西域寻找如意郎君。"

举例二：

有位来自湖北天门的女生，在被问及来西域的缘由时，女生回答说"寻宝"。

大叔一边记录盖印，一边打趣道："你是摸金校尉啊？"

一阵哄笑之后，大叔一本正经地宣读起了手中的"卡片"："竟陵摸金校尉×××，前往西域精绝国挖九层妖塔！"

举例三：

一位来自浙江温州的男生，被问及来西域缘由时，给出的答案是"赚钱"。

于是，大叔宣读"卡片"时就成了："永嘉郡帅哥×××，前往西域和小姨子开江南皮革厂，哈哈哈哈……"

李森在当地是知名的民间艺人，壁画、雕塑、烙画、蛋雕、篆刻、石艺、金石书法等多项民间工艺样样精通，一火出圈就被网友称为"宝藏梗王"，还笑称"光头，强！"

由于这种旅游体验项目的参与感极强，且极具仪式感，再加上"关长"的风趣幽默，前来打卡的游客络绎不绝，在旅游旺季的时候，每天可达近千人。

这个案例很好地将线上模因传播落地到线下。景区模仿古代的"关照"，将这种独具地域特色的"通关文牒"融入游客的景区打卡环节，增加了旅游的体验感与互动感，又通过玩转泛Z世代关注与喜爱的网络文化、网络热点，结合当地的传统文化与民间工艺进行"融梗"的二次创作，使嘉峪关景区又再次火爆到抖音、哔哩哔哩等线上社交平台。可以说，这种以古今结合的方式进行"融梗"所带来的趣味与传播，吸引诸多游客慕名打卡，参与互动体验，体现的正是模因传播对旅游行为产生的强大转化作用。

2.1.3 模因传播的实战要诀

模因传播是围绕"梗"展开的，因此"梗"是模因传播中的关键，以"梗"传播，借"梗"成事，"三招制胜"。

一招造梗。选择热点话题，个性定制梗，多渠道传播引发共鸣。创造一个与时下热点相关的模因梗，可以是与时下潮流、社会事件、明星或其他流行话题相关的内容。将这个梗与品牌或产品关联起来，进行个性化定制和改编，然后通过多种渠道进行传播，如社交媒体、视频平台等，以引起用户的共情和分享。"造梗"不易，"择梗"不难，选择"热梗"传播自己的"话题"，实现旅游传播，是一个相当不错的选择。

二招互动。激发用户互动，强化情感投射。在传播过程中要重视引导用户参与，充分利用用户的共情心理，设计有趣、温情或感人的故事情节，使梗变成一种情感表达的载体。2024年元旦假日，哈尔滨冰雪旅游场面十分火热，"南方小土豆"与广西增热点的"小砂糖橘"双"梗"互动，让人鼓掌叫绝。同时，积极回应用户的互动和评论，激发用户的情感共鸣，构建积极的社交氛围，造就更大的传播空间，形成一种共同体验、共同推波助澜的局面。

三招延伸。不断延伸，轮番传播，强化认知内化。努力拓展和延伸梗的表现形式，使它在不同的场景、适配的渠道中持续传播。充分利用声音、视频、图片、文字等多种表现形式，通过陈述、演绎、模仿等方式，将梗内化到用户的日常生活中，成为一种强烈的认知印记。

2.1.4 模因传播应注意的事项

在"三招制胜"过程中，双眼不离"梗"，牢记如下"三项注意"。

第一项，顺势而为。造的梗也好，借的梗也罢，它的流行范围既有快速的扩张期，也有缓速的消退期。我们要审时度势，顺势而为，及时推波助澜，适时撤退资源。当梗的流行开始减弱时，要及时出击，充实梗的内涵，引导梗的玩转，减缓梗的衰落；当梗的传播力量锐减以致日落西山之时，如果我们还要竭力想方设法勉强延续热度，只会增强大众传播疲劳，导致传播效应进一步减弱或消失，从而造成资源浪费，得不偿失。

第二项，注重匹配。无论是造梗，还是借梗，都必须与需要传播的旅游形象或旅游产品、品牌相吻合。所造之梗，最好是从旅游形象或旅游产品、品牌中挖掘提炼而来，在流行过程扩充梗的内涵之时，也不可分神开小差；所借之梗，理当应与需要传播的旅游内容深度关联，至少是有所关联，充实梗的内涵时，不可忘记旅游事物主要精神，避免破坏旅游形象或旅游产品、品牌的核心价值。

第三项，留意环境。流行的梗之所以流行，很大程度是当时的大环境所致。流行文化是造梗或借梗的基础基因之一，是推动所造、所借之梗流行的重要力量，要把流行文化核心元素浸透于造梗或借梗的全过程。采用模因传播方式要充分了解社交媒体的文化背景和观念取向等传播环境，杜绝发生文化习俗和观念价值上的冒犯或冲突，避免造成大众心理不适，以至形成负面影响。

2.2 病毒传播，让信息像生物基因一样实现传递和裂变

病毒传播是一个源自生物学领域的说法，指的是在信息传播领域，某一信息内容在"好处"的推动下，通过受众之间的分享和传递，快速扩散和传播。病毒传播的关键在于利用社交网络和传播媒介，快速扩散信息，引起用户的共鸣和分享，从而实现传递和裂变。在病毒传播时，需要适配信息传递的环境，将信息发布到人们常用的社交媒体或其他网络环境中，使得信息在这些环境中能够更容易地被感知和传播。适配的环境不仅仅是目标受众的喜好、习惯、娱乐、爱好，而且更为重要的是那些"诱导"目标受众的"蜜糖"，正是那些"蜜糖"，几乎适配了人类共同拥有的那种获得"好处"的心理习惯，从而增强推动信息传递的黏性和裂变的力量。因此，病毒传播定义中的关键词就是"安放好处"，它是实现信息内容传递和裂变的核心要件，它需要我们有意识地把"好处"栽种和培植在传播的环境之中，让传播的目标得以如愿实现。

2.2.1 病毒传播的本质和特征

从传播转化的角度来说，病毒传播也可称为病毒营销。病毒传播是利用大众的参与感以及人际关系等因素，撬动传播信息以几何倍数的传播速度、高效率地接收，将信息在短时间内传向更多的受众。由于这种传播通常是用户之间自发进行的群体之间的传播，人们知悉了解所传播的服务和产品几乎不需要任何费用，从这个角度看，病毒传播其实也是线上的一种口碑传播形式。病原体、病人、传播环境是病毒传播的三个要素。如果说传播内容本身是病原体，那么传播环境就是内容在何种时间和空间可以进行传播，互联网是这种时间和

空间的基石，而"好处"则是创建这种时间和空间的最为重要的工具。由此可见，病毒传播的本质就是传播信息在"好处"这样的适配环境之中，像生物基因一样实现传递和裂变。

谈及病毒传播，就不能不说说疯狂传播六大原则：STEPPS[①]，其中S指的是社交货币（Social Currency），T是诱因（Triggers），E是情绪（Emotion），P是公共性（Public），P是实用价值（Practical Value），S是故事（Stories）。今天，我们从病毒传播方式的角度来看，疯狂传播的六大原则共同的精髓其实就是"好处推动"。

社交货币，用通俗的话来讲，就是一件产品能够帮助用户被赞美、被喜欢，那么用户就会发自内心地乐于分享这件产品，实现口碑传播的目的，而这件产品就成为社交货币。比如你在朋友聚会上讲一个让大家捧腹大笑的笑话，会让人认可你的幽默风趣；又如分享阅读心得、听音乐会、看画展会让你看起来挺有文化学识的。西瓜足迹小程序曾一度刷屏朋友圈就是一个很好的案例。用户识别二维码后，填写自己去过的国内城市，小程序就会自动生成足迹地图，并且显示你超越了多少网友，还可以一键分享到朋友圈。这个小程序主要抓住了用户"自我记录""自我标榜"需求，同时提供了谈资（社交货币）利于朋友之间互动，也就是"培养和维护人际关系"，其间的"好处"随处可见。

诱因，就是使人产生动机的外在因素，它能够帮助激活对某种产品和信息的重复口碑传播，同时诱因发生的频率也在很大程度上影响口碑传播的效果。因为新奇有趣的事情不会经常发生，只有我们把一件事情变得随处可见，并且与我们的日常生活息息相关，才能让这件事情变得流行。典型的案例就是"怕

[①] 乔纳·伯杰. 疯传——让你的产品、思想、行为像病毒一样入侵[M]. 北京：电子工业出版社，2014.

注：宾夕法尼亚大学沃顿商学院的乔纳·伯杰教授在《疯传——让你的产品、思想、行为像病毒一样入侵》中将那些能触动人们的情绪因素拆解，并总结成六项：社交货币、诱因、情绪、公共性、实用价值、故事。认为在制定营销方案时，企业可以依据这些因素来形成策略，影响客户。

上火,喝王老吉",它把王老吉凉茶与"上火""清热降火"等这些高频"好处"相结合,就有了持续传播的机会。

情绪,这里的情绪特指让受众和用户产生情感上的共鸣。用户通常只会分享自己关心的事物,如果一件事让人感到快乐或生气,这个人就会希望和他人产生情感上的共鸣,便将这件事分享出去,从而得到自己想要的"好处",尽管这种想法更多时候是无意识的,只是人的本能而已。比如,2021年7月,运动服饰企业鸿星尔克捐赠5000万元物资驰援河南灾区一事引发关注。网友传来消息:"鸿星尔克2020年巨亏,却花了5000万元驰援灾区"。该消息经传播后在各大平台发酵,"鸿星尔克的微博评论好心酸"等话题持续刷屏。很多网友赞赏鸿星尔克的家国情怀,点燃了网友的情绪,使网友产生良好的即时体验,因而自发地成为鸿星尔克充值会员,线上线下"野性消费",实现"病毒传播"般的传递和裂变。

公共性,简而言之就是要让产品通过可视化的方式呈现出来,让别人看得见。可视化就是迎合人们简易轻松感知事物的"好处"。公开关键意见领袖(Key Opinion Leader)的选择、行为和观点是目前大部分品牌进行营销推广的策略之一。此外,还有通过举办公益活动、晚会等进行品牌宣传的形式。这些都是为了加强品牌可视性,引导人们的参与和模仿,从而提升转化为流行的可能性。

实用价值,体现在产品或服务上能够帮助用户节省时间和钱财,帮助他人解困,其中包装新颖、专业性更高的产品或服务更容易受到用户的青睐,基于社交货币的原则进行共享,"好处"昭然可见。

故事,这里特指以最容易被记住的方式向人们提供信息,"好处"赫然其中。比如,由马云创立的电子商务公司——阿里巴巴,其品牌故事与马云的传奇创业历程紧密相连。马云在1995年首次接触互联网,尔后历经多次创业失败,最终阿里巴巴于1999年诞生,之后逐渐发展成为一家拥有多个业务平台的综合性世界级的互联网企业。故事作为一种强大的传播工具,可以深入人心,传递信息和情感,影响人们的认知和行为。通过运用好故事,可以更有效地传播思想、观念和品牌形象，实现信息传播的目标。

疯狂传播六大原则的精妙之处，在于任何人都可以使用它而得到"好处"，只要使用其中的一条或者多条，再加以策划，就能够让产品、思想或行为流行起来，使其传播获得成功。

泛Z世代作为互联网"土著"，是伴随着互联网的发展成长起来的一代，各类网络应用特别是飞速发展的互联网视频平台，已然成为他们的重要活动空间，也是最容易形成"病毒式"传播的环境。例如当下常用的微博、朋友圈都可以依靠用户个人的社交链条或社交圈进行广泛分享和扩散，让有吸引力的新事物像病毒复制那样，一传十、十传百地传播。第一个分享到朋友圈的参与者为传播开端，以他的社交圈为范围传播，之后再以他朋友为传播节点，以此类推，造就了扩散迅速、范围极广的病毒传播奇观。2021年蜜雪冰城官方账号在B站发布了基于经典乡村民谣《哦，苏珊娜》曲调的中文主题曲MV，加上单一直白的歌词"你爱我，我爱你，蜜雪冰城甜蜜蜜"，使得蜜雪冰城主题曲易于上口，在传播过程中进一步加深了受众的印象，并且凭借"略显土味"的画风，火速席卷全网，让网友直呼"上头"。2022年一款名为"羊了个羊"微信小游戏火爆全网。由于太火，服务器2天崩了3次。"羊了个羊"与其他消除类游戏玩法虽有相似之处，但却更好地利用了玩家越挫越勇的心理特征，以及强大到极致的社交属性加持，才开辟出蓝海市场，带来"病毒式"传播。

21世纪，将旅游地当作产品去传播的"目的地品牌"（Destination Branding）被人们广为接受，泛Z世代作为时代的弄潮儿，对于新鲜事物更是敢于接受和尝试，只要有"好处"环境的适配和疯狂传播六大原则条件，就能让旅游地的产品像病毒传播一样实现传递和裂变。我们无论如何都不要忘记环境适配中的那个最为关键的东西——"好处推动"的力量，而这正是病毒传播方式的最突出的特征。

2.2.2 病毒传播案例赏析

案例一

拼多多的"砍一刀"招式，让无数人直呼中招[①]

2015年成立的拼多多，是一家以低价团购模式在短时间内迅速崛起电子商务平台。它之所以在短短几年内取得了极大的成功，主要得益于百亿补贴和"砍一刀"的好处，所形成的病毒传播，推动它在竞争激烈的电商市场中脱颖而出，成为继淘宝和京东之后的在国内三足鼎立电商平台巨头。

即便你没有用过拼多多购物，但多多少少也会因为朋友圈好友的选择而被迫助力"砍过几刀"。这也是为什么有不少人将拼多多看作一个社交软件，而非一个购物软件的原因。

拼多多借助微信这一几乎全民都在使用的社交软件，把社交裂变的游戏玩得炉火纯青。用户通过邀请好友助力砍一刀，就能够肉眼看到直接减钱，拉的人越多，自己买到的东西也就越便宜。对大多数人而言，这颇具诱惑力。还有一种领现金的活动同样也是基于"砍一刀"好处模式，即通过邀请好友助力，助力越多，距离目标现金越近，最终获得现金奖励。正是靠着这种获得"好处"的病毒营销，拼多多的用户数开始呈现指数级增长。截至2023年上半年，拼多多总用户数达7.93亿[②]。

当然，除了"砍一刀"，拼多多还有一个吸引用户的拿手好戏便是百亿补贴。凭借百亿补贴的疯狂撒钱活动，拼多多上的不少产品售价比天猫和京东平台更低，这也让很多消费者在用过拼多多下单之后纷纷大喊"真香"。在拼多多之后，许多App也都开始采用病毒营销，如滴滴打车、高德打车、携程等，从技术上，此类传播并不难实现，但能够促使用户转发裂变的最大推动因素其

---

① 案例来源：东方网《读懂拼多多"砍一刀"背后沉默的大多数》。
② Quest Mobile. 中国移动互联网2023年上半年大报告［R］. 2023.

实就是给人"好处"。

拼多多的病毒式营销为何总能成功?究其原因在于它能够抓住人心。首先是利用人的趋利性,从原先的"砍一刀"免费拿东西,到后来更加简单粗暴地领现金,许多用户都会认为这是"不需要付出其他成本,只要动动手就可以获得的好处"。其次是口碑宣传,拼多多在初期让部分人容易且真正地领到现金,领到现金的人必然会向自己的亲友分享这件事,拼多多利用这种亲朋好友的口碑传播,实现一传十、十传百的指数级裂变,从而吸引大批想要获得好处人的关注并促使他们参与活动。最后是人们的互惠心理,帮好友助力一次,自己也会得到相应的奖励,在这种互帮互助互惠的规则引导下,许多用户乐意参与。简而言之,拼多多利用带有社交活动属性的拼购形式,把给人"好处"用到极致,使品牌传播能够在最短时间内,精准命中,快速触达,效果可人。

流水的热点,铁打的周四 ①

提到"疯狂星期四",很多人自然而然会想到"打开肯德基,买点吮指鸡"。从传统传播学的角度看来,"疯狂星期四"并不算太好的宣传口号,没有针对性、鲜明性、准确性,也没品牌背书,更像是一个卡在半句的"废话"。但肯德基却借助这个口号,成功重塑了一个纪念日,并将其变成了品牌的专属。"疯狂星期四"作为肯德基2018年推出的一次简单的促销活动,核心策略是为了激发消费者在每周四到店消费,以获得优惠的产品。但谁也没有想到,在快餐品牌竞争激烈、各种优惠活动花样频出、快餐食品受到质疑的背景下,能够再次翻红,并借助消费者主动参与的力量,将其推广成为一个现象级的品牌纪念日,同时出现了"万物皆可星期四""万物皆可V钱吃鸡块"的消费者

---

① 案例来源:新消费智库《是谁在创造肯德基"疯狂星期四"丨营销观察》。

狂欢日。

疯狂星期四之所以能爆火,离不开发疯文学的功劳。2021年5月,第一代"疯四"文案在社交平台上横空出世:"看看你那垂头丧气的样,知道今天是什么日子吗,今天是疯狂星期四。"网友纷纷以此为蓝本,自发参与创作有关疯狂星期四的段子,这些段子多以悬疑、狗血、幽默的情节开头,能快速抓住阅读者的眼球,在剧情高潮处莫名其妙的反转降临,读者一时哭笑不得,被勾起的情绪就此触发传播热情。例如:

"我都懂,我都明白,我是选项E,我是plan B,是分叉的头发,洗衣机流出的泡沫,超市里被捏碎的饼干,是吃腻的奶油,是落寞的城市,是地上的草,我是被踩踏的,是西装的备用扣,是被雨淋湿的小狗,是腐烂的橘子,是过期的牛奶,是断线的风筝,是被随意丢弃的向日葵,是沉默寡言的小朋友,所以能v我52吗,今天肯德基疯狂星期四。"

之后,肯德基官方也下场助推,举办"用疯狂文学表白肯德基疯狂星期四"的抽奖活动和"疯四文学盛典"将"疯四文学"IP化。随后,网友们各显神通,围绕"疯狂星期四"的文案也开始朝着越来越复杂和千奇百怪的方向发展。有"上市公司老总被奸人所害,重生复仇"梗,也有各种"网抑云"版,还有"秦始皇复活"版、"小广告"版……在网友你来我往的玩梗中,这些文案很快在微信群或朋友圈、小红书、抖音、微博等各大社交平台,开启一轮又一轮的病毒式传播,星期四发疯文学便成了热门的社交货币。

如果说"疯狂星期四"所带来的意外走红是肯德基的"运气",那么"安放好处"就是成就它功名的"力量"。肯德基提供了大幅折扣的特价产品,这些产品较之平常时段的价格上有明显的降低,吸引了价格敏感的消费者,网友不论是在玩梗还是消费上的参与门槛都被拉低,让活动公共性增加,而优惠活动本身就是实实在在的"好处"。同时,活动名称与固定周期的设置,让星期四的"好处"成为最好的诱因,每每到了周四,网友对它的记忆与情绪就会被唤醒,成为促使他们参与的自然提示。

面向泛Z世代的旅游燃传播

闽南肯德基 摄影师：赵岗

雪球越滚越大，"冰城"火成"热点"①

2023年下半年的哈尔滨爆火，各个景点接连出圈，让无数人自觉奔赴，亲身体验当地文化与风土人情。2024年元旦期间，仅哈尔滨旅游总收入就高达59.14亿元，创下历史纪录。惊人的数据反映着全民旅游的高涨热情。

哈尔滨，这座被誉为"冰城""东方小巴黎"和"东方莫斯科"的城市，拥有丰富的历史和文化底蕴。哈尔滨历史的背后更是丰富的文化遗产，欧洲建筑风格、东正教教堂、犹太人建筑等，都展现了这座城市的多元文化。哈尔滨

---

① 案例来源：北京青年报《哈尔滨旅游 为何能火出圈？》。

是东北地区的中心城市,高铁、航空、公路、铁路等多种交通方式可到达,连接着国内多个大中城市。冬季的哈尔滨银装素裹,为游客呈现出一个如梦如幻的冰雪世界。独特的自然条件是哈尔滨旅游爆火的重要因素之一。自古以来,哈尔滨是狩猎文化、渔猎文化、牧猎文化的交会之处。

  哈尔滨为什么能成为2023年冬天最热门的旅游地?"安放好处",以"好处推动"是一系列招式的底层逻辑。首先,线上许愿,线下实现。为了满足"南方小土豆[①]"的需求,例如将月亮搬上天、冻梨切盘摆放、想成为公主旅拍等,游客在线上许的愿望,落地哈尔滨就被实现,"南方小土豆"在微博上表扬道:没想到还能有如此贴心的旅游体验。其次,短视频"好处"种草、新媒体平台推广。2023年12月,种草"哈尔滨"的视频在抖音、B站等平台火爆起来,不同于以往的旅游宣传,更多的是对目的地的深度探索,用镜头展示出哈尔滨的本地玩法:便宜到2元一根的大油条、刚出炉热乎乎的烤红薯;镜头一转则是"东方莫斯科""东方小巴黎"的夜景呈现;在大教堂前拍一组"异域风情的公主",则成为"南方小土豆"这个冬天的终极梦想。还有,重视提供情绪价值。哈尔滨通过人性化、暖心化的极致服务给予年轻人以慰藉,在索菲亚大教堂上空挂起人造月亮,满足游客拍片愿望;中央大街地下通道铺设地毯,避免游客滑倒;马路边搭建暖房,供游客取暖;冻梨切开摆盘,方便南方游客食用;甚至向沈阳借走金凤凰和搓澡阿姨,只为提升游客的体验感。诸多花式宠客行为让游客备受尊重与感动,从而获得了满足感、愉悦感、舒适感。这种情绪价值再通过社交平台分享出来,就会形成流量虹吸效应,让哈尔滨的热度再度走高。即使是负面舆情的危机处理也依然让"好处"大行其道。2023年12月18日,哈尔滨冰雪大世界在开园的首日,因游客等待时间过长而引发不满,有人高呼"退票"。然而,游客的退票需求当天就得到了满足。第二天,哈尔滨冰雪大世界公开发表致歉,承认服务不周到,并立即进行整改,哈尔滨市文旅局的领导也赶到现场进行督导。这种迅速的响应和整改,慰藉安抚了人

---

  ① 南方小土豆:网络热词,源起于南方人对北方温度的不适应的服装搭配,以及身高差距带来的地区辨认度极高,逐步演化成了对南方游客的热情表达。

哈尔滨冰雪大世界
摄影师：刘剑聪

们不平的心灵，不仅平息了冰雪大世界的负面舆情，还有助于消除之前"雪乡宰客"的不良印象，为病毒式传播铺就了暖心的环境。

正是这种以优待游客为核心的"好处"无处不在，引得这些"网红点"在社交媒体不断发酵，形成病毒式传播，在小红书、抖音等社交媒体上，哈尔滨的相关内容频繁出现在推荐榜单，并获得了极高的点击量，让哈尔滨火爆全网，实现了"四两拨千斤"的效果，吸引更多人关注并激发潜在的旅游需求。

2.2.3 病毒传播的实战要诀

一般来说，病毒传播历时短，见效快，转化高。如何开展病毒传播？我们可以记住这样的秘诀：好处人人要，内容忘不掉，朋友一起笑，裂变都知道。

好处人人要。"好处"就是"病毒"的"糖衣"，人们都想尝一尝甜蜜的味道，而可能一时忽视了"病毒"的存在。如果没有如同"糖衣"的甜蜜存在，"病毒"的传播几乎是不可能实现的。因此，我们在病毒传播的实战中，给人以好处是第一要务。

内容忘不掉。内容其实就是"病毒",在"糖衣"的包裹下,内容以自己的方式感染着人们。优质的内容亦即具有吸引力的内容,其感染力是很强的。内容吸引力越强,感染率也就越高,被感染也就越持久。而有料、有趣则是内容具有吸引力的关键乃至核心所在,因为它是引起人们共鸣和分享的主因。

朋友一起笑。在好处的驱动下,人们把具有吸引力的内容发布到适合传播的环境,比如社交媒体、视频平台等,内容就能够迅速被人们注意到,并在好处一次次的驱动下,开始新的一次次传递,几乎每一次传递都有人为得到好处而笑逐颜开,心甘情愿为产品的内容摇旗呐喊。

裂变都知道。好处刺激着分享和互动,而评论、转发和点赞进一步推动着内容的传递,激发着人们参与和互动。我们甚至无法准确地知道设计的内容在传递过程中发生了多少次裂变,但我们却能够知道裂变正在不断地发生。那就让它在我们的关注反馈和实时调整过程中继续裂变吧。

这一套实战组合拳告诉我们:"好处"可以帮助形象和产品的内容在社交网络中像生物基因一样传递与裂变,优质的"内容"是我们真正的内核,好处和内容的融合,才能取得病毒传播的卓越成效。

2.2.4 病毒传播应注意的事项

第一,"糖衣"要厚,"糖蜜"要足。实实在在的"好处"是病毒传播的王道,与其遮遮掩掩给一点点不痛不痒的"好处",以致无法实现内容的传递和裂变,不如舍得"一针见血"的"万两黄金",加速推动病毒快速传递和几何裂变,最终还是"羊毛出在羊身上"。

第二,"内容"要实,"平台"要准。"糖衣"永远是为内容服务的,产品也必须实实在在,否则产品内容信息传递和裂变越快,对产品的反噬就越严重,反向的影响就越大。社交平台是病毒传播的主要渠道,只有选择适合目标受众的社交平台才能确保内容能够迅速传播与裂变。

第三,"温度"要有,"情感"要真。"病毒"看似冷冰冰的无情杀手,但其传递和裂变必有人间真情。除"糖衣"之外，温情脉脉的刺激，是大众分享和互动的催熟剂。传播设计者不仅要凸显"糖衣"，还要保留鼓励分享和互动的元素，例如有趣的互动挑战、用户生成内容等，吸引大众在回眸一笑之中参与和分享。

2.3 直播传播，让形象及产品直接与受众对话吧

直播传播是指借助视频直播平台，以实时视频的形式，由主播对传播内容进行现场推荐，让受众直接通过观看、评论和分享与其内容直接对话。在这一定义中，"直接对话"是其关键词。旅游直播传播方式不仅可以达到及时传递旅游信息的目的，还可以与受众产生直接互动，从而增强对旅游形象及产品的信任感和参与感。直播中的主播是旅游形象及产品与受众之间的桥梁，TA既代表着广大受众的诉求和利益，也代表着旅游形象及产品推广方的态度和意愿，扮演着让旅游形象及产品实时直接与受众对话的中间角色，因而使得直播传播多少具有一些公正的味道。线上直接观看的方式，让受众对旅游形象及产品具有一种几乎一览无余的期盼和感受，由此互动也就无法避免而成为自然而然的事情了。互动的过程，也就是旅游形象及产品实时与受众进行直接对话交流的过程。这种对话交流可以包括对旅游形象及产品的介绍、演示、解答，甚至还可以及时形成受众对旅游形象及产品的体验和反馈。

2.3.1 直播传播的本质和特征

直播是一种以网络为媒介的、由主播和受众互动的传播方式，以人为主体的网络直播传播方式，改变了原有的媒介生态，在用户体验性、交互性、可视性等诸多方面都表现得非常出色，具有其他信息传播方式无可比拟的优势。特别是不少直播中所形成的"梗"上了热搜之后，许多人观看录像并进行二次传播，出圈之后变为炙手可热的"热梗"。当主播充当旅游形象及产品与受众之间的桥梁角色时，其谈吐举止、介绍方式都会直接和旅游形象及产品联系

起来，一旦旅游地的旅游形象及产品有负面消息，也将直接影响到主播的形象，故而引致主播与旅游形象及产品双方形成荣辱一体的关系。因此，从本质上看，旅游直播传播是旅游主播与旅游形象及产品与受众直接面对面的互动关系。

相对于传统媒体而言，网络视频直播具有互动性、直接性和实时性三大特征，它能够最大限度地满足人们分享和陪伴的愿望，这种深入人性的特点，决定了网络直播具有非常广阔的前景和无限的张力。

主播在直播平台上每天和粉丝受众见面互动，这本身就是一种陪伴，是一种"面对面"的交流，这种陪伴和交流让粉丝们感到自然而亲切，带来精神上的慰藉，而诸如美食直播、景区直播、游览直播、体验直播等丰富多样的内容和形式，满足着粉丝们不同层次、不同种类的物质和心灵上的需求，使得传播的效果充满着无垠的想象空间。

永远在线的泛Z世代，习惯享受技术的红利，而移动互联网的发展、5G的应用拓展，让网络直播的内容传播更为便利和快捷。旅游直播让泛Z世代沉浸式地感受着远方的诗，激荡着他们那一湾早已泛起涟漪的心海，互动之轮坦然地驱动着那本属于他们青春旅行的奔放，让旅游传播成为一种妥妥地打开旅游目的地的全新方式。

旅游行业的直播可分为旅游产品直播和旅游过程直播，前者能够让用户得到产品优惠，后者则可以让用户在线参与旅程。在疫情期间，旅游直播多以两种形式开展：一种是结合景区点的线下实景直播，一般由专家或知名导游等专业人士进行现场讲解；另一种是通过专家教授结合景区点的文化特点，以科普讲座的形式带着观众云游四方。对比两种形式，结合景点线下实景直播，带来的在场感更强、传播效果更佳。对于旅游产品及旅游品牌传播而言，结合媒介融合的新形势、新势力，使用最受欢迎的直播，辅以短视频、Vlog等视听载体，打造高辨识度的旅游产品及旅游品牌IP，是未来发展的一个方向。

以前，用户对旅游产品的了解仅限于静态的图文或者剪辑过的视频；现在，旅游直播的兴起，无疑是最为直接、最为真实的信息展示方式。旅游行业自带低频、高消、长决策等消费特征，决定了旅游直播未必能像美妆直播那样胜任带货。不过，通过长期的口碑沉淀和心智植入，告诉游客我们有怎样的产品、怎样的场景，有哪些好玩的、有哪些有趣的，反倒能为旅游企业及其产品带来品牌积淀和持久蓄客，而这正是旅游直播的根本价值和核心作用。

泛 Z 世代观看旅游直播既关注主播的实力，也关注直播的内容，平庸的内容往往被其吐槽而弃若鸡肋。相比旅游过程直播，旅游 Vlog 在当下更受泛 Z 世代青睐，因为直播有较多不确定因素，很多时候叙事不够清晰，画面不够精美，而 Vlog 创作更加灵活多元。因此，并非所有旅游直播场次都能叫好又叫座。旅游产品客单价高，购买频次低，还得提前安排出行时间，必然需要比较长的决策周期。所以，旅游直播围观的人再多，也不太可能像美妆类产品那样引发冲动性消费，更多人是通过直播先了解旅游目的地的相关信息，然后再在日后出游，正所谓先知后游。

2.3.2 直播传播的案例赏析

案例一

直播带货为三亚旅游按下"重启键"[①]

面对新冠疫情的巨大冲击，三亚市旅游部门为"旅行本该三亚"的品牌打造仍然动作频频。在 2021 年夏季新一轮的疫情冲击后，三亚市旅游推广局与携程集团推出了一系列旨在吸引游客的优惠营销活动。在"三亚超级目的地"专场推广活动中，凡是携程用户购买三亚市旅游推广局推荐的产品，就能够享受升级房型、赠送餐食、赠送玩乐项目等专属升级礼遇。仅 9 月 14 日的

[①] 案例来源：二三里资讯《超千万人观看！三亚 9 家旅游企业"联合营销"带货超 1800 万元！》。

专场活动，就吸引了超 1060 万人次观看，累计交易额超过 1800 万元。全程推广活动的全域曝光量超 8000 万人次，带动非参加活动商品订单增长 43%，基本达到了让用户深度感知三亚的旅游魅力、迫切期待享有优惠折扣旅游的预期。

与此同时，三亚市旅游企业也积极依托携程平台，齐力提升"旅行本该三亚"品牌的影响力。9 月 10 日，三亚蜈支洲岛旅游区、三亚海棠湾万丽度假酒店、三亚亚龙湾天域度假酒店、三亚海棠湾民生威斯汀度假酒店、三亚海棠湾红树林度假酒店等 9 家知名旅游企业进行联合集中直播推销，加上携程专场 Boss 直播，全天为游客和市民带来"9+1"场专场直播，直播推销的产品从高端民宿到奢牌酒店、从门票到机票，以最低 5 折起的折扣力度，扩大了三亚旅游城市的市场声量与影响力，提高市场占有率。据统计，2020 年至 2021 年，近 50 场携程直播覆盖几乎大部分的旅游预售产品，预售产品交易额近 6 亿元，带动非参与活动的旅游商品交易额增长约 16%、带动订单增长约 21%。人均旅游消费金额增长约 54%，目的地访问热度涨超 100%。

三亚市抓住了数字传播技术的发展契机，与相关直播平台密切合作，推出聚合性的直播带货活动，为本地旅游市场在疫情这一特殊时期按下"重启键"，不能不说是一种与时俱进的大胆尝试和探索，也是一种与时代的美丽邂逅。目前，旅游直播传播正处于快速发展时期，直播带货已基本成为旅游行业常态化的销售方式，其传播效果尤其是营销转化成效十分明显。但我们也发现了一些值得引起注意的问题。如，直播带货主播良莠不齐，低俗现象时有发生，直播内容同质化现象严重，直播产品质量不佳等。这要求旅游直播带货不仅形式上要有创新、创意，而且内容上要有精髓、有趣味，尽力处理好形式与内容的关系，有效促使线上与线下高效结合，用线上消费线下体验的方式，构建生成连接旅游产品及品牌供给方、旅游消费者、旅游直播平台以及旅游主播之间和谐的旅游直播共享服务生态。

梁建章化身"伯虎",为旅游直播带货[①]

2020年4月15日晚,携程集团联合创始人、董事局主席梁建章化身风流才子唐伯虎,亮相快手直播间,连线快手"武状元"散打哥、"美食状元"浪胃仙等两大状元,切磋交流住酒店、品美食的经验,把"穿越""表演"等戏剧化场景直接带给粉丝,呈现出一场有声有色的"梁伯虎苏游记"。数据显示,梁建章直播1小时,交易总额突破2200万元,99元的全国万店通用券销售超过8000份,香格里拉集团江苏地区多店通用券7000+间夜,观看人数累计达289万,互动近200万人次。

值得一提的是,梁建章在快手直播平台跟"散打哥"连麦PK卖货时,还被后者提醒:"梁大哥别忘了刷礼物"。这是快手直播界的潜规则之一,跟当红主播连麦时,要去对方的直播间刷礼物,然后大主播会把自己的粉丝"灌入"连麦方的直播间,助其涨粉卖货。直播带货成为风潮后,不少名人前来试水。有些只是为了赚钱,有些则是为了帮助行业走出困境,比如梁建章这类的企业家,入乡随俗化身为当地文化IP人物,另有一番情怀的味道。

那一年,受新冠疫情影响,旅游市场规模大幅萎缩,如何促进旅游行业加速复苏,是摆在所有旅游人面前的一道必答题。直播传播的营销模式,让许多旅游人看到了些许的希望。旅游直播的产品直观性和在线互动的情绪价值,为吸引受众群体购买和预定旅游产品打下了一定的释放基础,而依托于在线旅游平台强交易属性,缩短了受众旅游决策的周期,提前锁定出游需求变成一种自然现象,这就使得直播传播成为当下旅游传播的新利器。据调查,相比"千禧一代"与中年消费人群,泛Z世代边看边买的习惯更加突出。换句话说,泛Z世代是更加感性的人群,更容易产生冲动消费。"旅游+直播"已经成为旅游

[①] 案例来源:快手日报《1小时带货2201万!携程梁建章快手直播玩起Cosplay》。

传播不容小视的力量,这种线上线下融合的旅游消费模式正在带动景区客流量的不断增加,正在促进旅游走出疫情长尾效应的泥潭。

案例三

拼多多旅游直播,带领消费者"云游中国"[①]

2020年4月27日,一场横跨大半个中国的景区大联播,在拼多多直播间激情上演。

拼多多依托线上规模优势,推出这场"跨越山海·云游中国"的大型旅游直播活动,旨在引导海量用户到线下的旅游场景消费。拼多多联合在线旅游企业驴妈妈来到了扬州市瘦西湖风景区、宁夏石嘴山沙湖景区、曲阜尼山圣境景区、平潭国际旅游岛、常州中华恐龙园,为游客呈现"赏江南之水、观塞北大漠、品儒家圣地、追海岛之泪、忆远古洪荒"的旅游大戏。这一场前所未有的景区大联播、大联欢,让五大优质景区在12小时的直播里,尽情地展现出各自特色的自然风光、人文特色和地道美食。结果是吸引了56万用户在线观看,弹幕留言点赞近百万条,带动景区门票、餐饮、酒店、交通等线上线下旅游产品交易额超过1000万元。"本来打算五一宅在家,看完直播心动了",不少网友都表达出类似想法。

拼多多数据显示,当时在线观看的数十万网友中,"90后"占比达32.6%,"00后"占比达25.3%,30岁以下观众占比在五成以上。疫情期间,泛Z世代的旅游需求被压抑太久,出不了远门,观看旅游直播也不失为一种颇有乐趣的选择。

为持续助力旅游行业复苏回暖,拼多多专门设立了长效帮扶机制。消费者可以在拼多多App中搜索"云游中国"或"驴妈妈"进入相关专区和店铺,在

[①] 案例来源:中国日报网《拼多多联合驴妈妈助力旅游复苏,"云游中国"开启景区大联播》。

云端游览祖国大好河山的同时，选购包括门票线路、酒店餐饮、火车票在内的旅游产品。疫情之下，许多行业陷入低谷，旅游与餐饮行业首当其冲，餐饮业有外卖赋能，多少还能帮餐饮商家增加一些现金流水，而旅游行业则只能独自面对百年未有的大冲击。拼多多旅游直播项目"跨越山海·云游中国"，通过实景在线展示、活动现场体验、导游互动讲解等方式，为真实的美景风光提供了一个展示的渠道，为传统的旅游资源拓宽了一条变现的通路，难怪一场直播会收获如此之多。

2.3.3 直播传播的实战要诀

直播实战，招数不少，就其操作步骤而言，最为关键的不外乎是策划不可少、平台要选好、设备别忘了、频繁互动妙、后续跟着跑等五步法。

第一步，策划不可少。策划是直播互动的先手棋，是决定直播活动成功的先决条件。除了锚定直播内容之外，策划的重点是：确定好有吸引力的直播主题，遴选好直播的受众目标，设计好趣味性的互动环节，选择好受众目标的习惯时间。一般而言，泛Z世代普遍习惯在晚上八点至十点翻看直播节目，由此它被业内称为黄金时段。

第二步，平台要选好。平台的选定既要考虑直播的成本，更要考虑受众的偏好，一味贪图价格低廉，很可能是得不偿失。选择好直播平台之后，一方面要建立并优化直播频道或账号，为增加曝光量夯实基础；另一方面要进行多次测试，以确保直播时平台稳定和画面音质优良。

第三步，设备别忘了。持续开展旅游直播活动，才能收获自己梦想的果实，由此设备成为断然不可缺少的东西。软硬件的准备工作，很大程度上依赖于购置高质量的摄像设备和音频设备，它是直播画面清晰、声音清脆的稳定器。而直播前调试设备、校验画面、检查音质，往往会成就设备效能大放异彩的希望。

第四步，频繁互动妙。按照设计好的、有趣的互动环节，始终保持着良好的精神风貌，增加与观众互动的频率；对那些出乎意料的提问，保持足够的耐心和风趣的调性，巧妙应对；主动进行产品演示，增进观众对产品的了解；鼓励观众进行评论、点赞和分享，并实时反馈，建立联系关系；保持专业风范，展现自信和亲和力，增强观众对产品及品牌的信任感。

第五步，后续跟着跑。做好后续工作，延续传播效果。后续工作主要有两项：一项是开展后期营销。要对直播内容进行剪辑，制成精美的视频，在平台上进行回放或分享；按照分享推广计划，适时通过社交媒体等渠道，将直播内容推广给更多受众，延长传播周期。另一项是做好售后服务。要以优质的售后服务，赢得观众信任，形成口碑传播，提升品牌形象。

2.3.4 直播传播应注意的事项

开展旅游直播传播活动要特别注意"四个避免"，也就是避免无趣直播、避免无备直播、避免低俗直播、避免错位直播。

一是避免无趣直播。旅游本身是一种轻松、有趣、怡情的活动，旅游产品及品牌在直播中明亮地呈现和展示，理应遵循旅游活动自然的内在属性，力求直播生动诙谐有味，激起观众的情绪原点，激活旅游决策的快乐情绪价值。

二是避免无备直播。不打无准备之仗，是旅游直播活动的铁律。东方甄选董宇辉的"小作文"事件，是有准备直播的晾晒。旅游直播所涉及的旅游常识和旅游知识无比的宽广，提前做些劲力的功课，储备大批大好的食材，才能在直播活动期间自由翱翔和激情舒展。与此同时，提前测试设备和网络，避免在直播之中出现摄像音频设备的恶作剧、网络连接的玩笑话，就让意外的情况无处逃逸吧。

三是避免低俗直播。旅游承载的故事属性，让无数个旅游主播开启着放任自由的想象空间，而这可能恰恰是滋生低俗内容或段子的肥沃土壤。为此，在直播过程中保持专业形象和良好的言行举止，展现出自己的专业素养和亲和能力，让那些旅游过程的惬意和放纵成为旅游主播穿着奇异与袒胸露背的理由灰飞烟灭吧。

四是避免错位直播。从旅游直播的角度来看，尽管旅游直播的主播几乎完全是直播活动主办方的代言人，自然而然地把主办方的利益放进旅游形象和旅游产品的展示之中。然而主播与观众互动之时，即使不自觉地会站在主办方的立场去思考和回答问题，但不应像那位顶流主播直播带货时，忘了自己也代表着观众的利益，导致怒怼网友"你没有努力工作"，让一时的"错位直播"毁灭了明天可能依然光耀的前程。

2.4 话题传播，有歧义说法想不引起议论都不太可能

话题传播指的是通过制造或利用时下潮流、热点或富有歧义的言论，吸引公众关注，进而引发公众议论，从而推动信息快速传递的一种传播方式。这种言论通常选择在特定的时间节点及适配的社交媒体或其他网络传播渠道进行发布，以便让信息在即时的社会环境中迅速传递和裂变。如果发布的内容和选择的时机与当前社会潮流或热点话题相契合，并且内容本身具有很开阔的、让人产生各种解读和讨论的空间，那么必然会引起泛 Z 世代等群体的广泛关注，进而引发广泛的讨论，从而收到可喜的传播效果。在话题传播的定义中，"引发议论"是它的关键词。

2.4.1 话题传播的本质和特征

通过设计和策划话题从而引发公众议论，达到宣传推广品牌或产品的目的，是话题传播的初衷和基本路径。话题传播其实就是把设计好了的事情让人们议论纷纷。话题不同于观点，观点一般瞄准的是较为专业的人士，话题看重的对象主要是大众。话题传播包括话题事件、话题人物、意见领袖、话题环境以及平台粉丝等多个要素。话题有一定的时效性，话题一旦过时，就可能会有新的话题取而代之，所谓时过境迁。想要有效延长话题传播的时间周期，就必须不断接着原有的话题、制造新的话题，继续吸引受众的注意力。面对海量的信息，话题的设置不仅要简单明了，降低理解的门槛，直面普罗大众，而且要有较强的新奇潮流的特性，引发大众关注并开展讨论。话题过于晦涩或是较为

冷门，很难引起大众的关注与引发议论，也就很难实现大范围的传播。因此，话题传播的本质就是引发大众对传播内容的普遍议论。

热点、时潮、歧义是话题传播较为明显的特征。网络话题的发酵非常有力，能快速引起讨论，就像龙卷风一样可能将周边话题带热，甚至达到难以遏制的地步。泛Z世代接受能力强，对时髦新奇、有争议的话题尤为热心，甚至还会发散主题，进行二次创作。在泛Z世代看来，内容即社交，他们在内容社交应用中更多关注兴趣的话题，喜欢新鲜、趣味和个性化的内容。新奇、潮流、有趣、好玩、有焦点、有争议点的话题更能吸引他们的眼球，引发议论。

如果想制造一个产品、一个品牌的"大爆"话题，可以从节日活动、热点新闻、社会痛点、名人逸事等方面入手进行设计。例如：前些年最为火热的都市家庭剧《都挺好》，其微博相关话题热搜数量与时长都非常可观，除了演员的精彩演绎让观众深刻入戏之外，剧情也引发了广泛的讨论。"原生家庭""重男轻女""啃老""职业女性"等社会热点话题，将这部剧推向舆论的风口浪尖，而剧中诸如"苏大强""苏明成""苏明玉"等人物的深刻鲜明的特点，也让人们津津乐道。正是这些社会热点话题，戳中了大多数人内心的痛点，在观剧评点人物时往往联系到自身，引发社会与时代共鸣，成为一时大热的话题。再如：德芙请在社交媒体正当红的知名女演员关晓彤作为"德芙女孩"演绎"年年得福"的广告，吸引了很多粉丝进入"关晓彤"和"德芙女孩"话题开展讨论。而广告中关晓彤为了证明自己是一个好演员与母亲争吵而离家奔波，不仅以明星和冲突吸引了大众的焦点，而且用这种常见的家庭小矛盾和温暖亲情来感动大众。从名人引入时代话题，再融合品牌内涵，德芙的这次广告获得了好评，并且成功让这两个话题登上微博热搜[1]。品牌通过策划话题和组织传播，创造具有新闻价值和社会影响力的人物或事件，引起媒体和消费者的兴趣和关注，从而提高了产品的知名度和美誉度。这就是话题传播的力量。

在信息化高速发展的时代，人们往往很难静下心来看一条长文。特别是海

---

[1] 来源：知乎@公关之家公关总监《如何使用话题营销让品牌成功"出圈"？》。

量信息充斥着各类媒体空间，只有浓缩内容精华的有趣话题才能脱颖而出，引起关注，引发议论。因此，创造能引发关注和讨论的话题很重要，带有相关热搜话题进行内容创作的推广，往往能事半功倍。话题传播主要是运用媒体的力量以及消费者的口碑，让产品或服务成为消费者谈论的话题，以收到传播的效果。其逻辑是，"我有话题，等你来发现、来讨论、来扩散"，可以说是一种"勾引"媒体传播从而"引议"的传播方式。

从话题发起者的角度来区分，话题传播有两种表现形式：一种是市场主体或社会主体经过蓄意策划的话题，另一种是由潜在消费者或利益相关者自发发起的话题。以上两种表现形式可以简括为由主体发起的话题传播，以及由客体发起的话题而被主体顺势引导形成的话题传播。主体顺势引导而形成的话题传播有时更能引动大众的共鸣和共情。

为什么热点时潮而富有歧义话题更容易引起泛Z世代的关注呢？一方面，话题运作优先考虑自带流量且时潮感强的大众话题，高流量叠加时潮感的话题，才能有效扩大覆盖面。在实践中，能够获得大量传播的话题往往与手机、化妆、宠物、家务、旅游、朋友圈、人物属性、时间场景、空间场景、热点人物、热点娱乐、情绪情感等有关。据有关调查机构统计，90%以上的刷屏级传播，都跟这些有关。如若能举一反三，深刻体会这些维度的内涵，则更容易创造出传播广泛的经典案例。另一方面，话题选择要能引起情感共鸣，带有正向的歧义则更容易引起关注和"引议"。制造有歧义话题要贴近当下，能一下子引起情感共鸣，吸引富有个性、具有潮流活力的泛Z世代，自发参与，自主表达，进行二次创作甚至跨平台的传播，从而促进传播信息更为广泛的裂变。值得注意的是，有歧义的话题本身就有两面性，在二次发散的时候尤其应该避开负面影响。比如王思聪"想你的夜"、明星代孕等负面消息，就显得低俗、没有任何价值。如何运用热度同时避开恶俗的歧义，在实施的时候应当谨慎避让，谨防误入歧途。

2.4.2 话题传播的案例赏析

麦当劳的名字"游戏"传播 ①

麦当劳利用话题传播进行品牌宣传是其常用的策略。2016 年麦当劳百万奖金悬赏汉堡新名字的活动就曾引发大量网友关注。1 月 26 日，日本的麦当劳推出了新品汉堡，据说是"一言难尽的好吃"。所谓"一言难尽的好吃"，是因为这个新款的汉堡名字叫"北海道产热腾腾松软马铃薯与切达奶酪搭配蛟龙酱油风味特制洋葱酱的风味美味多汁牛肉堡"。这个产品一出来，迅速引起大家纷纷讨论，于是变成了一个小小的网红产品。

大量的消费者发现去点这个汉堡的时候非常费力，那怎么办呢？于是，日本麦当劳做了一件事情，为这个史上名字最长汉堡制造了一场"战役"。这场"战役"就是重金悬赏新名字，很有诚意地拿出相当于此款汉堡十年份的赏金——142 万 3500 日元（约 7.8 万元人民币），于是吸引了大量的网友参与给这个名字超长的汉堡，想一个更短的名字。结果，有 550 万个网友参与进来，成为麦当劳全球史上互动性最强的一个传播案例。这件事在很快成为各大新闻的头条，这款汉堡也在日本创造了一个销售奇迹，很短的时间就迅速变成了一个网红汉堡。

可能大家还记得麦当劳曾经还做这样一件事——改名金拱门。2018 年，麦当劳推出促销活动"金拱门寻亲"，12 月 26 日当天，名字中带有"金"或"金"字偏旁的消费者，凭本人身份证在门店购买一份金拱门桶，即可获得一张金拱门桶免费兑换券，可在限定的时间内到店兑换。不姓金的消费者于当天在微博转发这条信息也有机会获得一个金拱门桶。这一次基于名字关联性的传

---

① 案例来源：新华社《日本麦当劳推出"奇葩名称"汉堡》。

麦当劳店铺
摄影师：刘剑聪

播是围绕品牌符号进行的，进一步巩固了麦当劳的标签符号性。

在这个时代，每个人都生活在一个个碎片的话题之中，每天都会有新的新闻和新的热点，话题无处不在、无时不在。在社交驱动消费的时代逻辑下，麦当劳的年轻化步伐从未停歇。站在品牌层面考量、密切跟随粉丝动向、主动将用户的创造纳入品牌文化建设，成为麦当劳重要的沟通策略。为产品制造一个话题，让大众发现、讨论和扩散，最后达到四两拨千斤的传播效果，无疑是麦当劳一记营销的高招。从麦当劳利用话题传播助力品牌打造的案例中，我们可以窥见重要的两点。其一，能否实现"人的连接"，是形成品牌影响力的关键。和泛Z世代交朋友的背后，是麦当劳"非功利、高趣味"的沟通方式，对泛Z世代价值观的了解，以及远胜创意的洞察。其二，品牌要善于从产品内核、IP价值、社交媒体热梗中，汲取灵感，构建"产品—内容—流量"的价值链。

厦门春天的第一杯茶，开启休闲生活之旅 ①

2021年，厦门市文旅局开展了一次"春天的第一杯茶"话题传播活动，其间全网覆盖9353万人次，打造了30个网红打卡点，开发了25条春季精品旅游线路，市场反响热烈，传播成效显著。

2021年，厦门市文旅局确定全年宣传主题为"有一种生活叫厦门"，按四个季节聚焦不同的旅游产品主题，开展宣传推广活动。春季旅游产品宣传推广活动主要聚焦厦门春季生活元素，提炼出"茶"与"休闲"这两个关键词，围绕"春季休闲生活之旅"，以"春天的第一杯茶"的话题为切入点，逐步引发爆点。在社交平台上，按节奏先后在微博、抖音、微信上推出"春天第一杯___谁能C位出道"具有争议的话题，开启话题炒作"四部曲"的传播："抛出话题"—"话题热议"—"得出意向结论"—"开启主题传播活动"。

此次活动花了小钱，却办成了大事。话题传播活动充分联通厦门市文旅局微博、抖音、微信公众号等自有媒体，首先借助正在流行的网络热词"C位出道"，抛出"春天的第一杯谁能C位出道"的话题，吸引关注，引发春日饮品大PK，话题如期出圈，首条微博阅读量高达1250万。然后根据投票进度和讨论情况，及时推出"奶茶是不是茶？"这一争议性的新话题，单条微博阅读量超过230万。紧接着，利用微博年轻粉丝站队，掀起第一波"奶茶是茶，奶茶不是茶"大争论，制造奶茶C位出道悬念，单条阅读量迅速达到160万+，第二波利用明星效应，引入吴磊粉丝团、姚晨粉丝团，从而引起咖啡类饮品争论，在明星效应推动下，阅读量迅速攀上1380万。第三波为旅游达人踩线活动和春季产品发布会进行预热，引入"春天第一杯去哪喝"第二个话题，通过适时互动和加推，扩散热度。最后，旅游达人踩线和春季休闲生活产品发布会

---

① 案例来源：厦门亚太旅游发展中心的《2020—2022年厦门市主要旅游宣传推广活动总汇》。

厦门市文旅局微博 # 春天第一杯 谁能 C 位出道 # 投票

图片来源：厦门文旅微博号

成功解锁春天第一杯茶，全国游客开启厦门春季休闲生活之旅。真可谓四两拨千斤。

"春天的第一杯茶"的话题传播比较成功，有三点值得我们重视。

其一，有预谋，有创意，才有爆点。提前谋篇布局，设计主线话题，福利注入其中，适时添加柴火，推波助澜"引议"，适时话题转换，设置不同场景，网友共拱爆点，传播达到预期。

其二，根据渠道特点，梳理先后次序，联动放大传播。心中装满"量体裁

02. 面向泛 Z 世代哪些旅游传播方式燃？

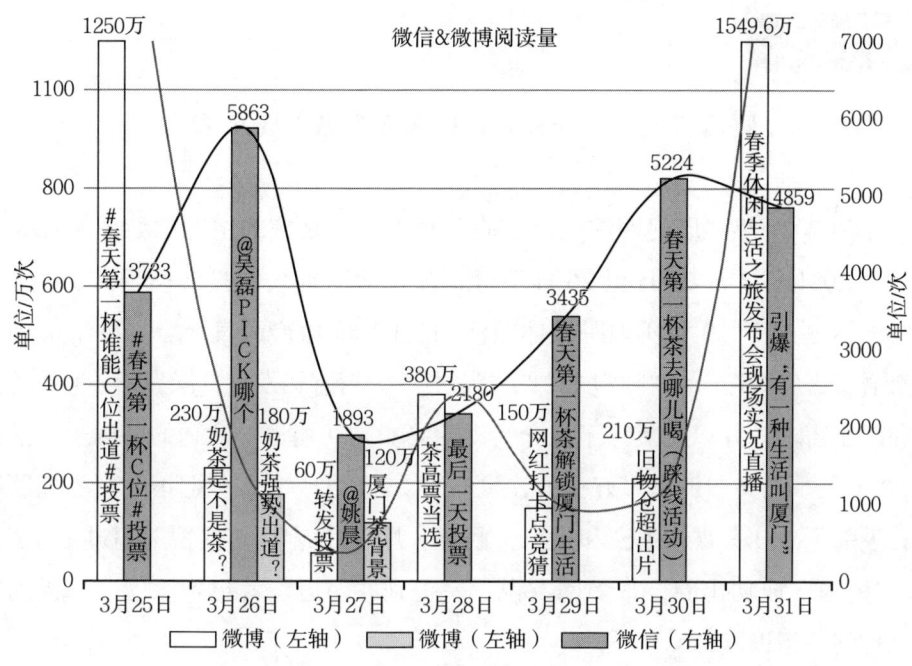

"春天第一杯茶"新媒体传播数据分析柱状图

衣"，必然发挥媒体平台各自优势：微博是大广场，振臂一呼，响应者云集，先声夺人制造高声量；抖音短视频图文并茂，直观迅速，感染力强，传播范围广；公众微信号信息权威、专业，直达业内人群，引领圈内关注。不同平台，同频共振，相互融合，相互促进，各自优势，淋漓尽致，自有媒体矩阵，"引议"力量不容小视。

其三，话题传播，不能忘记初心。"春天的第一杯茶"这一综合性话题传播设置了争议性的话题，引导了受众关注厦门茶饮历史、饮茶传统文化、新式茶发展情况，发挥了微博明星带动话题扩散"引议"的作用，邀请了网友留言讨论有关茶的话题，如此等等，都不过是为了强化受众对厦门城市休闲调性的映像，为推介厦门春季休闲生活之旅一系列产品而准备，而铺垫的。在这个内容为王、流量为王的时代，我们想要的，如果是通过话题来引爆社交媒体和大众讨论，那么"走出圈子"就自然不在话下了。

厦门"迌迌"好去处,让人文产品大放光彩[①]

作为2021年"厦门四季生活之旅"秋季人文之旅的主题旅游系列推介活动,于2021年8月25日至26日举行。推介活动延续春夏两季模式,包括1场线上话题推广、2场实地踩线体验活动、1场文旅产品发布会。整个活动以闽南语口语"迌迌"[②]、"呷饱未"[③]、"跋饼"[④]为情感触发点,激发泛Z世代的猎奇和娱乐需求,并以此贯穿于推介活动始终。在"迌迌"话题的基础上,推荐了30个秋季人文"迌迌"好去处,发布了25条秋季人文"迌迌"精品主题线路,吸引了130家媒体关注和报道,截至8月30日全网传播覆盖超过1.1亿人次。"迌迌"成功出圈,很多网友说,一提到"迌迌"就想到厦门,一提到厦门就想到"迌迌"。

整个活动围绕着"迌迌",贯穿"迌迌",分为话题传播、踩线活动、产品发布三个阶段进行展开,而话题传播是主线。

第一阶段:"迌迌"话题传播

8月下旬,"迌迌"大猜想,"迌迌""呷饱未""跋饼"等闽南语在微博、微信、抖音等多个社交平台上鱼贯而出,引发网友的推测和议论,最终引出"秋天的第一场民俗狂欢"等重磅旅游产品。正逢话题热络之时,专访厦门大学林璧属教授释义"迌迌",同时借助王琳凯、袁弘、包文婧、王媛可、杨雨潼、边天扬等6位厦门人文生活星推官将声量推向高潮。在百万网友参与围观和热议"迌迌"等闽南语言的基础上,顺势发起征集全国旅游体验师来厦门体验民

[①] 案例来源:厦门亚太旅游发展中心《2020—2022年厦门市主要旅游宣传推广活动总汇》。

[②] "迌迌":闽南语,发音为"tì tóu",为去玩、好玩、尽情地吃喝玩乐的意思;普通话发音为"zhì tù"。

[③] "呷饱未":闽南语,发音为"jiǎ bà měi",意思是吃饱没。

[④] "跋饼":闽南语,发音为"bǎ bià",意思为博饼。

02. 面向泛 Z 世代哪些旅游传播方式燃？

厦门大学林璧属教授对"迌迌"的诠释
图片来源：厦门文旅抖音号

俗文化活动。

第二阶段："迌迌"踩线活动

8月25日至26日，组织了80名媒体记者和网红达人踩线团，打卡"艺石与美食美学空间"的湖里惠和磐雅苑、"奇妙香约"的海沧妙吉祥香道、"乐趣陶艺"的同安热陶艺术、"时尚绝美海边城堡"的思明TA遇·海尼斯、翔安区的黄厝繁星基地、大帽山境，集美的万千集美营地、灵玲马戏城、集美塔集美人文馆、大地文旅城、集美新城水舞光影秀等。记者和网红在体验中分享，在分享中传播，在传播中吸客。一时间，微博、微信、抖音、视频号、头条、朋友圈等新媒体平台成了厦门秋季人文生活产品的展示窗口。

第三阶段："迌迌"产品发布会

8月26日晚上，在人文缤纷、景色迷人的集美新城水韵广场湾畔举办2021厦门秋季人文"迌迌"产品发布会。央视频移动网、新华社现场云、凤凰新闻、云现场、新浪微博等平台进行现场直播，当晚观看量高达9620万人次。

面向泛Z世代的旅游燃传播

秋季人文"迌迌"产品发布会现场
图片来源：厦门文旅微信公众号

厦门秋季人文之旅的旅游推介活动主要做法如下：

第一，提炼主题，彰显人文特色。旅游推介活动，以"迌迌"这一闽南语口语作为秋季人文生活的主题和情感触发点，凭借独特的韵味，激发泛Z世代的好奇心和娱乐需求，赢得网友的广泛关注。鲜明的人文特色，让其在全国众多的人文旅游推介活动中脱颖而出。比如，让人过目不忘的人文主视觉设计，充满人文"迌迌"韵味的踩线规划、文化味道浓郁的美食旅游分享、网红人文好去处和人文主题线路设置等。无论是融合法国南部、地中海等异域风情的思明时尚绝美海边城堡TA遇·海尼斯、将时节灵感及艺术文化与美食美学完美融为一体的湖里惠和磐雅苑、十分钟穿越一千年的集美人文馆，还是将时尚雕塑融入千年古屋建筑的翔安黄厝繁星基地等，都能处处看到、听到、感受到"迌迌"的美妙含义；同时发布的"世遗文化""璀璨厦门""闽南美食""民俗体验""闽南艺术"等年度创新产品，推荐的一批好去处、主题线路都以"迌迌"一语贯之。"非遗文化"体验游、"中秋国潮庙会"打卡游等新玩法也吸引着游客来厦门获取全新的旅游生活体验。

第二，聚焦内容，引燃传播爆点。以"迌迌""呷饱未""跋饼"三个关键词作为整个活动的聚焦点，无论是踩线手举牌、发布会舞台、亮活动环节、晒宣传海报等设置，以及话题传播策划，都充分聚焦于此。以话题传播为例，在踩线体验和产品发布之前，在微博抛出"福建人听不懂福建话""迌迌的闽南语"，开设闽南语速成班，开展网友闽南语教学，通过素人采访和学者专访让"迌迌"成功出圈，接着征集全国体验师，维持话题热度；在网友大热讨论中快递"呷饱未""跋饼"两个闽南语，让热门讨论延续着不退的温度，紧接着分别引出厦门人文生活美食和"秋天的第一场民俗狂欢——厦门中秋旅游嘉年华"。与此同时，让话题打通微博、微信、抖音等平台，彼此联动，互为借势；让话题海报、话题新闻、话题资讯在厦门市文旅局头条号、电子信息屏、网站等自有媒体矩阵上，大放光彩，从而形成通过"大聚焦"，实现"大扩散""大传播"的目标。

第三，突出重点，多方借力破圈。具有独特韵味的闽南语口语，根植于闽南厚重博大的文化之中。借助闽南语口语将丰富多彩的厦门秋季人文生活生动呈现给广大受众朋友，这是旅游推介活动的重点内容。而如何突出重点和顺利破圈，关键就在于做好多方借力。旅游推介活动除了依托各级各类媒体的传统做法之外，还借力知名艺人的影响力，巧妙借力姚晨非遗视频，推出王琳凯、袁弘、包文婧、王媛可、杨雨潼、边天扬等厦门人文生活星推官，通过他们的口播"迌迌""呷饱未""跋饼"，以及超级人气和美好形象，广泛调动泛Z世代等粉丝关注、讨论、参与的积极性，从微博、微信、抖音点击、转发及评论数量大幅上升来看，效果是显而易见的。借助知名教授对"迌迌"与旅游之间关系的见解；将非遗传承人讲古技艺运用于美食旅游的精彩分享；通过人气网红的独特视角分享厦门秋季人文"迌迌"的好去处，如此等等，闽南语话题在飞扬的传播之中，也让厦门城市在人文气息的浸泡中传递着旅游的符号。

2.4.3 话题传播的实战要诀

从上述三个案例中可以看出，话题如何"引发议论"而实现有效传播，实战有五法：

一法，话题热点有歧义。无论是麦当劳的名字"游戏"，还是厦门"春天的第一杯茶"、厦门"迌迌"好去处，都有一个共同的特点，那就是话题都以时代潮流的人间烟火气为背景，设计时下泛Z世代感兴趣又富有歧义的烟火人文热点话题。如果不是泛Z世代感兴趣的热点并有歧义的话题，是不可能完成设计者既定的传播任务的。

二法，争论引起扩散。话题传播者设计话题传播的本质就是要扩散出圈，而引起争论是扩散出圈的主要途径甚至是唯一途径。在人人都是自媒体的时代，层出不穷的话题充斥着偌大的互联网，那些毫无争论的话题将被残忍地吞噬和无情地掩埋。我们如果要使用话题传播方式，就不得不摒弃一般传播方式尽量避免引起议论的思维定式，尽力让话题议论的彩弹在空中尽情地多一会飞吧。

三法，产品内涵捆绑。麦当劳重金悬赏为好吃产品起名字、厦门"春天的第一杯茶"为春季休闲旅游产品打call、"厦门迌迌好去处"用地方方言这一文化载体衬托出厦门中秋旅游嘉年华等一系列的文旅产品，使产品的内涵与话题的内容黏合在一起，不得不说是善用话题捆绑产品的高手。既然如此，我们设计的话题，除了热点、时潮、歧义之外，是不是还要考虑切合我们真正的目的——推出的旅游产品内涵呢？毫无疑问，这是必须的。

四法，渠道互动融通。微博、微信、抖音小红书、B站等社交媒体以及其他网络新媒体各有各的道道、各有各的优势，如何选择至关重要，但相互融通更为重要，所谓众人拾柴火焰高。厦门"春天的第一杯茶"和"迌迌"好去处之所以传播广泛，尽管微博拔得头筹、功劳为最，但是其他的渠道火焰同样火热光亮。

五法，过程加热增效。任何火爆的话题总有冷却的时候，我们要做的只是不让话题的热度冷得太快，影响一个可能是上好的话题而传播效果却大打折扣。在话题传播的过程中，我们要为后续的加热备有足够的彩弹，当话题热度开始下降之时，就要及时射出新的彩弹，把泛Z世代的激情再次拉满，如此，效果倍增就会如期而至。

2.4.4 话题传播应注意的事项

要获得话题传播带给我们满意的回报，就需要注意做好防俗、防偏、防离、防冷、防单等"五防"工作。

一防俗。话题设计不可低俗无聊，不能为了吸引眼球而制造一些背离社会良俗和公共道德的话题，也不可臆造内容失真失范的话题。同时要尊重受众的价值观念和个人隐私，避免使用敏感或不当的言论和图片。

二防偏。话题是为传播产品内容服务的，产品内容才是传播的主角，偏离产品内容的话题，或为话题而话题的传播是没有任何意义和价值的。防止偏差的关键，就是记住话题传播的初衷，初衷不改方为话题的正途。

三防离。背离产品内容的话题，是设计话题方向性的错误，它比偏离产品内容的话题更为离谱、更加无效。即使话题热热闹闹，也无法改变失效的结局，甚至出现对产品内容抹黑吐槽的反向效果。

四防冷。再好的话题，也要择机推出，才可能有热度；当同业同行的其他话题如日中天之时，抛出自己的话题，完全可能被正热话题所淹没，无异于自寻短见。再好的话题，总有趋冷之时，如果希望延长话题生命的热度，就得在它走向趋冷的时候，及时加上一把火，当然我们应当清醒地认识到，话题生命的尽头无须再去浪费灯油。

五防单。有效的话题传播，单一媒体渠道是很难奏成大效的，多个网媒齐心协力才是有效传播渠道的王道。当然，不同网媒传播受众及作用是不太一样的，选择一个聚集泛Z世代的社交媒体为主渠道，作为撬动其他网媒的杠杆，则是话题传播应有的巧妙之道。

2.5 网红传播，让信息传递变得如此简单

网红传播是具有大量粉丝和高关注度的个人或团体，利用自身特有的魅力、知识、技能或内容产生影响力，实现产品传播或品牌塑造的传播方式。换句话说，网红传播方式是那些借助互联网平台兴起的、有着相当数量粉丝的、有较强影响力的网红，通过几乎没有任何障碍的网络账号渠道发声，能够更为简单、更为快捷、更为有效地传递相关信息。如今许多网红、大V拥有数十万、数百万甚至数千万的粉丝，粉丝积累缘于他们的言论和行为释放出与粉丝的人生观、价值观或兴趣爱好相同相近的内容，而相同相近所蕴藏着的亲近和信任，让粉丝自然愿意倾听他们的心声和呼声。在一个开放而通畅的网络账号里，网红大V直接面对这些海量的粉丝发声，粉丝们甚至没有理由拒绝他们的"娓娓道来"，而是自己几乎全盘接收的同时，又快乐地分享给更多的网友，使那些发声所携带着的信息就如同春风一样，几乎吹遍所有没有冬天的田野。从网红传播方式的过程来看，信息传递至少存在着三种关联，一种是网红与粉丝之间的直接关联，一种是粉丝与网友之间的直接关联，还有一种是网红与粉丝网友之间的间接关联并极可能转化为直接关联，因此，网红传播定义中的关键词应为"关联传递"。

2.5.1 网红传播的本质和特征

"网红"是"网络红人"的简称，主要包括行业型、带货型、文化型、权威型等类型，任何普通人都可能成为"行业网红"，比如"旅游网红""美妆网红""健身网红""游戏网红"等。在今天这个信息大爆炸的时代，网红传播已成为助力旅游地或旅游产品出圈的耀眼范式，互联网下诞生的网红使旅游信息传递变得更加便捷有效。网红传播能为消费者提供简洁方便的旅游产品信息检索渠道，同时加强了旅游产品及品牌方与旅游消费者之间的互动和沟通，赢得更好的传播效果。大数据时代，伴随移动互联网的广泛普及而使网红受到大众

追捧，它满足了受众个性化的表达需求，带动了互联网经济和旅游经济蓬勃发展。这也促使许多旅游官方"下场"运营小红书、抖音、微博，与原本严谨、高冷的形象形成反差，在打破网友对其刻板印象后，更容易获得网友好感，从而获得大量粉丝的青睐。泛Z世代作为乐于接受新的社交模式和消费模式的群体，更能够突破中心化壁垒，去制造无数个新的"中心"，使得每一个人都可以成为一个中心。爱探索，有想法，就能创造出无数个丰富有趣的内容。寻找相似的人群聚集在一起，形成一个个独立的、分散的中心，而且每个中心都可能创造出无限的商业价值。"二次元群体"就是一个很好的例子。因此，能否获得这类人群的认可是旅游消费市场成败的关键。与这类人群沟通要抓住态度、温度、角度等特点，而这些特点正好为网红群体的诞生提供了必要社会环境，任何一个人都可以发扬自己的个性和特点，吸引相似的人聚集一起，以你为网红中心，打造新的旅游圈层。

旅游网红是指在旅游领域具有一定的影响力和知名度，符合大众旅游消费心理，在旅游某个领域具有一定代表性的旅游达人、旅游网红要素、旅游网红事件和旅游网红活动等。旅游类的"网红传播"主要包括网红达人传播、网红景点传播、网红事件传播等，TA们往往自带流量，得到大量粉丝的关注和大批媒体的曝光。网红通过直播、短视频、图片等对当地的文化旅游资源和产品有着非常直观地呈现，从而产生了一些颇为生动的传播效果。比如典型的"丁真效应"带来了流量转化，提升了当地旅游产品的吸引力。网红和网红地是互利互惠的关系，网红通过宣传给自己带来流量赢取金钱，景点可以获得更高的关注度而赢得游客。景点选择与网红合作搞传播，就可以直接获得其粉丝的关注和传播。通过网红宣传带货以及打造网红景点，能够为旅游景点带来良好的宣传效果，达到变现的目标。网红传播下的旅游目的地，在本身鲜明标签的加持下，很有可能成为"长红类"的网红城市，长沙文艺范和夜生活、成都休闲态和美食、重庆的动漫样和火锅，就是这样定义着长红网红城市的。进入大数据时代，网红传播更加与消费文化紧密结合在一起，从而呈现出多姿多彩的特征，而如何用好城市网红达人资源，做好网红联动传播，正是当下旅游传播新方式新挑战。

由此可见，网红传播其本质就是网红与粉丝之间有效联系所产生的传递效应，即"联系效应"。如今，网红传播及其发展趋势呈现出如下三个特征。

首先是网红概念的广泛化。网红传播依托于网红，网红的特征必然直接联系、影响网红传播的特征。尽管网红这一概念伴随联网不足二十年，但其语言符号却随着时代发展充满着更多的意涵。依据索绪尔关于语言符号"能指"与"所指"的理论分析，网红作为语言符号，既包含着"能指"即语言的声音形象，也涵盖着"所指"即语言所反映的事物的概念。一方面，网红"所指"的范围不断扩大，呈现"井喷式"发展态势。如靠颜值变现的淘宝店主、视频主播，依公众号或鸡汤文"吸睛"的段子手，凭才艺或特长"吸粉"的达人等。另一方面，网红"能指"的表现更为丰富、形式更为多样。以熊本熊、暴走漫画、制冷少女等为代表的表情包主角，以猪坚强、犀利哥、度娘等因某一新闻事件爆红为代表的当事人，都被冠名为网红而被大众所接受。这就使得依"网红"而进行网红传播的选项五花八门、丰富多彩。

其次是传播范围的圈层化。互联网和新媒体技术的快速更迭，带来以信息碎片化、阅读浅层次为特点的"快捷文化"甚嚣尘上，社交媒体的发展由"大众社交"独霸转变为"小众社交"吃香，小众社交带来了日益明显的圈层化趋势。网红们正是迎合了不同社交群落对于碎片化、浅层化、轻松化信息的诉求而被大众追捧。此外，网红现象适时地弥补了对于草根阶层来说可能是遥不可及的精英路线，为普通人获取关注度甚至成名创造了极大的便利。在"快捷消费"诉求和"小众化圈层"的激荡下，网红遍地开花的途径必然在圈层化趋势下，迎来新的扑朔迷离。

再次是传播渠道的跨平台化。互联网和新媒体为"人人皆可为网红"创造了得天独厚的环境，而大数据时代的到来，进一步打通了各种传播渠道间的壁垒，使得草根文化得以向其他圈层扩散，影响其他圈层。如 Papi 酱在爆红前只是中央戏剧学院的一名学生，因其贴近草根的言论视频被多个网络平台所曝光，逆袭为扛把子的网红。不少明星人物也得以凭借多种平台不断打造自己的网红人设，拉近与社会公众的距离，成就了希望中的网红传播效应。如果说早期的网红传播更像是田径场上比赛的跳远运动员，那么如今和未来的网红传播则像是田径场上运动员的百米赛跑。

2.5.2 网红传播的案例赏析

丁真带火了理塘的旅游业 ①

2020年11月11日，一个摄影师发布了一条抖音视频，丁真身穿藏族服饰，微笑着一步步向我们走来。他没有出色的才艺表演，也没有搞笑接梗，有的只是那张帅气的脸庞、迎着日光闪耀的肤色、清澈又略带羞涩的眼神。丁真被冠以"野生霍建华，康巴王力宏"，只用了"10秒"就刷遍全网。4个月前，甘孜州的理塘县举行了四川甘孜山地文化旅游节之最美康巴汉子选拔大赛，还只是本地人图个热闹。然而，无论是丁真还是理塘都没有料到，这个小县城即将借助新媒体的传播，迎来一次全新的"聚焦"。丁真横空出世，对于当地旅游宣传推广犹如神助，百度搜索理塘资讯指数日均值高达38544次，环比增长899%，同比增长678%。

抖音抢到了丁真的"首发权"，他于11月19日中午12点发布了第一条抖音视频"我带着我的小马来抖音找你了"，204万人在线观看，开通抖音号三天粉丝数就达到252.7万，直播点赞超过1600万。

就在同一天，丁真还开通了新浪微博，截至第二天晚7时许，近百万粉丝关注，5万条评论，125万点赞。关于丁真的话题8次冲上微博热搜榜，其中

---

① 案例来源：微信公众号"小荣说"《丁真的世界：场景+内容，开创旅游传播新玩法 | 典型观察》。

之一便是"丁真已签约成国有公司员工"。

至此，理塘文旅正式与丁真签约，他从一个放牛娃成为国企员工。丁真在百度百科词条显示是"理塘县旅游形象大使"。随后《我的世界》旅游宣传片出炉，紧接着，甘孜州理塘县文旅部门赴成都开展了"藏文化旅游最佳目的地——2021年理塘"旅游路演推介活动。

丁真从素人到网红只用了短短10天，理塘县文旅部门"蹭"热点的网红传播，从签约旅游宣传大使到推出理塘旅游宣传片，迅速把网民的关注度，从丁真本人聚焦到丁真的家乡——四川省甘孜藏族自治州理塘县，是一个有着雪山、草地、白马和康巴汉子的世外桃源。这一波网红传播操作，动作密集，又快又稳，足以成为当年度旅游传播的经典案例。当我们回放这位翩翩少年的这十天旅程时，看似一次无目的的拍摄，却撬动了一个旅游地的传播活力，实则偶然，也是必然。凭借抖音加微博的巨量内容载体，再次印证了在短视频渠道上的网红传播，是极燃的一种旅游传播方式，它是移动互联网时代下的必然产物，也是网友与网络红人之间联系互动而产生传播效应的一个近乎完美的诠释。

 案例二

江寻千，带你奔向火树银花的非遗浪漫 ①

2023年6月14日，一名粉丝颇丰的抖音博主"江寻千"，发布了一条学习千年绝技"打铁花"的视频，获得354万点赞。江寻千，一位"95后"湖南女孩，她既会点茶、酿酒、插花，也会画糖画、做纸鸢，还能亲手打造苗族传统银饰。她用了3年时间，坚持做非遗等文化类的视频，收获了不少拥趸。然而，让江寻千的传播最为爆款的当属"打铁花"了。或许原因是在江寻千之

---

① 案例来源：新榜《一条打铁花视频涨粉超200万，全网播放2亿次，"下一个李子柒"横空出世？》。

前，还没有哪一位网红博主这么完整地拍过打铁花的体验视频，而这一段火树银花的打铁花视频，终于让她迅速拉满了人气。

两年前，江寻千第一次看到，打铁花在黑夜中绽放出动人光芒的场景，被震撼得流下眼泪，自那之后，她便萌生了学习打铁花的想法。起初，身边的人都觉得做这事太危险，不同意她这么做，但江寻千反复提及两遍，才让他们松口答应。于是，她通过博主"影视飓风"辗转联系到了河南确山铁花代表性传承人杨建军。为传承推广打铁花技艺而奉献半生的杨建军老师，曾用13年时间遍访道观、考察文物，复原出几近失传的柳枝花棚。打铁花曾有个一千多年来传男不传女的旧行规。听说江寻千的来意，杨建军虽然担心铁花会伤着她，但她坚持不懈的韧劲，让杨老师决定将这门技艺传授给更多的人。

不同于其他传统技艺，打铁花是一项对勇气、力量、技术等都有较高要求的技艺。两根柳木棒是打铁花的主要工具，上棒盛着1600℃的铁水，下棒用力击打，使铁水以蒙蒙细雨状态落下，否则，芝麻大小的铁水就会烫伤持棒之人。为了实现打铁花的梦想，江寻千花费一个月的时间进行反复练习。等到临近上场的时候，她才真正感受到直面1600℃铁水的恐惧，但对传统文化技艺传承的信念，让她勇敢上场、成功击打，那一刻极致的、浪漫的火树银花，呈现在世人的面前。

这一条打铁花的视频全网播放量超过2亿次，其中抖音平台播放量超过1.4亿次。无数网友被打铁花的场景所震撼，有网友在评论区表示"当火花四溅的那一刹那，内心不只是震撼，还有对非遗传承人恒久坚持的感动，那是一种超越了俗世的力量"。也有网友说江寻千与李子柒颇为相似。是的，两人都以传统文化作为视频内容的基础和出发点，李子柒的影响力推动了传统文化内容的破圈，将中国传统文化成功推至海外芸芸众生，但江寻千更加聚焦于传统草根文化的塔尖——非物质文化遗产。一条视频让江寻千浪漫地绽放于泛Z世代，她以网红与粉丝"联系效应"的传播力量，让打铁花这一非遗以时代的方式焕发出时代的光芒。

无论是李子柒，还是江寻千，被观众喜爱的主因在于缩短了他们与传统

面向泛Z世代的旅游燃传播

厦门景区景点打铁花
图片来源：厦门文旅视频号截图

文化的距离，展示了许多人憧憬的"岁月静好"，并最终成为一种精神寄托。通过这一类网红的传播，非遗文化正在被看见，也被越来越多的人喜欢，而那些宝藏手艺人一直传承的"非遗江湖"，也必将释放出更大的潜能。

房琪邂逅浪漫"蓝眼泪"，引市民踏浪逐"泪"①

2022年2月13日，在抖音平台上拥有千万粉丝的旅行博主房琪，发布了一条名为《原来张万森和林北星看的那片荧光海，真的存在》的短视频，视频中一道道海浪泛着明亮的蓝色荧光拍打在沙滩上，"它像是碎钻洒进了大海，又像是星星坠入了人间"。蓝眼泪其实是厦门的荧光海，电视剧《一闪一闪亮星星》的男主张万森和女主林北星曾一起看过这片海，房琪在几十秒的视频里就讲述了这段唯美浪漫的爱情故事。梦幻的画面，搭配温暖的文案，很快让这条视频点赞超过338万，让当时已有1100万粉丝的旅行博主房琪，再次涨粉40万。

"厦门蓝眼泪"现象一出现，伴随房琪的视频的传播，立刻在网上引发热议，连续登上多个平台热榜，观看人次破千万，吸引许多市民踏浪逐"泪"，直呼在海湾公园、海沧湾、鼓浪屿等沙滩，都遇见了这片"蓝眼泪"。漫步在

---

① 案例来源：微信公众号"秋叶大叔"《点赞338W，涨粉40W，房琪的"厦门蓝眼泪"为什么这么火？》。

02. 面向泛 Z 世代哪些旅游传播方式燃？

蓝眼泪期间旅行组图
图片来源：厦门文旅视频号截图

海边，踏着细沙、吹着海风，看着脚下蓝色荧光呈片状散开，被浪花掀起时，犹如萤火虫在空中飞舞，极为浪漫。海中萤火，梦幻之"泪"，蓝眼泪俗称弯喉海萤，一般指希氏弯喉海萤，是一种生活在海湾里的浮游生物，受海浪拍打刺激时，会产生一种浅蓝色的光，且沿着沙滩呈带状，而后被人们赋予一种美丽的名字，形象地称它为蓝眼泪。蓝眼泪是一种生存在海底的微生物，他是靠着海水中的一种能量生存的，但是随着海水被浪冲上岸时，离开海水的蓝眼泪只能够生存少过 100 秒[1]，随着能量的消失，蓝眼泪的光芒失去，它的生命也就此结束了。据悉，往年厦门"蓝眼泪"3 月底开始，出现正月里的"蓝眼泪"是十分罕见的，2022 年的第一场蓝眼泪的突如其来，让大家忍不住激动、兴奋，还有网红连夜赶赴现场进行直播，很多人都认为，这是为了在情人节这一天，送给大家最为浪漫的惊喜。

---

[1] 数据来源：厦门日报《"厦门蓝眼泪"火出圈 你打卡了吗？专家答疑解惑海洋"蓝眼泪"现象》。

2.5.3 网红传播的实战要诀

依循"联系效应"这一本质和广泛化、圈层化、跨平台化这些特征，网红传播的实战，通常是简单粗暴的"三板斧"加"一榔头"：匹配，选对，不断和借扇。

第一板斧：匹配。网红作为互联网和新媒体的创造物，必然有着网络传播效应的共性和个性。我们应该看到，由于网红个人性格特征及其视频图片风格的差异，其圈层自然各有不同。正是因为人物与事物融合而形成的网红个性特征，才使得粉丝们循其个性特征聚合在一起。旅游传播的地域对象、群体对象、性别对象等，都是我们寻找匹配网红的主要因素。当关注丁真的网友大多分布或集中在中东部发达的大中城市、泛Z世代、女性之时，难道我们会把更加适配中西部中小城市、老年群体、男性的旅游产品，让他去有意识地感召吗？显然不能也不会。与此同时，当红网红的传播力量远超昔日网红，这就是不少文旅部门争相"蹭丁真"热点的主因。因此，在明确目标受众之后，就应尽可能寻找匹配的当红网红，并对网红的粉丝群体和影响力范围进行深入了解，确保网红的受众群体与目标受众高度重合，以达到预期的传播效果。

第二板斧：选对。如果说第一板斧"匹配"是重在选人即选网红的话，那么，第二板斧选对就是强调选物了，即选网红渠道。人的匹配是前提，渠道的选对是根本，尽管许多时候网红传播本身就自带渠道，不需要劳烦我们再去选择网络渠道，但选对网红惯常使用的平台渠道，是直达目标受众的利器，是增强网红传播有效性的关键。有些网红偏重于抖音、小红书、B站、快手等短视频平台，有的网红偏重新浪微博、知乎、微信公众号等文字图片的平台，更多的网红是融合性的，兼顾视频、图片、文字等多种形式。如果我们匹配是兼顾多种渠道的网红，那么经费预算可能已退居次要地位。如若想要四两拨千斤，按泛Z世代接受旅游信息的偏好程度排序，一般认为短视频、图片、文字依次递减。因为无论是实体旅游产品，还是虚拟旅游产品，它们都有一个场景化的共同特征，而视频的场景最为直观、最能打动人。因此，如何选对渠道，同样是网红传播成功的关键。

第三板斧：不断。一个旅游产品的网红传播周期往往时长较短，网友集中关注一般仅会持续数天而已，时效性特别突出。为此，既要网红个人持续放电，也要我们不间断持续喂料拱火，拉高热度，拉长周期，增强传播效果。如果在传播热度刚刚兴起或热度正在上扬之时，就减少发力或间断加料，就可能出现前功尽弃或快速回落的现象，无法成就网红传播的效果，或者传播效果大打折扣。

一榔头：借扇。所谓借扇就是利用与自己长期合作的新媒体、特色头部社交媒体的资源和力量，借用非传播合作方的网红，为自己的传播做一些大幅度的煽风点火，煽动更多网友参与传播。前面话题传播案例之《厦门"迌迌"好去处，让人文产品大放光彩》中，厦门市文旅局利用与抖音平台年度合作的关系，借六位厦门明星之扇，煽动传播火焰更加熊烈，就是一记经典的好榔头。

2.5.4 网红传播应注意的事项

在开展网红传播活动时，需要注意如下三点：

第一是共赢。在与匹配的网红洽谈合作时，我们需要考虑对方的利益，不可仅顾自身的诉求，而把网红的利益抛之脑后，或者一味地挤压网红的利益，如果这样，往往会影响网红全身心、全资源的投入，反而会影响本应取得的传播效果，使原本应有的效果大打折扣，乃至消失殆尽而得不偿失。

第二是监测。监测是为了认清传播的情势，适时增添传播的燃料，及时增加传播的热度，持续推动合作网红与粉丝互动，持续促动非合作网红与传播内容互动，使得网红传播大好势头不减、上升曲线"不断"。

第三是不吹。实事求是地展示自己的旅游产品及品牌，不吹嘘，不夸大，本是旅游传播的题中应有之义。在网红传播过程中，不吹高旅游产品及品牌的层级和功效，显得尤为重要。不仅如此，甚至可以依托网红传播可能出圈的特征，适度提示传播旅游产品及品牌的那些无关紧要的弱项和不足，或许会因此成为助推传播产品及品牌变现转化的神力。

2.6 种草传播,在去中心化条件下的安利① 好物

种草传播是利用社交媒体平台和网友的力量,通过网友分享和推荐产品、服务或体验"好物",引起他人兴趣并带动购买消费的一种传播方式。这一定义中的关键词是"安利好物"。在社交媒体环境下,口碑传播不再只是依赖于传统媒体、机构或权威人士的认可,更多的是通过广大普通用户以及一定拥有影响力的社交媒体用户,在不以利益为主要目的情况下,把自己喜欢的价廉物美、质价相符的"好物"在社交平台上进行分享和推荐,形成一种去中心化的口碑安利的传播方式。这种传播方式强调个体用户基于个人喜爱并不以利益为主要驱使力量的前提下,通过社交媒体平台分享自己的真实感受和体验,形成更加真实和具有说服力的口碑分享。

2.6.1 种草传播本质和特征

与网红传播不同的是,种草传播的力量主要集中在广大网友的身上,广大网友是种草的主力军,他们的口碑安利几乎不带任何商业目的,只是出于对"好物"喜欢而进行分享点赞的社交活动。而网红传播的力量则主要聚焦于拥有相当数量粉丝的网络红人,也可称之为头部网友,TA 们通常为人所托,并带着自身的商业目的而传递信息,在 TA 们的视野里,有时候对"好物"的体验判定也许会退居其位。问题的关键是,传播主体如何才能扩大"好物"信息传递的覆盖面,让广大网友知晓并体验之后主动分享安利,特别是希望"好物"快速被网友们分享推荐之时,头部网友、KOL 等网络红人就自然被派上了用场,在传播的起始阶段发挥撬动作用?引致"好物"信息触达于广大网友。然而,这一起始阶段的传播方式,显然是网红传播方式,而非以网友体验"好物"之后进行分析推荐的种草传播。因此,从这个角度来看,许多种草传播往

---

① 安利:网络用语,意为推荐、诚意推荐、强烈推荐。

往是在网红传播之后发生的。

网络红人在种草传播方式的起始阶段的主要作用在于：生产原创内容来吸引网友达到场景沉浸，引发网友主动感受和体验，并制造新的情景向其他网友推荐，进而激发其他网友的购买行为，从而帮助传播主体实现推广效果转化。但是，在网络传播时代，自媒体作为个性化资讯分发平台，用户本身就在"主动读内容"，这个场景更适合网友接收信息。如果一个社交平台或多个社交平台的网友对某个产品及品牌进行推荐，网友们会自觉不自觉地存留着这些信息，待到"春暖花开时"，就会将那个推荐的产品，变为自己的购买行动。更为重要的是，社交媒体的社交属性渲染着人与人之间的网络联系几乎与线下的友人关系那般，相互密切着、影响着，从而为网友之间相互推荐"好物"提供了土壤，也提供了养分。种草的过程，不仅宣传了产品及品牌，而且解释了产品的功能和价值，满足了消费者个性化的需求，那些被种草的网友，未来总有一天，在漫天飞絮的歌舞声中，快乐地接受被"拔草"的过程。

有人认为，种草有"直接种草"与"间接种草"之分。其实"直接种草"，早已有之。一篇中学课文《孔乙己》，就让无数学生，远赴浙江绍兴寻觅茴香豆的味道；一部《庐山恋》电影，唤醒了多少怀揣爱恋情结的人们奔赴江西九江？一首《太阳岛上》歌曲，萦绕着千百万旅游达人的心朝哈尔滨。只不过，在互联网社交媒体下，种草更多是网友自发的推荐行为扩大了信息传播范围和引力，人们在不断循环往复的环绕之中，悄然生长出连自己都会忘却鉴别的欲望。从这个角度看，互联网下的种草，相对于非互联网背景而言，是一种"间接种草"，而我们所言的"种草传播"就是锚定在互联网语境下的传播方式。

由此可见，种草传播的本质就是"好物"在社交媒体背景下去中心化的口碑安利，传播主体收获着网友对"好物"潜移默化的滋长而悄然付出的果实。

如果我们依循种草传播的本质去寻找种草传播的特征，那么，聚焦其传播过程无疑就成为主要途径。

孔乙己茴香豆
摄影师：何东方

在广播、电视、报纸为主要媒体的传播时代，人们接受产品及品牌信息的途径主要就是以上媒体中的广告；而在移动网络时代，人人都可以发声，人人都可以种草，种草渠道也越来越多元。但是，想要在众多声音中脱颖而出，对种草主体提出了更高的要求。种草传播最明显的优势和特征就是低成本乃至无成本。对于种草传播来说，只需要让消费者通过正常的购买体验，进而获得对该产品及品牌的真实反馈，再利用这种真实反馈对更多人产生影响，刺激周围人的购买欲望，扩大产品及品牌的社会影响力和消费者群体。除此之外，种草传播受到欢迎的另一个原因，是它的影响力相比其他传播方式一般更加持久，就像经典的课文、电影和歌曲那样，在以后的岁月里，依然能够给产品及品牌带来不菲的收益。

由于成长于相对富裕的环境和对物质消费的要求更高，使得泛 Z 世代对民族文化的认同和自豪更加强烈。他们追求个性，展示个性，喜欢参与，热爱分享；他们的消费意识和购买力较强，乐于尝新，关注品质，重视体验，易被种草。泛 Z 世代长期活跃在网络上，对线上交友有着较高的接受度和信任度。所以在各种软件上的"种草"都会直接影响线下生活消费的选择。"OMG","就买它！就买它！就买它！",已经成为"9000岁"[①]的消费金句和被拔草的真实写照。

　　人们之所以容易被"种草",主要归功于社交媒体的发展,是它不断打破用户间的交往屏障,拉近了人与人之间的关系。从产品传播的角度来看,种草传播与传统广告是有所区别的,种草传播的主体既是商家也可能不是商家。说是商家,是因为在种草传播中商家有愿望有意识地为种草传播进行了"好物"内容输出；说可能不是商家,是因为种草传播过程,是来自他人有意或无意地分享自己的观点、经验和体验,是基于人际互动的信息传播。而产生这些分享活动,一是基于产品有良好的体验或口碑基础,如果产品没有良好的体验和口碑,人们通常不愿意把它视为"好物"推荐给他人；二是种草传播是明显依赖于人际关系而存在的,传播的基础是人与人之间的相互信任,离开了人际关系这一必要条件,传播也就不复存在了,而这与早已存在的"直接种草"无须人际关系有着明显的不同。

　　泛Z世代网友孤独感较强,传播中的真情实感往往会打动他们。种草不仅是一种自娱自乐的网络分享游戏,而且是寻求关注、引起共鸣、迅速引爆网络的方式。B站的CEO陈睿曾说过,我们自以为走在一条荒无人烟的道路上,但走着走着却发现了一座城市。对一个城市、一个景点,除了攻略式的旅游指南外,一句口号、一条话梗,如果像流行歌曲中的主旋律那样,日复一日传唱,也会让人对某个城市、某个景区种下执念。比如《还珠格格》中的大理,《使女的故事》中的加拿大,都是在文化作品中给人留下潜移默化的城市印象,带热城市的话题,留下后来的故事。

　　综上所述,种草传播是基于互联网社交媒体存在的,主要特征是网友围绕着"好物"进行的口碑安利,其传播成本低,传播影响周期长,传播转化率较高。

[①] "90""00"的戏称。

2.6.2 种草传播的案例赏析

小红书,创建种草的阵地 ①

创建于 2013 年 6 月 6 日的小红书,是从社区起家的,最开始是以内容分享为主,从美妆、个护的分享,到运动、家居、旅行、旅游、酒店、餐馆等分享,从分享之中引导用户进行交易活动。

小红书的"发布笔记"这一"种草"模块,一直都是小红书提高活跃度的一大利器。小红书的用户以泛 Z 世代女性为主,她们天生喜欢记录生活、天生喜欢分享,而发布笔记这一模块恰好满足了她们这一需求。她们把小红书作为一个朋友圈的平台,在这里记录和分享生活中的点点滴滴。

小红书通过 UGC②的种草方式留住用户,让用户知道它还是一个社交平台,每天都能把自己的存在留给他人,每天也能在这看到他人分享的许多好玩、有趣的内容。

小红书是如何为自己打上"种草"新阵地标签的呢?

在小红书上,一般是通过熟人口碑、KOL、网络社群等,以网红联动霸屏、明星 KOL 爆款推荐和红人传播测评等三种方式来完成种草活动。

网红联动霸屏。一项研究表明,有 81% 的消费者会因内容高频出现而影响他们购买决策。小红书通过大数据分析、目标人群画像以及同行竞品词数据构思种草话题,从一个网红到几十个网红一起"安利",吸引各路 KOL 形成独特的 UGC 氛围,并同步推出粉丝互动活动,借助粉丝力量推动种草话题形成病毒式的裂变。

明星 KOL 爆款推荐。用户在对明星 KOL 们的长期关注和感情投入中获得

---

① 案例来源:微信公众号"电子商务研究中心"《小红书运营推广与"种草"攻略》。
② UGC:指用户生成内容。

了一种"认同感"和"代入感",进而产生价值与情感共鸣,让用户心甘情愿地为此买单。明星 KOL 爆款推荐策略,不仅能帮助品牌获得海量曝光、高效流量和良好口碑,而且还能收获销量转化。

红人传播测评。小红书抓住泛 Z 世代的兴趣越来越细分、红人引导式消费趋势越来越明显、共享消费偏好与消费信任越来越突出等特点,通过测评红人发布的产品内容,在兴趣社区相互交流,建立起一种网状的社交关系,进而触发对网红的归属感和认同感。在完全由用户产出内容的小红书平台,超强的传播效应与社群本身极低的边际成本使得网红非常容易向外拓展和延伸,使得"种草"更加容易。

网红联动霸屏、明星 KOL 爆款推荐、红人传播测评这三种推广方式,使小红书的种草的标签大为爆棚,"种草就去小红书",几乎成为这个时代的共识。

趁夏日,畅快玩的种草 ①

2019 年 7 月,同程艺龙以"趁夏日畅快玩"为话题,在抖音短视频上,发布了由音乐达人创作的一首旋律轻快歌曲《放假了》,以及一支融合旅行场景和年轻人喜欢的元素的舞蹈。这种歌曲与舞蹈彼此呼应匹配的音乐形式,传递出"让旅行更简单、更快乐"的价值观,拉近了与用户的距离,让用户对生活产生场景和故事关联。

学生群体一直以来都是暑期旅游市场的主力军。相关数据显示,以大学生用户为主的 20—24 岁年龄层,占抖音总用户的 32.8%。同程艺龙对广大年轻用户的喜好进行深入洞察,发现年轻人暑期旅行更喜欢"畅快"的感觉,所以将"趁夏日畅快玩"作为话题。而将定制旋律轻快的歌曲"放假了"作为互动

---

① 案例来源:网易号"在线旅讯"《同程艺龙暑期旅行季 场景营销+内容种草开启旅行营销新姿势》。

内容的载体,刚好道出了刚放假学生群体的心声,让学生群体真切地触摸到情绪共鸣。

与此同时,同程艺龙还邀请房琪 Kiki、秦鹏 P 的话等百万级旅行 Vlog 达人参与其中,围绕暑期畅快玩,由头部达人引爆、活跃达人追随、音乐示范旅行,影响粉丝玩家以及更多浏览者参与等一系列的组合玩法,将"趁夏日,畅快玩"概念渗透至全平台。话题及歌曲一经上线,就引起了网友的广泛关注互动,众多抖音用户使用同款音乐拍摄视频。

同程艺龙正是基于网络红人引爆、大众网友种草的逻辑,不断推出琳琅满目的夏季产品的。在整个暑期,同程艺龙一方面陆续推出各种特色体验的活动,让每一个活动都可以成为年轻人出行的灵感来源和强力助攻,帮助用户一站式玩转旅行。另一方面上线了"避暑""亲子""海边"等夏季热门旅游内容,优选热门景区并推荐热门酒店与交通方式,让用户实现一站式预订。同时,"畅玩节"开屏兴起,各类旅游优惠促销、新老用户福利大放送,酒店 7 折起、特价景区门票、0 元砍价送机票等各种好礼齐上阵,为让暑期出游人群实现"趁夏日,畅快玩"送上了一份不小的惊喜和畅快感。

被种草,考古盲盒卖断货 ①

2020 年 12 月初,一名网友先后在豆瓣、微博发图文帖,直播"考古盲盒"开盒全过程,他先后挖出了青铜虎符和兔首印章,引起网友们围观并纷纷购买考古盲盒。河南博物院敏锐地抓住了契机,及时依托官方微博平台跟网友做了一次实时互动,约定粉丝量涨到 7 万时就进行"考古盲盒"抽奖,到了当天晚上十点左右就轻松突破。

---

① 案例来源:中国新闻网《开盲盒能体验考古的快乐,你想试试吗?》。

大批网友"被种草",直接导致考古盲盒卖断货。其实,这款"考古盲盒"在2019年下半年就开始生产了,销量也一直不错,但并没有"种草"后的"大火"。河南博物院把"考古盲盒"中的内容,分别制成传说级别、传承级别、史诗级别"失传的宝物",让它承载着人们的无限希冀。为了模拟考古的未知性,你开启盲盒之时,可能会挖到"十二生肖兽首印章""大将军虎符""武则天金简""杜岭方鼎"等各种"宝物"。运气实在差一点的,也可以收获一抔来自洛阳北邙弥漫千年古都文化气息的土壤。

"考古盲盒"种草是网友对网友们的种草,"考古盲盒"之所以爆红,至少有三个方面的原因。其一,国家高度重视考古工作,媒体大量报道近几年多次考古新发现,特别是连续多年的《国家宝藏》《如果国宝会说话》等文博探索节目的热播,直接带动了许多年轻人喜欢上考古,喜欢上探索历史本源和未知。其二,泛Z世代正逐步成长为文化消费的主力军,他们对中华文化有强烈的价值认同感,国风玩具、国潮旅游等悄然跃升为市场新宠,而"考古盲盒"的火爆正是彰显了传统文化的魅力。其三,"盲盒"特有的期待和惊喜,让看起来枯燥无趣的"考古发掘"一经与正在流行的它结合起来,文物"活起来"的概率大为提高。

2.6.3 种草传播的实战要诀

依托于互联网社交媒体和网友口碑安利的种草传播,如何围绕"好物"展开呢?投其所好,增强体验,形成口碑,推波助澜,延长收获是实战中的要诀。

投其所好。投其所好是促使网友自发安利的基础,只有自己喜欢的"好物",才会推荐给他人。什么才是网友所喜欢的"好物"呢?就旅游而言,"好物"的呈现,无外乎是:颜值第一,内容第一,新奇第一。一段唯美的短视频,一张高色彩的明亮图片,都会打动无数网友的心;一处装满文化内涵的遗产,一个承载人类智慧的空间,都会感动千百万网友激情穿越;一件与时代共舞的新兴事物,一份潮流飞舞的满天星斗,不就是旅游目的地和产品需要传播的信息吗？

增强体验。体验本来几乎是所有旅游产品的本质特征之一，旅游"好物"更是如此。我们要做的无外乎是把旅游"好物"的体验属性和情绪价值提炼出来、突出出来、表达出来，让网友在接收信息时有一种较为强烈的体验感觉乃至体验感受，从而产生分享推荐给朋友的冲动及行动。

形成口碑。如果说投其所好、增强体验是旅游"好物"传播主体有意而为的话，那么形成口碑似乎是这些传播主体鞭长莫及甚至无能为力的事情了。这也正是种草传播成本低廉甚至无成本的原因所在。但是，旅游"好物"的内涵是好口碑的底层逻辑，在挖掘和凸显"好物"的内涵之后，我们要做的事情首要的就是千方百计让广大网友在体验"好物"之后自发地安利给网友。

推波助澜。无论如何我们都不能对网友的安利视而不见，一旦出现网友推荐，特别是有一定粉丝量的网友推荐，就应该及时与之互动，助其提升热度，实现更大范围的种草。这就需要我们建立旅游形象或旅游产品网络动态监测机构和机制，捕捉有益有用的安利信息，促进良好口碑的形成和耀升。

延时收获。即时收获是扩大再生产的必要条件，延时收获可能会让不少传播主体失去耐心。然而，种草传播的长尾效应和几乎没有成本的传播方式，让那些眼光长远的商家看到了未来的希望，增添了等待的信心和决心。为此，做好延时收获的心理准备和物资准备是必要的，也是有利的。提前谋划财务、多条腿走路自不可少，笑纳后续的进账也许是续命的良药。

2.6.4 种草传播应注意的事项

使用种草传播方式要切记不要太自信、不要太放任、不要太气馁。

不要太自信。自古就说，酒香不怕巷子深。然而，当今时代，待到人们体验到酒香之时，可能因为前期滞销已经形成财务危机而为时已晚。在生产力高度发达的互联网时代下，"酒香"的气息需要互联网的渠道才能加速为人们所嗅闻。即使是旅游的"好物"，如果把它的信息发布在网络上就躺平睡大觉，任凭网友大海捞针，真实体验一再拖延，信息何时才能有效触达？上述三个案例传播主体的主动作为，就是不盲目自信的真实写照。

不要太放任。网友自发地分享安利旅游"好物"，似乎没有多少传播主体发挥的空间，其实不然。两种做法基本上可以避免放任自流地传播，其一是紧盯旅游"好物"在网上评论和议论，尤其是那些头部的社交媒体和旅游行业新媒体，发现上好的赞扬即时跟进助推；其二是邀请网红大V或旅游达人等体验旅游"好物"，发表高论于社交媒体等，"引诱"网友体验安利或友情相助，形成良性的传播局面。

不要太急躁。从种草到拔草时间相对较长的种草传播规律，要求我们在采用种草传播方式时，摈弃急于求成的想法，摆正拔草收获的非即时心态。正如前文分析的那样，种草传播是一件慢工细活，也是一个长期缓慢收获的过程，来不得过于急躁的情绪，也来不得过于气馁的行动，而是要耐心浇水施肥，静看草苗健康生长，等待草苗长成的拔草时刻，一切传播愿望终成喜乐的正果。

2.7 出圈传播，用轻情让破圈共鸣成为普大喜奔

出圈传播是指将原本在特定领域或小众群体中广泛流传的信息、观点或内容，通过新的手段和方法，让其超越原有领域或群体的限制，进入更广泛的受众范围，达到大规模传播和强力影响的传播方式。突破原有领域或群体的藩篱之利器，主要是表达方式的轻快、情趣、愉悦，它们有能力可以让原本只在小众群体中引起共鸣的内容或理念，通过打破传统的审美观、价值观的限制，使其融入更为广泛的大众中，获得更多人的认可和喜爱直至共情，实现从小众到大众的转变。因此，"破圈共鸣"是出圈传播定义中的关键词。

2.7.1 出圈传播的本质和特征

网络语"出圈"，是饭圈的常用语，意思为某个明星、某个事件、每个场景等的传播火热走红不仅在自己固定粉丝圈中，而且被更多圈子外的路人所知晓。也就是说这个人、这件事知名度高了、爆了、火了、路人皆知了，于是我

们就称之为"出圈"了！好的"出圈"传播，根本就没有"圈"的限定。它们往往自带传播魔性，内容出奇制胜，既满足了垂直化圈层对特有内容的兴趣，也符合广泛大众追寻的文化价值。

人人都是传播主体抒写在网络环境之下，为网络核心用户群体出圈培植着积极性和主动性，而亚文化泛Z世代对各个圈层的接受度更大，圈子之间也呈现相关性，他们能够更敏锐地触摸到各种文化事件背后的隐喻，并且做出引申性的二次创作解读。而那些短小精悍、更"轻薄"的内容，留给人遐想和二创的空间，往往能够引发多个群体的共情，出圈也就成为必然，这是媒体深度融合发展带来生产模式和传播格局变化的结果。由此可见，圈层之间、群体之间对内容的"共鸣"是出圈传播的本质。

那么，圈层和群体之间怎样才能产生"共鸣"？它反映在"出圈传播"方式上会呈现出哪些主要特征呢？其实，"共鸣"产生的过程，也就是"出圈"的过程，这一过程呈现出"出圈传播"的随机性强、公约数大、附加值多等三个特征。

其一是随机性强。事件出圈传播有很强的随机性，许多出圈事件并不在策划者的意料之内，就像甘孜州文旅局局长刘洪在东莞旅游推介会期间，因丁真的热浪让同为康巴汉子的他，一下火出圈外，而这并不是甘孜州文旅局举办东莞推介会的初衷。尽管如此，我们不可轻易放弃精心谋划和设计环节，随机性的出圈传播往往建立在精心的谋划和准备之上，如同刘洪局长如果没有丁真式的"颜值准备"，可能就根本不会有东莞出圈的故事。

其二是公约数大。在这里，公约数是一个文化认同的问题。主流文化与亚文化并不是画地为牢，而是在时代的背景下，让出圈传播的谋划，涂上一层近似的色彩，找到它们之间的最大公约数。当老少观众都能欣赏方锦龙与洛天依的合演[1]时，就让我们看到"出圈"背后的文化破壁与认同。想要旅游产品成功"出圈"，并非易事，只有在产品本身、用户沟通、品牌语言和文化价值认同

---

[1] 注：中国高人气虚拟歌手洛天依携手中国著名琵琶演奏家方锦龙在B站2019年"最美的夜"晚会上，倾情演绎世界经典民歌《好一朵美丽的茉莉花》。

等方面都下足功夫,利用主流文化地位,激发主流媒体参与的兴趣,引起各个圈层群体共情自动参与传播,形成自发传播和圈层渗透,才能让"出圈"成为可能。

其三是附加值多。就产品而言,挖掘顾客潜在需求的创新根本是增加附加值。人们的消费心理随着时代变化而变化,当下人们在追求目的消费的同时,更加注重过程附加,也就是谁能够给顾客提供更多的增值服务谁就会胜出。过去吃碗面不太在乎面馆的环境,只要面好吃实惠就行,现在吃碗面需要关注感受它的环境、氛围、服务、文化等,所以开一家面馆不仅要把面做好,而且要给面食赋予文化,诸如装修要有品位且与文化相呼应,服务要有特色且与人性相契合等。旅游景区类的产品,比一般工业类产品更具有吸引消费者的天然理由,因为我是景区,你参观我的场景是需要付费的,既然需要游客为场景买单,就需要给游客提供更加优质的场景内容和丰富的附加。如果能够做到这一点,再加上时新的传播方式,那么让景点的破圈,从小众到大众,就皆有可能成为普大喜奔。景区如此,城市也一样。近年来,无论是淄博还是哈尔滨,通过短视频等相关渠道强力出圈传播,将自己打造成为网红城市,塑造全新的城市形象。为什么这些城市会快速地火起来,归根结底,还是她们掘城市文化附加魅力,献给了千百万网友,让他们在亢奋中下单。

2.7.2 出圈传播的案例赏析

B 站的跨年晚会成功出圈 ①

对 B 站来说,这注定是一个不平凡的夜晚,2019 年 12 月 31 日,B 站举办的《2019 最美的夜》跨年晚会,用一系列的"回忆杀"紧紧抓住了年轻观众的

---

① 案例来源:每日经济新闻《以"最懂年轻人的跨年晚会"出圈 B 站不再是"小破站"》。

心,在一众卫视跨年晚会中脱颖而出,被评为"最懂年轻人的晚会",B 站迎来成功出圈的高光时刻。

这之前,B 站只是活跃在二次元圈层之中,在小众文化与主流文化不断碰撞的过程,逐步形成各类亚文化群体、大量优质年轻 UP 主①"集结地",以及泛 Z 世代的主要"聚集地"。TA 们以自身的文化内容为中心进行创作、以社群式进行互动分享、以仪式感进行狂欢,最终形成一个个不同文化的社群。亚文化圈层不因利益而结合,只因信念而聚集,精神共鸣的破壁,使得 TA 们所处空间的舒适度不但式微,而在被动的背景之下,对于那些破壁后的非原社群用户群体的认同感,自然就没有那么强烈了。所以 TA 们依然强调对原有圈层的认同感,从而使得不同圈层中的青少年群体的孤独封闭感,让他们对于亚文化圈层有相当大的依赖感、认同感。

B 站有一个很重要的东西就是弹幕,弹幕让人更有参与感,认同感,是一种不可忽视的青年亚文化。互动共情,是 B 站也是跨年晚会成功的必要条件,但还不是充分条件。有人说跨年晚会很懂年轻人;也有人说,B 站的媒介语言是对机构新闻的重要弥补,既涨姿势又具娱乐性,满足受众需求;还有人说,B 站的视频参与者在创作上更加贴近社会生活,更有文化交流和知识学习的味道。但无论如何,B 站是一个去中心化的兴趣社区,UP 主跟粉丝在共同创作内容,一个稿件发上去,粉丝自己会造梗,进行二次创作,共同打造一种共情氛围、一种文化共情氛围。这一逻辑也许是正是《2019 最美的夜》出圈的原因吧。

这几年,随着媒介融合加快,多元文化融合渐为趋势,B 站为了突破文化壁垒,达成对主流文化的认同,做了大量的创新探索,不断地推动内容产品的多元化发展,深耕纪录片领域,相继捧红了《我在故宫修文物》《人生一串》,在为纪录片行业发展提供广阔的舞台与空间的同时,也让自己走上了多元文化融合发展的方向。

---

① UP 主:指在视频网站、论坛、ftp 站点上传视频音频文件的人。UP 是 upload(上传)的简称。

蟳埔簪花围，藏着泉州最撩人的景①

"今生戴花，来世漂亮。"在泉州市丰泽区东海街道的蟳埔村口，一块围墙样的宣传板上写着这样一句话。正是花——"簪花围"促成了如今蟳埔村的"出圈"。蟳埔村，现在也称蟳埔社区，是晋江入海口附近的一个小渔村，也是一个有着数百年发展史的历史文化名村，颇有地方特色且保存得原汁原味，如今村内仍有不少民房始建于明清时期，其中更保留了分布于蟳埔村及泉州沿海一带的特色民居"蚵壳厝"。蟳埔女与惠安女、湄洲女并称为福建"三大渔女"，簪花围是蟳埔女特有的头饰，她们从小留发盘发，先在脑后盘个圆髻，再用骨笄插在髻心上以固定发髻，之后拿三四个用时令小鲜花串成的花环绕圆髻戴上，最后围绕花环对称插上几枝大红、桃红色的鲜花或绢花，整体颜色艳丽，因而也有"四季花园"的美誉。若适逢结婚、节日、妈祖巡香等重大活动，蟳埔女的头饰会更加隆重，不仅满头鲜花，更配以成圈的金饰。

继赵丽颖之后，毛晓彤、陈都灵等演艺明星和知名旅行博主房琪也都来到泉州体验了簪花围。明星和博主的加持促使蟳埔村加速出圈，据泉州市丰泽区东海街道办事处提供的资料，2023年"五一"小长假之前，蟳埔村周末和节假日日均人流量约为10000人次，车流量约为2000~3000辆次。2023年村内周末和节假日日均人流量相当于往年的20倍。"五一"期间，蟳埔村人流量再创高峰，达到日均约2万人次。为应对迅速上涨的客流量，丰泽区政府在蟳埔村原有一个停车场的基础上又新增了两个停车场。

2023年虽然可以看作是蟳埔走红并被广为知晓的一年，但这种走红并非无迹可寻，泉州市丰泽区各级政府早早就介入到蟳埔村的传播和管理当中。2008年"蟳埔女生活习俗"被列入国家级第二批非遗保护项目以来，在泉州市各级

---

① 案例来源：微信公众号"商学院"《打卡蟳埔村：簪花围与蚵壳厝成就"民俗热"》。

泉州蟳埔簪花　摄影师：刘剑聪

政府宣传推动下，每年有三十多批次来自国内外的新闻媒体、采风团、专家学者等来蟳埔拍摄、采风、调研。2016年年底，蟳埔村开始出现4家经营性质的簪花店，服务于旅游团等需求。随着蟳埔知名度的逐渐扩大，为给游客提供好的出行体验，从区政府到蟳埔社区在过去15年里推出了多项治理措施。为避免"乱砍价""宰客"的现象发生，政府层面多次召开会议规范簪花、餐饮等业态的价格。2016年"簪花+1套服饰"的体验费用为40元，该价格标准一直延续到现在。

随着簪花热潮的兴起，加上其本身色彩斑斓、造型大方而大放异彩，获得许多年轻人的认同和青睐，全国各地乃至国外的许多游客也慕名前往体验。传统与现代并不矛盾，古老与时尚可以在生活中毫不违和地交汇，簪花给游客带来了沉浸式的"文化体验"价值，让泉州这一历史悠久、文化丰富的城市开启了从"文化圈"到"流量圈"的出圈，在年轻人中刮起流行风潮，一次次被推上关注的新高度。

案例三

局长大力宣传随州，古装造型"丑出圈"[1]

2022年10月26日，一则"诗意"短视频意外火出圈。视频中，白衣侠客的扮演者竟是湖北随州文旅局局长解伟，为宣传随州千年银杏谷景区，他古装出镜，在银杏树下舞剑、饮酒、下棋。然而，不少网友看过短片后表示"辣眼睛""丑出圈"。解伟回应称，哪怕是献丑，也要让更多人知晓随州的美景。相关信息发布后，"文旅局局长扮白衣侠客被嘲"相关话题在网络上引发了广大网民热议。

虽然一些社交媒体用户一开始批评解局长缺乏扮演传统武侠英雄所需的魅力和技巧，但许多人同情他，称赞他的投入。解局长在抖音上谦逊地回应了网友的批评，解释视频制作时间和预算有限。在接受澎湃新闻的采访时，这位局长表示："我可能长得丑，但如果大家都看到随州有多美，那就好了。"他补充说，他没有觉得自己受到了攻击，事实上，他很感谢网友的关注和支持，他说"现在我感觉到了大家的关注，有时我在景区拍摄，不少游客认出我了，说'诶，局长又来宣传了，我就是看你的抖音我才过来玩的'，我感到很荣幸。"解局长的积极态度给人留下了深刻印象，微博用户评论道："我支持他，这表明他在努力工作。"解伟局长通过抖音账号"解局长带你游随州"宣传景区、宣传随州，随州也凭借"网红"局长被更多人了解。2023年1至8月，随州全市旅游接待人数、旅游收入分别增长25.4%、25.2%；其中"五一"假期旅游接待人数、旅游收入分别增长102.4%、224%；中秋及国庆长假期间，220多万名游客打卡随州，拉动旅游综合收入超10亿元[2]。

旅游目的地以美景、美食、美游、美宿和美物等为表现的美好生活，在解

---

[1] 案例来源：澎湃新闻《曾被嘲"丑出圈"，文旅局长：在这个岗位，不做就有点失职》。
[2] 数据来源：微信公众号 随州发布。

伟局长贴近生活细节、生动讲述中产生共鸣，这些为更多游客所熟知，到访灵感和冲动也随之产生。这不仅要求当地旅游代言人为受众所接受并信任，还需要和目的地在品位与调性上保持默契与和谐。激发旅游意愿，实际上就是一种造梦的过程，形成个性和情感共鸣尤为关键。这就需要代言人从人本身出发，更好地实现人和人的联结，而不是单靠颜值"出圈"。在开发目的地和旅游产品的时候，也要特别注意呈现出"远方"的与众不同。

2.7.3 出圈传播的实战要诀

上述三个案例以及出圈传播本质和特征，我们已经体会到出圈传播实战的要诀了，那就是一轻、二情、三道、四力、五共，这五种打法。

一轻。所谓"轻"，就是出圈传播的内容设计不可太满，要尽量做到轻巧，为圈内的人员预留最大的二次创作空间。我们可以用一个装满炸药包的库房进行比喻。"轻"的内容好比一个炸药包的一条"引线"，用火把它点燃，就会引起炸药包内炸药物纷纷燃爆，进而冲破包裹物，强烈地震荡其他炸药包，继而引爆其他炸药包。同样，轻的内容一旦投入传播渠道，极可能引起圈内人员填充添彩进行二创，并突破圈层壁垒，其他圈层与圈内人员一起共情起舞。

二情。如果说"轻"的内容是为了给圈内人员留足二次创作空间即"引线"的话，那么"情"的内容就是圈内人员进行二次创作的欲望，即点燃"引线"的"火苗"，没有"火苗"的点烧就不可能有"引线"的燃烧，也就没有圈内人员的跟进燃爆，没有创作的欲望就没有实现创作的可能。

三道。"道"就是"引线"至炸药包之间的环境和距离。"引线"到炸药包之间干燥无水、距离很近，被点燃的"引线"必然快速顺畅地引燃炸药包；选择一个或几个好的社媒，在"轻""情"之下，岂有不快速顺利地抵达出圈传播彼岸之理？

四力。如果只有圈内人员被点燃，哪怕是圈内人员全部被点燃，而没有突破壁垒，也就是冲破炸药包的包裹物，那么也无法强烈震荡四周而实现出圈，引动圈外燃爆。因此，力量就成为至关重要的因素。而附加值就是出圈传播中的主要力量，附加值有没有、多不多就是冲破壁垒的力量有没有、大不大，如同炸药本身有无能量、能量优质与否。多种上好的附加值是强随机性的杀手，它可能让随机性荡然无存。

五共。足够的能量震荡四方，四方的炸药包被瞬间点爆，打成一片共同的爆炸场景，这是堆满炸药包库房的必然的现象。圈外各个圈层一同为"轻""情"内容激情展开缤纷多彩的二次创作，我们所期待的出圈传播也就顺理成章地攀上了理想的高枝，成就一个美满的"共鸣"旅程。

2.7.4 出圈传播应注意的事项

随机性强，注定了出圈传播往往宛如天上晨星，如果我们不彷徨、不迷茫、不气馁、不傲慢、不冷场，那么，打破所谓出圈传播不易的魔咒极有可能不是什么难事。

不彷徨，就是面对出圈传播的种种困难，不要瞻前顾后，依赖好运从天而降，让本就精彩的内容随风漂流，而要坚定信心，按照出圈传播要诀精心策划，大步流星，勇于出招。

不迷茫，就是既要抓住出圈传播的本质和特征，按招式出牌，把轻情的内容架在有火焰的风口，也要根据新情况、新变化、新问题，创造性地因时因事调整策略和方法，把轻情的内容置于夏日正午阳光之下，爆出另一个艳阳天。

不气馁，就是要像哈尔滨冰雪大世界那样，尽管一年又一年冬寒声微，但仍旧不停止做实内容的支撑，不停歇寻求可能出圈的方式，为有朝一日共情于冬日暖阳，不停顿地铺设着炫丽的通道，当2024年钟声敲响的那个隆冬，终于迎来了长城内外大江南北阳光明媚的共情怒放。

不傲慢，就是要在出圈之后，依然保持火热背景下的低调和涵养，认真善待每一个游客正当需求甚至特殊的需求，让原本出圈传播的内容叠加上口碑传播；认真对待自己每一个不经意的闪失和过错，让深情的修复和纠偏在循环传播过程中，结出更为甜蜜的果实。

不冷场，就是要在出圈爆红游客飙涨的当下，做好后续过快回落的提拉准备，一旦增长曲线掉头向下，立马使出其他招法，把出圈传播引致的火热场面尽情地延续和拉长，让瓜熟蒂落的果实，回馈执着的青睐和辛勤的汗水。

2.8 算法传播，智能触达十环如此轻而易举

算法传播是基于大数据分析和算法技术驱动的网络媒体对内容的靶向传递，它改变了传统信息的生产、分配、传播及信息消费模式，实现了信息传播的个性化、精准化、定制化，引起了传播技术范式的革命。互联网承载信息的无限性与受众接收信息的有限性，使得信息传播触达率大为降低，而受众信息选择焦虑则大为提升，在此背景下，提高信息传播效率就自然成了一个时代必须面对的命题。于是，大数据、算力、算法为信息的智能化靶向传播、释放信息选择焦虑提供了强力的支撑。自2015年起，以腾讯、搜狐、网易等为代表的众多头部信息分发企业引入算法推荐机制，之后的第二年，腾讯新闻用算法推送内容即占据总量的59.6%[1]；而2020年基于算法推送的个性化信息内容占互联网信息总量的70%[2]，算法推送超过了人工推送而成为信息分发主体，网络信息传播的算法时代已然到来了。如今，传播主体完全可以通过数据挖掘、数据分析等手段，实现对用户的精准画像，从而有效把握目标受众的喜好、消费习惯和行为特征，为其提供个性化、符合需求的智能化靶向推荐，使得传播内容与受众匹配度更高，传播效果更显著。未来，通用人工智能进一步发展，必将促进算法传播全面主宰网络信息传播的格局，我们如何适应和充分利用算法传播来有效实现智能化触达百发百中的十环成绩，将又是一个新的命题。但是，无论算法传播如何发展，也改变不了其定义中的关键词——"智能触达"，改变的只是智能触达的效率和效益。

---

[1] 《2016中国移动资讯信息分发市场研究专题报告》，http://www.analysys.cn/article/detail/1000218.

[2] 彭训文：《我们需要什么样的"算法"》，《人民日报（海外版）》，2020年11月1日.

2.8.1 算法传播的本质和特征

算法传播的本质是什么呢？要回答这个问题，我们首先要比较算法传播与其他传播的区别。与其他传播相比，算法传播最大的不同是，它充分利用了算法技术对大数据进行挖掘和分析，使靶向传播在智能的加持下不仅成为可能，甚至有效触达远超人们的想象，这种触达是"智能触达"。如此"智能"实现的前提是，大数据、算力和算法三者的有机结合，是互联网生态的人工智能。由此可见，在互联网和人工智能背景下的网络媒体的智能触达就是算法传播的本质。

智能的出现，使人们从海量的信息中，便捷地获取自己喜爱的内容，似乎不再是一个奢望，而是一个平常的习惯。现如今，当你打开 App 的时候，平台"投其所好"地向你推送的信息纷至沓来；当你无意间点开一个新闻链接，相关的资讯接踵而至，如此等等，智能的靶向，已为你精准奉送了它认为你所喜欢、所需要的内容。如此，每个人的信息获取已经从"大海捞针"的丛林迷茫，走进了"私人定制"的阳光小道。

智能的算法，能够帮助用户以更高效的方式行使对内容的选择权利，从而客观上产生了对内容创作的引导，致使商业媒体、自有媒体都会研究和分析不同平台的算法特点，谋求更多的内容推荐和传播。淘宝、抖音、微博、微信都在根据用户日常观看、点击的内容进行算法推荐同类型的内容、产品，以此延长用户的停留时长。例如基于微信生态体系的微信广告，就是整合了朋友圈、公众号、小程序等多种资源，结合用户社交、阅读和生活场景，利用大数据和算法，打造出社交营销推广平台。2012 年 4 月 19 日上线的微信朋友圈，现在日活每天多达数亿次，已经成为人们日常社交沟通、了解朋友的一种重要途径。借助智能算法推荐，以图文、视频等类似朋友原创内容的形式，在品牌商家意向用户的朋友圈进行展示传播，于是将广告信息靶向定向投放到朋友圈的广告也就应运而生了。还有先社交后电商的小红书笔记模式，使用户对产品降低警惕度，各种好物靶向推荐分享，变现变得轻松容易，与此同时，小红书的关注度也大大上升，而这一智能算法方式也让泛 Z 世代通过垂直社交平台找到了志同道合的朋友。

　　智能的推荐，是人工智能技术在信息传播领域的应用，它极大地提高了信息的生产和传播效率，带来了传播方式和传播活动的深刻变革。在时代主流价值被智能推荐生动唱响的同时，我们也看到在媒体进入大众化和市场化时代以来，低俗、低质的内容和娱乐化倾向开始显现的趋势。在智能推荐的当下，它们还在强势地延续，给主流价值的传播带来不小的挑战。为什么如此？根本原因在于，大众偏好的内容往往不等同于优质的内容，而用户的需要、市场的要求是媒介技术发展的主要推动力，从而可能客观上助长了内容生态的低质化。如果在算法中融入社会主流价值，就会促进内容生态向更健康的方向发展。如果说落实好平台责任、提高用户素质是为了减少网上的"淤泥"，那么优化算法则是为了做到"出淤泥而不染"。之前是将主流价值的坚守融入专业媒体人的工作，现在则是要将主流价值观念、信息传播伦理融入工程师的设计目标和流程之中，把代码这个被认为是网络空间的"法律"挺在前面，将制度的宏观原则融入技术的微观建构之中，促使智能推荐的主流价值彰显在通向泛 Z 世代吸收信息的阳关大道上。

　　算法传播有哪些特征呢？要弄清楚这个问题，我们可以从算法传播的本质出发，查看分析算法传播的过程。如上所述，"智能"贯穿于算法传播的全过程，传播中的一切智能推荐都是为了传播目标的靶向锁定和靶向触达，它使信息的算法传播表现出明显的个性化、精准化、定制化特征。

　　以下，我们将从"今日头条"这个平台的具体做法，来分析算法传播的这三个特征。

　　个性化。信息需求，千人千面，随刷随有才是信息触达真实性的个性化体验。拥有 5500 多万用户的今日头条，每天产生 200TB 的数据，后台系统通过大数据观察用户使用行为，挖掘用户的阅读习惯、所处环境和文章内容等兴趣分布，然后向用户推荐个性化的内容。这种基于分析用户兴趣产生的信息流，可以时时刷新，变着花样满足着个性化的信息阅读需求。

精准化。"今日头条"通过数据挖掘、智能分析、机器学习等技术，对每则资讯进行计算和分发，并且结合用户阅读习惯、阅读时间、阅读环境等多个维度，建立起个人用户模型，两者融通后的智能，轻易地完成着精准向用户推荐信息的任务。毫无疑问的是，这种使信息精准抵达于受众，必然会极大地提升信息传播效率。

定制化。定制化的基础是懂得用户的真实需求，信息需求的定制化就是要把"人找信息"变为"信息找人"。如果说今日头条很懂用户的话，那么大数据与算法无疑是它的最大功臣。今日头条的推荐引擎能够有效帮助用户快速发现感兴趣和高质量的信息，从而提升用户的快感体验，增加用户使用产品的时间，并有效减少用户浏览重复或者厌恶信息所带来的不利影响。于是，健康有序的内容生态圈在此基础上形成就是一个毋庸置疑的话题。

尽管如此，精彩的算法传播却很难为一般传播主体所拥有，只有平台公司或有相当实力的头部企业方能具备这样的能力。而传播主体尤其是旅游传播主体更多的是依托具有算法传播能力的平台完成靶向传播的热望，随着人工智能"走下神坛"与众乐乐，我们期待也相信一个个显性的、自主的旅游算法传播故事将陆续地绽放在我们的案头。但当下，我们也只有寻找平台公司和头部企业的算法传播特点及做法，解释说如此如此了。

2.8.2 算法传播的案例赏析

案例一

头条寻人，智能助团圆 [①]

今日头条充分发挥算法推送及用户量大的优势，在全国发起"头条寻人"的公益项目，几年来，找到了近两万人，为近两万个失散家庭重新点燃了团圆

---

① 案例来源：光明网《科技助团圆，头条寻人6年找回19000人》。

之火。

2016年2月中旬，今日头条发起头条寻人的公益项目。今日头条与警方、民政等开展深度合作，试图为走失人员增加一条寻亲的新途径。具体做法是利用LBS（基于位置的服务）技术，基于走失人活动范围和黄金24小时内，在失散地点附近直接智能弹窗推送寻人信息，同时依托今日头条的信息分发技术，将寻人启事按照地理位置，优先推荐给走失者所在城市的本地人看。截至2022年6月30日，头条寻人共智能弹窗推送14681条寻人启事，成功帮助751人回家。

随后，"头条寻人"又从单一维度的寻找走失者，扩大到多重维度的寻人寻亲，寻人范围逐渐扩大。"头条寻人"先后与民政部及全国1976个救助管理机构、公安部及各地警方、医疗机构、新闻媒体、志愿者组织进行合作，陆续发起了"两岸寻亲""无名患者寻亲""寻找革命烈士后人"等多元公益寻人项目。截至2022年7月，该项目已经累计帮助19000个家庭团圆。《人民日报》刊文关注今日头条寻人案例，指出"这是新闻客户端发布寻人信息推送的一个成功案例，也是互联网技术在民生领域的又一次精彩亮相"。从头条寻人的整个过程来看，"头条寻人"的成功，其实是智能算法的成功，是算法传播的成功。

案例二

智能、生活、场景——小米的全场景智能生态营销[①]

据小米招股说明书和财报相关资料显示，2015年小米广告业务收入仅为18.2亿元，2021年这一数额增长到181亿元，小米一跃成为中国上市企业中互联网广告收入唯一上榜Top 10的智能终端厂商。与此同时，小米以手机、

---

① 案例来源：媒介杂志《解码小米营销：关于智能终端的商业之路》。

OTT[①]、AIoT[②]等海量终端覆盖消费者个人、家庭、出行等多样化场景，布局日趋完善，从早期的移动端流量广告采买升维至全场景智能生态营销，为品牌的产品销售持续增长创造了新的动能，推动着智能终端营销领域向前大步跃进。

早在2012年，小米就成立大数据团队，着手布局用户画像、知识图谱等通用技术。随着集团终端生态拓展，小米及时推出"Mi Home Data"数据体系，打通移动端DMP（数据管理平台）和小米AIoT全生态数据链，在保护用户隐私的前提下，进一步洞察用户场景触点和行为偏好。2019年以来，根据广告主深度转化需求，小米营销上线"商业意图标签"，它是基于特定的广告场景和历史转化行为数据，进行用户商业购买力的评估，同时通过多维数据交叉匹配，拉升广告服务与消费者需求间的契合度。

小米营销围绕智能终端营销生态，将品牌建设核心归纳为"场景触达—认知强化—心智建设"三个层面，逐级递进、层层打通品牌建设全链路。以美汁源和小米营销的合作为例，以"智能、生活、场景"为核心，利用"娱乐场景""佐餐场景""观影场景"等多维场景深度营销的方式，通过OTT创意开机、小爱音箱和云米冰箱智能画报，覆盖用户家庭生活多维场景，同时AI赋能智能交互，以小爱同学智能语音提醒适时激发用户消费联想，全天候为用户提供智能AI服务，以"润物细无声"的方式影响用户消费心智。

小米打通全生态数据，驱动终端精准传播，通过智能识别用户所处场景，进一步精细洞察消费者需求，为人群定向、创意生产、效果优化等环节提供科学依据。究其根本，终端在于连接品牌与用户，它们之间的排列组合如浩瀚星图，新终端意味着新入口、新内容、新流量、新体验。小米基于覆盖更全面、类型更丰富、识别更智能的数据优势，在不破坏数据隐私安全的情况下，描摹立体、精细、真实易触达的用户画像，帮助广告主智能锁定目标人群、高效匹

---

① OTT：Over The Top的缩写，指通过互联网向用户提供各种应用服务。这种服务由运营商之外的第三方提供，由服务商直接面向用户提供服务和计费，使运营商沦为单纯的"传输管道"。

② AIoT：即"AI+IoT"，人工智能技术（AI）与物联网（IoT）在实际应用中的落地融合。

配流量资源，并且在提供产品服务的同时，把握分寸地植入品牌信息，强化用户对品牌特性的认知。

AI导游"小丹"对算法传播的启示[①]

AI导游小丹是由万达集团企业文化中心为贵州丹寨小镇景区量身打造的数字人导游。2023年6月5日正式上线后，AI导游小丹成了丹寨小镇及其品牌的推广大使。线下，AI小丹是游客们的贴身导游。线上，小丹不间断与各地网友互动，俨然丹寨旅行的种草机。作为全国首个AI导游的小丹，上线10天，用户超55万，全国34个省区市都有她的粉丝。用AI打造的小丹横空出世，搅动了旅游业的一池春水，更让丹寨小镇成为一个强大的流量入口。

AI导游小丹迅速成为"网红"，她自身也自然成为巨大流量的入口，而AI导游H5也成了丹寨对外传播的门户。在H5的首页，增添了延伸体验的功能，用户既可以和小丹互动，也能从首页一键跳转到实景直播、AI换脸、丹寨旅游护照三大平台。以换脸小程序为例，小丹正式上线以来，AI换脸小程序的访问量是前一周的近5倍。用户走进丹寨实景小程序，小镇日升月落、云卷云舒就会通过慢直播呈现在眼前；在AI换脸小程序，上传一张照片即可身穿苗服，喜获一次苗寨之旅；申领丹寨旅游护照之后，即可获取更多美景美食打卡点介绍。这些活动都是在不同能级的算法支持下得以实现的。

"小丹"的面世，突破了传统导游聚焦景点本身的服务限制，扩展了个性化、智能化的旅行生活服务，提升了游客体验，传播了在地旅游内容。相较传统导游，"小丹"的优势突出体现在方便实用、智能应答、节约成本等方面，极大增强用户体验，成为旅游内容的传播机和流量的发动机。不仅如此，数字

[①] 案例来源：微信公众号"云上丹寨"《一周与50万+游客互动！AI导游小丹成人间种草机》云上丹寨2023-06-18.

人 AI 导游在同时面对成千上万个游客的情况下，在强大的算法加持下，依然能做到对每个人"一对一"的个性服务，随时唤醒，随时服务。"小丹"的出现不仅让旅游成为数字人参与传统行业数字化的典型领域，而且是旅游算法传播的一个非常有价值的探索样板，为旅游算法传播开辟多维度、多途径的大美空间。

2.8.3 算法传播的实战要诀

"智能"既是算法传播本质的关键词，也是挖掘算法传播实战要诀的核心依据，因为只有具备"智能"这一必要条件，才有可能实现算法传播所应有的个性化、精准化、定制化之靶向传播。因此，就旅游而言，无论是依托智能化网络媒体平台开展算法传播，还是凭借自持 AI 技术的自有媒体进行算法传播，都应从其底层逻辑出发，至少要连发三枪。

第一枪，依循数据。当算法和算力一定时，数据就成了智能算法传播的不二基础，数据越充沛，分析越深入，触达用户就越精准。依托智能网络媒体开展旅游算法传播时，既要看它拥有的用户数量，也要看它拥有旅游用户的数量，当然还要看它的智能化程度。当旅游成为一种生活方式之后，人们出游的频次、旅游的偏好、旅游的花费等等都会被一一记录在各类数据中心。问题的关键是，智能网络媒体或智能自有媒体到底能拥有多少用户、多少旅游用户、多少旅游用户的旅游大数据？当我们信心满满地自视自有媒体拥有大量的旅游数据之时，不要忘记审视这些数据资源与触达用户量级之间的勃勃野心是否存在差距、存在多大差距？弥补差距的唯一方法是借用他人之力，有多大差距就借用多少力量，此时，可能有无数个智能网络媒体向我们招手，我们所要做的是理智地坚守着量体裁衣吧。当然，如果没有自有媒体数据资源，抑或没有高能级的智能媒体资源，也必然要选择借助智能网络媒体早就收集好了的数据力量，去实现自己奔赴靶向算法传播的梦想。

第二枪，定制内容。其实，每一个准备使用算法传播的传播主，都会本能地制定传播内容，因为传播内容是引发使用算法传播想法的根本力量。但问题是制定内容不等同于定制内容。人们在算法传播的背景下，制定的内容往往不以针对性为前提，而通常是自说自话甚至自以为是，以为智能的算法会自动根据数据资源和自己制定的内容寻找匹配的用户圈层。诚然，算法传播因其智能而存在，因其智能匹配受众而备受追捧，但是，算法传播的效能转化，也就是传播变现却另有文章，这一篇文章其实就是所谓的"定制"，它饱含着那些不为人特别重视的传播内容之于旅游用户的针对性。针对性让算法传播的内容实实在在地转化为旅游行动、转化为实实在在的旅游现金流。我们为什么要让传播的内容放任自流，而不去按照时代旅游价值取向，以及明明白白的市场需求去彰显自己的旅游形象、旅游产品的鲜亮内涵呢？文章也好、视频也好、图片也罢，无论多么好的载体，在算法传播的眼中，那只不过是一定的形式而已，而真正归根结底起决定性作用的，还是旅游用户所热盼的内容。因此，为算法传播而定制内容就成为实战中不得不发的第二枪。

第三枪，催化转化。在依循数据和订制内容的基础上，算法传播的智能推荐引导，使触达效率大为提高，为高效变现转化打下了坚实的基础。如何把高效触达转化为高效转化，是算法传播可能在众多传播方式中"鹤立鸡群"的关键环节。这一关键环节其实应该在定制内容之时就已经开始行动了。旅游传播的两个基础内容无外乎是旅游产品与旅游形象，旅游产品的内容变现相对直接，旅游形象变现相对间接。就旅游产品在算法传播方式中变现而言，在定制内容之时就完全可以设计变现"按键"，将促使购买转化的诸如产品的内涵、功用、价格等要素和盘托出，打消及时购买的顾虑，努力把旅游产品延时购买决策变成及时决策或准及时决策。就旅游形象在算法传播中变现来说，要在定制内容的过程中，把旅游产品的供给作为旅游形象的最为主要的支撑，坚决摒弃为形象而形象的空泛的思维方式，用具象的旅游产品表达旅游形象之态、之美、之味，唤起和激发现时下单的燥热和激情。不仅如此，追尾的催化转化同样重要。我们该用什么方法进行追尾催化呢？还是要依靠数据以及算法的力量。再好的定制内容，也有匹配性的偏差，对现时购买的那些"漏网之鱼"，有效补救的措施，无外乎是即时分析出现"漏网之鱼"的原因，再次发起购买产品要素的急冲锋，把算法传播的底层力量发挥到淋漓尽致，让催化转化无时不在，叠加成就算法传播美名之时，也完成了非同一般投入旅游传播的光荣使命。

2.8.4 算法传播应注意的事项

算法传播是基于大数据、算法、算力的传播方式，它那智能的标签，往往让人们认为投入少见效快，以小可以博大，甚至可以躺在智能怀抱睡大觉，一切传播美梦皆可实现。其实，与几乎所有传播方式一样，需要我们付出不仅仅是金钱，而且还有咸味的汗水。因此凡是依托智能化网络媒体平台开展算法传播的，都应当坚守宁缺毋滥、宁大勿小、宁左勿右的信条，实现三"宁"开泰；凡是凭借自有智能平台开展算法传播的，自当坚守尊重线、预警线、安全线，方可三"线"建树。

在旅游燃传播中，一曲三"宁"开泰，将会播放出无数个算法传播在智能化网络媒体平台上的高扬声量。

宁缺毋滥，强调的是选择智能化网络媒体平台好不好的问题。宁可不用算法传播的方式去实现既定的旅游传播愿景，也不可随便找一家"智能"不匹配的媒体来完成旅游传播任务。为什么我们会看到许多并不如人意的旅游算法传播实例？其实这并不一定不是智能媒体平台的问题，而往往是旅游传播主体选择偏差的问题，错把乌鸦当凤凰，误把狗肉当羊头。

宁大毋小，强调的是选择智能化网络媒体平台大不大的问题。为了更好地达到旅游传播的既定目标，在选择智能媒体平台时，宁可选择智能程度大一点、高一点的平台，也不应选择那些智能能力小的平台，因小失大，往往与传播目标相差甚远，造成投入浪费。这既是智能媒体平台智能能力不足引起坍塌式的失效特征所致，也是指我们意识或潜意识贪图小利在作祟的表现。

宁左毋右，强调的是传播主体在内容设计和把控方面的问题。在内容设计方面，宁可高雅一点，也不可低俗一层，以免让智能触达放大了低俗内容的负面影响；在内容把控方面，宁可严格一点，也不要泛化一层，以免智能成为扩散那些漫无边际失态现象的利器。其实，这几乎是所有网络媒体平台传播的一个普遍守则，只是智能触达率大为提高，影响程度水涨船高，而使得这一注意事项更为突出而已。

在旅游燃传播中，一套三"线"建树，将旅游传播在自有智能网络平台中安然提高自己的声量。

尊重线。尊重用户权益，主要涉及数据收集和算法推荐两个环节。几乎所有用户都需要清楚知晓他们的数据将如何被使用，因此在收集用户数据和进行个性化推荐时，必须向用户明确说明数据使用目的，展示隐私政策，并获取用户的知情同意。要尊重用户的选择权，允许用户选择是否接受个性化推荐，提供选择关闭个性化推荐的选项，向用户提供自主管理数据的权利。

预警线。定期审查数据收集和处理的合法性，监测内容传播过程中的效果和潜在风险，及时点亮黄灯，适时调整和优化收集和处理方法以及算法传播策略，确保相关过程的合法性和传播效果的最大化。不得基于法律禁止的种族、性别、宗教等个人敏感特征进行个性化推荐，避免出现歧视行为。

安全线。合法安全和数据安全是自有智能网络媒体开展旅游传播不可逾越的安全底线。在数据收集、存储和使用过程中遵守法律法规，特别是涉及用户隐私数据的处理，必须遵守数据保护法律，明确数据收集和使用的合法性；采取必要的安全措施，保护用户数据的安全性，包括数据加密、访问控制、安全存储等，避免数据泄露和未经授权的数据访问。

2.9 故事传播，用人类共同情景谱写经久不衰的共情

作为传播方式的故事传播是指通过讲述富有情感、有所价值、具有启发性的故事，营造一个特有的情景，以达到传递某种信息、思想或情感的目的。故事传播是一种具有感染力的传播方式，它的感染力来自故事创造的情景，这种情景能够激发受众较强的共情，从而更深层次地影响人们的认知和行为。不同国家和民族，其语言、文化、习俗差异甚多，与其他诸多人文相去甚远。但，

故事却几乎是人类共同的表达语言、共同的文化载体、共同的交流和信息传播方式。那些以人类共同的情感、价值观和体验为基础，创作和传播跨越时空、跨越文化和跨越地域的经典故事，总是经久不衰、亘古流传。正是这些故事创造出的情景能够触及人们内心深处的共情之点，能够激发情感共鸣和认同感，能够被广泛接受和传颂，从而成为代代相传的经典，演绎着横跨中外、纵穿古今的传播传奇。综上所述，"情景共情"是故事传播定义中的关键词。

2.9.1 故事传播的本质和特征

New Balance 讲了一个李宗盛《致匠心》的故事，使其品牌格调陡然升了一截；褚橙讲了一个褚时健老当益壮的故事，就将其他千千万万的橙子落下不知几条街；王石讲了一个登山的故事，为万科节省了三亿广告费；海尔只讲了一个砸冰箱的故事，引致人们认识了海尔，相信了海尔产品的品质，可口可乐的配方故事让人永远记得它独特的味道；戴比尔斯的"钻石恒久远，一颗永流传"的广告词使人们联想到无数个生动的爱情故事；诸如此类，几乎每一个成功的品牌背后都有一个精彩的故事，都至少有一个被故事描绘的情景。我们甚至可以说，大凡成功的品牌，都很擅长讲故事，它们知道如何把品牌的历史、内涵、精神向消费者娓娓道来，并用故事的情景完成品牌理念的潜移默化灌输和植入。其实，一直以来，在企业成功营销案例中，都有许多企业把历史故事、企业创业故事、企业成长故事融入营销策略创新之中，无论是锦上添花的老花样，还是如虎添翼的新花招，都使得故事传播在营销的过程中气贯长虹、大道坦途。是故事成就了营销，还是营销传播了故事，已经不重要了，重要的是故事传播在如今的互联网时代，依然历久弥新，甚至萌生出不少的新话语、新方式，让普天之下的应接不暇的信息环境，变得直击要害的清透和易于触达的晴朗。从故事、情景与传播之间的关系来看，一个好的传播就是讲一个好的故事，一个好的故事必有一个感染人的情景，一个好的情景必然有一个好的传播。由此而言，故事传播的本质其实就是通过故事创造的情景去感染人、去影响人的认知和行为，"情景"显然是故事传播的关键词，"感染性"明显是故事传播的一个突出的特征。

当下，纯宣讲式的旅游广告已经越来越被消费者所屏蔽，而故事创造的旅游情景却越来越为人们所接受。为什么？自媒体时代，内容为王，旅游传播需要有场景感、剧情化，我们需要学会给游客讲故事，让故事创造的旅游情景通过自媒体的呈现，传递出旅游产品和品牌的形象价值。人类天生的情景愉悦需求，使故事传播永不过时，旅游地和旅游企业的故事越积越多，累积起来的厚度就是一种旅游内容资产，可以换取旅游品牌曝光、信任度和忠诚度。在泛Z世代活跃的互联网时代，旅游广告不再是"旅游广告"，而是"旅游故事"，各类精准、互动、推荐、评论和转发，伴随着这些社交化的网民行为，被故事化的旅游信息，将自由穿梭于需要它们的互动社交游客的信息纽带中，以达到最大化传播和扩散。

如果故事放在旅游活动中，就是一种旅游传播的改进方式、讲好中国旅游故事的方法。在旅游营销领域中，故事传播可以成为一种潜移默化的力量。通过讲述身临其境的旅行故事，可以激发人们对旅游目的地的好奇心和向往，实现与潜在游客的情感共鸣。这些传奇故事可以描绘旅行者在目的地的独特经历、文化体验、与自然和谐共生等生动的旅游内容，从而将旅游目的地炫耀为一个令人向往和值得探索的地方。

2021年，红色旅游新势力强势圈粉于泛Z世代，在他们眼中，一次有品质的旅游离不开文化底蕴和深度体验，沉浸式体验红色故事成为当时最潮最酷的事情。这与其说是特殊时间节点的特色现象，不如说是故事改变了传播方式，故事特有的情景感以现代高科技技术呈现出特有的场景感，使情景更具感染力、更具吸引人。在传统媒体时代，旅游景区也需要通过传播获得粉丝的认同和情感共鸣，一些山水景点因为神话传说、文人墨客的传播而深受欢迎，比如"桂林山水甲天下""欲把西湖比西子"，这些传统诗文中的故事在上一辈人中很有影响力，它们依赖的是传统的传播方式。现如今，人们更多从影视剧、网络中接受故事，比如稻城亚丁因为《从你的全世界路过》开播后就被更多人了解。显然，这些属于人类共同语言的情感体验，只是传播方式有了太多变化。任何一个时代的游客都会因为故事背景下的情感共鸣，而去完成被故事牵引的旅游活动，每个时代的人们的生活经验不同，其共鸣对象也会因此不同，这并不完全是泛Z世代独有的特点，而是人类共同语言情景时代的传递力量，于是我们发现，时代性是故事传播的又一特征。

故事传播依赖于故事，依赖于故事的精彩。要讲好旅游故事，首先，旅游故事应该有背景。任何事情都是在当时的背景下发生的，比如"刘三姐"的故事，就有特定的背景。其次，旅游故事应该有主角。每个旅游故事都应该有特定的角色代表、行为代表，而不是一个群体事件——即使是群体事件，也需要挑选角色代表。再次，旅游故事应该有明确的倾向。我们叙述的旅游故事，支持什么、反对什么，都需要有选择的倾向，不能含糊。接着，旅游故事的落脚点要小。因为小，才容易被记住，才容易在其他情景中被应用。如果把"情景"变为更大的"情境"，可能就无法被记住，该旅游故事也就无法有效传播。在此，我们需要搞清楚的是，当"故事"不作为目的性的传播方式而存在之时，其故事宏大与否，与既定的传播目标无关，"情境"的塑造也就成为必然。换句话说，作为传播目的的旅游故事，需要创造的是"情景"，作为非传播目的的诸如文学作品的旅游故事，需要塑造的是由一个一个"情景"组成的"情境"。然后，故事与游客之间得有关联。几乎每个景点都有自己的故事，而游客喜欢和自己有关，能够触动自己的故事。对于泛Z世代来说，更希望能从景点里真实地感受到故事，穿汉服体验、玩景点剧本杀都是生动真切感受故事内容的方式。这些都是故事构成的基本要素，这些故事要素，通常是故事传播得以实现的基础。所以，要素性也是故事传播的一个特征。

感染性、时代性、要素性是故事传播的三个基本特征，它们既反映了故事传播的年轮历史，也反映了故事传播的时代方式。自从人类旅游活动产生以来，旅游故事传播就从来没有停歇，随着时代的变迁，旅游活动的体验方式不断变化，旅游故事传播方式也在不断地发展，每一个时代的旅游故事传播都是按照自己的逻辑呈现出自己的特点。在互联网时代背景下旅游故事传播，故事所创造的情景比以往任何时候都显得突出，这是因为人们碎片化接受信息的特征,使得故事创造的情景成为故事传播的最重要的利器。以下的旅游或非旅游故事传播案例,将呈现出这个时代故事传播特有的惊艳。

2.9.2 故事传播案例赏析

案例一

以诗为径,畅游长安 ①

2023年暑期,一部展现盛唐气象、唐诗韵味、文人墨客的交往故事的动画电影《长安三万里》,引发观众的持续关注和广泛讨论。影片深入讲述了李白的一生,以及与高适的友谊,将两人的命运与大唐盛世的历史背景紧密交织,电影中展现的唐朝诗人形象和他们所经历的事情,让观众为之动容、惋惜和震撼。电影里的"诗意长安",描绘着繁花似锦的盛唐景象,带领观众走进电影中的动人故事,迈进承载着盛唐气象的实景之中。《长安三万里》中的"长安",既是以古城形式存在于今天的西安,更是每个读唐诗的中国人心目中的长安,前者是有形的物理空间载体的长安,而后者是承载了无数唐诗意象的诗意的长安。

据灯塔专业版数据显示,影片最终票房为18.24亿元②,位列当前中国影史动画电影票房榜第二位、2023年内地票房榜第七位。据零售平台美团数据,自7月8日《长安三万里》开播十天以来,西安当地各类业务数据亮眼。门票方面,省外游客旅游订单量同比增长超28倍。美团数据显示,电影上映后,景点"大唐不夜城"美团平台搜索同比增长347%,大众点评搜索量同比增长超11倍。

乘着"长安热"的东风,西安市曲江新区联合飞猪旅行、《长安三万里》电影出品方推出6条IP同款暑期研学线路。据介绍,6条《长安三万里》同款

---

① 案例来源:光明网《传统文化IP主题游暑期"出圈"国潮IP赛道能否迎来拐点?》。
② 数据来源:灯塔专业版。

02. 面向泛 Z 世代哪些旅游传播方式燃？

西安大唐不夜城
摄影师：刘剑聪

暑期研学线路，是十三朝古都呈现其丰富底蕴的 6 种视角。每条线路针对的游客年龄段不同，设计的景点和人文体验也不一样。面向 7—14 岁少年儿童参加的亲子研学夏令营，将陕西历史博物馆、大唐芙蓉园、秦始皇帝陵博物院、华清池等数十个经典景区打包在一起，浓缩了西安最具代表性的人文体验；针对低年级学生的研学产品，则放大了动手参与的乐趣，除了配备专业导游深度讲解碑林博物馆、陕西历史博物馆、西安博物院和汉景帝阳陵，还有手作陶俑，穿汉服、学习汉代礼仪，去大明宫考古遗址体验田野考古，瓦当拓印等；针对大学生毕业旅行打造的华山游，可以赏"关中八景"，品秦代国宴中的"王翦牛肉火锅"。2023 年 8 月 29 日，飞猪发布了《2023 暑期出游快报》，报告显示，步入暑期以来，该平台上的陕西酒店住宿预订量同比增长超 100%，《长安三万里》电影官方同款研学线路销售额近 1300 万元[①]。

---

① 数据来源：西部网《暑期陕西酒店预订量翻一番〈长安三万里〉研学线路销售额近 1300 万元》。

为什么"长安游"如此火热?是《长安三万里》的故事在游客与"长安"之间架起了一道连接的彩虹,构建出一种诗词意象与旅游地的有效连接,从而引导游客系统地探寻诗人的文化足迹,体验"跟随诗歌去旅行"的文旅空间,唤醒游客对旅游地的文化记忆,进而产生情感共鸣。

跟着爆剧《觉醒年代》去旅行[①]

2021年广受追捧的电视剧《觉醒年代》,引发了无数国人对历史剧的热烈讨论,也带火了"红色旅游",许多年轻人辗转于各个《觉醒年代》的景点,探寻早期革命者的活动足迹。数据显示,该剧热播期间,与《觉醒年代》相关话题词条在微博阅读量超40亿次,在抖音上相关短视频播放超12亿次。电视剧热播的同时,也引发了一轮实景地"打卡"热潮,《新青年》编辑部旧址、北京鲁迅博物馆、北大红楼等新文化运动主阵地成为不少年轻人的出游新坐标。与此同时,众多旅行社推出《觉醒年代》"同款"旅行线路,红色旅游持续圈粉,让很多游客了解到更多"觉醒年代"背后的故事。

《觉醒年代》展现的是从1915年《青年杂志》创刊到1921年中国共产党成立的历史,剧中重现的许多教科书中的经典历史桥段,让人感到难忘。从大上海的街巷和码头,到北大的红楼、嘉兴的红船,甚至是鲁迅"后园里的两棵枣树",一个个活脱脱的"情景",都让不少游客感叹场景"神还原"。剧中的故事发生地、拍摄取景地随之热度大增,浙江、北京、上海多地的故居旧址都成为爆款的打卡地,观众被《觉醒年代》那些著名场面的背后真实故事吸引,纷纷开启了旅游沉浸式追剧。在微博上,也有网友细心地总结了《觉醒年代》的景点打卡攻略,获得了大量的转发与评论。

---

① 案例来源:中国军网 – 中国国防报 http://www.81.cn/wh_208594/10110519.html。

02. 面向泛 Z 世代哪些旅游传播方式燃？

我们无法得知拍摄《觉醒年代》有没有提炼红色旅游景点的如此初衷，但是游客的旅游行为已经诠释了红色旅游故事所展示出故事情景的一道道彩虹，那就是一个又一个的故事被一个又一个特定的场景所烘托，一个又一个情景被故事一一创造出，游客在被故事感染之中体验着场景，在场景体验之中回味着故事情景。由此来看，这与其说是故事情景的感染力，不如说是故事传播的魅力，于是我们发现，影视旅游打卡点其实就是影片中的故事创造的"情景"，"情景"转化为打卡点，是因为"情景"日益受到泛 Z 世代的追捧与欢迎，TA 们的追捧与欢迎必然转化为前往打卡点的旅游行动。

案例三

维吉达尼——一个关于"农户故事"的农产品牌 ①

根植于淘宝的一些品牌，常常以"故事"取胜，小有名气的农产品牌——维吉达尼就是其中的一个代表。"维吉达尼"是维吾尔语"良心"的意思，无论在维吉达尼的淘宝店铺，还是微博或微信上，创业者都希望把农户的故事融入产品中，每个产品蕴含着一个故事。五个援疆志愿者在喀什开展了一次帮助农户解决天然农产品滞销难题的"良心"行动，他们创立了一个新疆农产品品牌，在互联网上迅速得到了社会舆论和媒体的关注。在店铺成立之初，维吉达尼以农户实名发了几条微博，得到姚晨、周鸿祎等名人微博转发，知名度迅速提升，维吉达尼也顺势被打造为一个有温度、有情怀的品牌。

维吉达尼的创业团队定期探访维吾尔农户，建立农户档案，将农户和产品的信息陆续发布给消费者。维吉达尼在售出的每一份产品里，都配有一张"农户身份证"，让消费者从中知道这个产品是谁种的、谁晾晒的，有着怎样的故事。产品会附上一张用农户照片制成的明信片，上面印着一句农户的维吾尔语

---

① 案例来源：腾讯公益故事 https://gongyi.qq.com/zt2013/gystory32/index.htm。

签名留言：比如"爷爷说，好脾气才能种出好果实，我想让你们尝尝爷爷的好脾气"，留言虽短，但情景可现；还有更文艺范的版本："漫天黄沙的天空，繁星密布的天空，都是我家乡的天空"，描绘的情景与遐想的情景会吻合吗？很多客户收到留言之后，充满感慨地给农户们回信，而农户们收到他们完全没听说过的千里之外的地方寄来明信片，也感到自己的劳动得到尊重。这个过程，不知不觉地把农户故事与客户联系在一起了。

维吉达尼把故事作为产品开发和传播产品信息的一个重要的构成要素，将不完美却真实原生态的产品、诚信的态度变成产品的内容，重新定义生产者和购买者之间的"买卖关系"，以故事呈现的价值观引导商业社区的建立。从故事中所体现出来的价值观，大致可以判断维吉达尼能够吸引的客户群体画像。这一群体尊重传统精神、追求食物供应链的信息透明，对自然和农业比较敏感，对农产品和农民比较有情怀。这一群体大多来自内地泛Z世代，他们与新疆远隔千里，吸引他们的，除了产品之外，更多的是认同维吉达尼产品的故事传递的价值观。

2.9.3 故事传播的实战要诀

在众多传播方式中，旅游故事传播可能是其本质和特征与实战要诀最为直白贴近的，如果不是界定互联网背景下的传播方式，那么它的实战要诀看起来几乎适合任何时代背景了。故事传播的实战要诀到底有哪些呢？情景佳，感染强，时代清，看点显，所谓四箭连环，箭箭靶心。

第一箭，情景佳。尽管每一个旅游传播故事几乎都会创造一种情景，但是故事创造的情景优异，并不是每一个旅游传播故事可以做到的。好的旅游传播故事创造的情景，应该可以强烈激发、至少是能够激发受众的情感共鸣，从而使受众记住旅游地的形象或旅游产品，为旅游转化提供前提条件。从这个角度来看，情景佳是旅游故事传播实战的第一利箭，没有上佳的旅游故事情景，就没有优秀的旅游故事传播的现象发生，旅游故事创造的情景越优异，旅游故事传播的效果就越好。

第二箭，感染强。旅游故事创造的情景就是要让受众沉浸其中，沉浸越深入，感染力就越强。强感染力主要来自上佳情景与受众的高度适配。并不是所有的上佳情景都能够与泛Z世代受众高度适配的。如何做到高度适配？除了表达方式高度适配，情景内容的高度适配也尤为关键。一个没有情绪原点的情景很难打动泛Z世代，一个特定小圈层情绪原点的情景很难破圈为各个圈层所感动，与泛Z生活经验相关联的情景往往是触发情绪原点的密码，宽屏的旅游故事情景通常比窄屏的旅游转化更为真实可信，如此而已。

第三箭，时代清。人类恒久的故事语言虽然表面上让故事的时代性蒙上了一层面纱，然而，每个时代都有对故事内容的独特表达方式，即便是非传播目的的故事在当今的时代背景下，也是以更有沉浸感的影视方式而非阅读方式受到人们普遍的青睐，何况以传播为目的的旅游故事呢。我们在开展故事传播之时，内容时代感的王道自不必说，表达方式的时代性尤为重要。数字技术的日新月异，让故事的呈现日益向着虚实融合的沉浸式体验的方向迸发，我们没有任何理由不按着这个方向行事，创造出属于我们这个时代的旅游故事传播奇迹。

第四箭，看点显。与编写非传播目的的故事不同，以传播为目的的故事通常受限于时长制约，完整的故事情节表达几乎不适应当代碎片化信息的接受方式，我们要从旅游形象和产品的特点内容出发，突显其中一个与旅游形象或旅游产品核心吸引点相契合的看点，冲击受众的大脑神经，让受众牢牢记住它。《觉醒年代》把每个重大事件中的一个具体场景展现得生动活泼，让人记忆深刻；维吉达尼把农户的签名留言演绎着出神入化，让人浮想联翩。其实，以传播为目的的故事之中的看点就是卖点，看点不聚焦，卖点就不突出，看点不突显，卖点如何清晰？

2.9.4 故事传播应注意的事项

故事传播的本质、特征以及实战要诀，强烈地提示我们在使用故事传播方式时，务求做到忌平、忌散、忌歪、忌长的"四忌经"。

一忌平。故事平淡无奇，难以吸引人关注，遑论让人记住。沉浸式的体验，来源于身体器官的充分调动。无论是观看式的沉浸体验，还是参与式的沉浸体验，平平淡淡无法满足肢体记忆的需求，出其不意才是身体器官惊叹的关键。在有限的时间里，我们要把故事中的冲突和高潮直接运用到传播中来，强化烙印的意识，渲染烙印的技法，存留烙印的印迹，往往会促进旅游形象或旅游产品在戏剧化表达中，使人铭刻于心。

二忌散。分散是故事平淡没有冲击力的主因，分散是以传播为目的的故事的迷魂汤，要在有限的时间里聚集无限的力量，聚焦才是不可或缺的正确选项。网络下的故事传播方式不需要胡思乱想的杂乱无章，也不需要太多割舍不下的"满汉全席"，需要的通常只是一个看似简单的故事，这个故事往往只需要一个"主角"、一个情绪、一个情景，这种单一内容和选择，不是单薄无助的形态，而是故事传播锋芒毕露留下印记的方式，印迹留给人们的必然是丰满的个性化的无限遐想，以及一次次热火朝天的旅游行动。

三忌歪。为了达到出其不意的传播效果，旅游故事传播偶尔会出现一些旁门左道的歪斜内容，引诱人们想入非非，这是故事传播第一大禁忌。旅游形象和旅游产品不是快消商品，用完一次就被遗弃或消亡；历史的沉淀和岁月的磨痕，是旅游故事饱经风霜的底色和本钱，更是旅游故事传播叱咤风云的时代油箱和长远之道，堂堂的正道远比歪斜的内容来得心安踏实、有效有用。

四忌长。面对泛Z世代的旅游燃传播方式几乎全都忌讳冗长，这是一个时代特征对信息传递的普适命题，只不过对于故事传播来说，在混淆故事本身与故事传播的区别情况下，"长"往往被故事本身比较长的"合法外衣"所掩盖，使得人们忘记了故事传播方式更重要的是以"以短见长""以短取胜"的规律。泛Z世代主动特别是被动获取旅游资讯的时间总是短暂的，如果旅游故事传播中叙述太多、冗长烦琐、冲突不显、高潮不高，故事承载的旅游内容根本"横空"触达，即使偶有触达也基本是不痛不痒的触达。

2.10 画面传播，高色彩的仰视或俯视都会让人怦然心动

画面传播通常是指通过图像、照片和视频等视觉元素吸睛进行信息传递的一种传播方式。这一定义的关键词是"吸睛传递"，其方式主要是借助丰富的视觉元素直观吸引受众的眼球，并使受众产生强烈的视觉感官冲击从而引发情感共鸣，以达到有效传递信息的效果。如今，尽管使用单纯视觉元素开展传播活动越来越少，以视觉元素为主、听觉元素为辅的综合性的画面传播越来越多，并且传播效果越来越好，但是，其中视觉元素的作用仍然是主要的，画面依然是信息的主要载体，画面依然是引起人们关注的主角。当然，并不是所有的图像、照片和视频都能够引起受众关注和共情从而自发转发的，只有那些"高色彩""异视觉""新奇特"的视觉表达载体，才可能让人怦然心动，才是高效传播的幸运密码。幸运之神的降临无外乎是，抓住视觉艺术规律，把握色彩适配运用，掌握刺激眼球方法，使颜色鲜艳的画面诱人如品甘露，使超凡视角的画面让人身临"奇"境，使新颖奇特的画面叫人难掩震撼。

2.10.1 画面传播的本质和特征

我们常常看到，一个个旅游地从"养在深闺无人识"到"名扬天下万人迷"，成为一个一个华丽转变的故事，而画面传播杠杠地担当了重任、自然功不可没。例如，美瑛町作为日本北海道地区典型的农业乡镇，拥有广袤的丘陵地貌和繁盛的花田美景，却因交通闭塞鲜为人知。1971年，前田真三来此拍下了一幅可以看得到美马牛小学校内高耸的红色三角形屋顶的照片，之后向摄影杂志投稿，获得摄影奖。这让美瑛町类似欧式田园风光的声名远播，而彻底改变了美瑛町的命运。在画面传播的带动下，美瑛町的游客量逐年增加，产业重心也逐渐从农业转向旅游观光业，旅游观光业成为美瑛地区的重要收入来源。尽管20世纪70年代画面传播只能依靠为数不多的报刊等传统途径，但美丽却总是能够吸引人的眼睛，激荡人的心灵。如果在互联网和移动通信技术高度发

达的当代,美瑛町那高纯度彩色的美丽,早就不知道吸引了多少人的眼睛,也无法养在深闺人未识了。从美瑛町画面传播的朴素而浅显的逻辑,让我们不难看出,画面传播的本质其实就是吸引人的眼睛,即所谓"吸睛"。

如何才能吸睛?一是关注视觉,二是强调色彩,三是刺激眼球。关注视觉,强调的是使用画面传播方式时,有主有次,分清主次,以视觉元素为主,其他元素为辅,即使是在画面传播中配有听觉等元素时,视觉感知依然是主要感知,是画面传播的主旨。画面视觉涵盖了影视平面等通过视觉传达信息内容的形式。在视觉传达信息的过程中,设计者如何通过视觉向受众传递产品信息并让受众欣然接受,这是一个至关重要的问题。画面传播也是一门涵盖了美学、营销学、心理学、设计学等多门学科信息的综合学科,以至人们对此寄托了满满的高尚审美的希望,由此有人认为画面传播也是一种艺术的传播。如果说画面传播是一种视觉艺术传播方式的话,那么这种艺术既有一般视觉艺术的审美特点,传播之中追求画面的艺术性,但同时也有非审美主旨的追求,或者说是满足大众的审美需求,强调画面传播的效果,在艺术性中蕴藏着商业逻辑,在商业逻辑中彰显着艺术性。无论感官清晰与否,也无论画面艺术与否,画面传播就是一种当今在互联网背景下依赖视觉元素传递旅游形象和旅游产品的传播方式。因此,关注视觉,是画面传播的基本特征。

强调色彩,这既是画面传播挥手告别黑白世界的既有趋势,也是满足泛Z世代接受彩色画面信息的时代需求。"颜值即正义",作为颜值消费的主导力量的泛Z世代,关注自我,喜爱高颜值,对高颜值的事物追求已然成为一种时尚,正在快速演变为一种潮流大趋势。画面颜值由主要各种颜色构成,传统的旅游画面无论是旅游宣传片还是旅游宣传画,摄影师都在有意寻求高纯度的自然色彩,用高纯度的自然色彩吸睛,斩获大众相互转发的喜悦。但是,近几年泛Z世代似乎不太满足单一的高纯度的自然色彩,于是旅游营销市场大量人工着色的、拉满色彩明度的视觉图片和网红打卡点应运而生、泉涌而出。以粉色、粉绿色、粉蓝色、柠檬黄、明艳紫、宝石蓝和芥末绿为主色调的"糖果色"亦即泛Z世代称之为"多巴胺色",成为各种高颜值视觉图片的主力担当,成就了旅游宣传推广活动中的一幅幅新潮主视觉图片和别致辅视觉图片。厦门市文旅局在2022年中国旅游日厦门分会场活动暨春夏潮旅生活产品发布会上使用的主视觉、行道旗、宣传册等视觉色彩，就是综合时下流行高明度"糖果色"的"高色彩"的一次颇为有效的尝试，观看现场直播的人数近4000万。不仅如此，高明度单一色彩也可以塑造网红景区、网红酒店、网红打卡点。北京的三里屯彩虹墙俘获了多少少女的心？漳州火山岛粉色城堡被多少泛Z世代一浪高过一浪地喜爱和追捧着？美国夏威夷的粉色宫殿酒店让游人蜂拥而至？如此等等，不一而足。

　　刺激眼球，是画面传播取得成效的关键。有视觉冲击的画面往往会让人产生强烈的向往。中央电视台曾经推出的《航拍中国》，是一部以空中视角俯瞰中国的纪录片。它以独特的拍摄视角，带你鸟瞰泱泱中华，万里河山，将一切尽收眼底，唯美的自然和人文画面博得了观众的喜爱，在豆瓣上超过30000人为它打出了9.2的高分。《航拍中国》俯视的航拍手法所展示出的宏大画面直击人心，让人直观感受到祖国山河的神奇壮丽。一切美丽统统收入眼中，在无人机施展拳脚的如今，已不是什么高难度的事情了，这对泛Z世代异于寻常的视角需求来说，就像走在大街上随时随地喝一杯瑞幸咖啡一样爽快。仰视也同样具有较强的冲击力，因为让一个成年人以孩提视觉仰看世界，一切也会因此变得不可思议和好奇，尽管儿时的记忆依稀还在，但平视的习惯已别梦他方，异视域的感知显然冲击着自己的心灵。当前超凡视觉的俯视和仰视成为刺激眼球的主要手段，也与画面传播信息的屏幕变化有着直接的关联。在"大屏"时代，旅游传播画面感营造依靠大屏幕、大场面、大震撼，如今"小屏"时代，尺寸缩小使其压缩了"空间尺度感"，旅游画面传播的"画面感"就应该从单纯表达"美"转向追求"视觉强刺激"，呈现出泛Z世代所喜欢的视觉"重口味"所带来的满足。除以超凡视觉刺激眼球之外，"新奇特"的视觉内容表达也是不可无视的力量。例如，在自然美景风光仍然霸屏旅游画面传播的背景下，如果另辟蹊径，把握住从"物"到"人"的观念转变，升级"有人""有故事"的画面内容，利用"普通人"作为画面制作者的优势，将传统的旅游宣传片变为"朋友圈中的宣传片",就会更容易获得泛 Z 世代的青睐。其实,"新奇特"随时就在我们的身边,关键是要有打破旧习惯的新认知、新习惯。

总而言之,关注视觉、强调色彩、刺激眼球的旅游画面传播三个突出特征,宣告着传统的旅游宣传画传播的辉煌时代已经过去,屏读时代的旅游画面传播已经迈入新阶段、新高度,我们需要的不再是旧时代的画面传播,而是要打造出具有时代性的"画面感"传播,努力让无数人怦然心动,创造出属于新时代的画面传播新奇迹。

2.10.2 画面传播的案例赏析

案例一

"旅游宣传画"江西婺源[①]

1987 年春,我国香港著名摄影家陈复礼先生在婺源拍摄了一幅《天上人间》的摄影作品,并在同年的国际摄影大奖赛中荣获金奖。从那时起,无人知晓的婺源仿佛一夜之间成了"中国最美乡村"的代名词,吸引无数的摄影爱好者和游客慕名而来,婺源县旅游由此悄然兴起。1993—2003 年,婺源县旅游人数从 2.64 万人次上升到 138.04 万次,增长 52 倍,旅游综合收入增长 350.9 倍,实现了跨越式增长。此后更是一路高歌,到 2019 年,仅春节黄金周就实现接待游客 67.1 万人次,综合收入达 4.93 亿元。

这些年来,乡村旅游因回归本真成为旅游新模式,越来越多的游客走进乡村景点,体验果麦浓香,感受乡村烟火袅袅,树绿花红的良好氛围。不论是"莫笑农家腊酒浑,丰年留客足鸡豚",还是"采菊东篱下,悠然见南山",从古至今,中国人的田园情结、乡土情结是刻印在骨子里的。当都市年轻人纷纷感慨"城市套路深,我要回农村"时,更多是向往乡村淳朴的民风、纯净的山

---

① 案例来源:微信公众号"华高莱斯"《文旅瞭望 | 我们还需要旅游宣传画吗?》。

02. 面向泛 Z 世代哪些旅游传播方式燃？

江西婺源
摄影师：刘剑聪

水、地道的美味，这是人们对未经雕琢的世界的遐思。其实，细品每一个我们向往的出游目的地及"火爆出圈"的营销案例，均离不开画面氛围感的存在，旅游业在做营销策划时要抓住营造氛围的重要因素，而画面则是氛围感营造的关键。

远赴人间惊鸿宴，一睹人间盛世颜——梅里雪山 ①

2024 年的大年初一，云南梅里雪山在清晨的阳光下呈现"日照金山"的壮丽景观。"日照金山"是雪山之巅最美的自然景观，当初日东升，清风消薄雾，

---

① 案例来源：迪庆非遗《王毅外长推介的梅里雪山背后，神山祭祀等非遗文化更为震撼》。

阳光为雪山镀金身，洁白的雪山逐渐变得镏金灿烂，犹如巨大的金字塔兀立在苍穹之下。最神奇的，是关于"日照金山"的传说：当地人相信，见到日照金山的人，可以幸运一整年。近年来，许多游客与摄影师纷纷到此，用相机多维视角，记录下了四季转换下的日照金山的壮美图景，洋洋洒洒地传播在普罗大众的刷屏之中。

梅里雪山别称太子雪山，汉名为"药山"，藏区称为"绒赞卡瓦格博"，山中盛产各类名贵药材，是藏族人的朝觐圣地、雍仲苯教圣地、"藏区八大神山"之首，同时也是"中国最美的十大名山"之一、"中国十大雄伟山峰"之一。梅里雪山，属于横断山脉—怒山山脉，位于云南省迪庆藏族自治州德钦县境内，地处滇、川、藏三省（区）接合部，横断山脉中段怒江与澜沧江之间。梅里雪山海拔在6000米以上的有十三座山峰，俗称"太子十三峰"。主峰卡瓦格博峰，海拔6740米，为云南第一峰。梅里雪山景区由五大板块构成：包括位于三江并流云南保护地的金沙江大湾景区，雾浓顶迎宾台，飞来寺观景台，雨崩景区，明永冰川景区。梅里雪山属高原性寒温带山地气候，全年温度较低，干湿季节分明，立体气候较为突出，气候垂直变化显著。梅里雪山是中国和世界温带地区生物多样性最丰富的地区之一。

日照金山位于云南省迪庆藏族自治州德钦县西部，是梅里雪山一带非常美丽的自然奇观，只有在特定的时间、地点才能有幸看到，万丈金光从天而降照射在雪山之巅，极为壮观。梅里雪山的日照金山，是无数驴友前往此处的终极目标，冬季虽然大雪飘扬，但是却让雪山褪去了夏季的云遮雾罩，露出了本来面目，看到日照金山的机会也大大增加。

早在2017年2月20日，外交部云南全球推介会在著名的"蓝厅"（外交部新闻发布厅）召开，外交部长王毅化身云南"代言人"，梅里雪山则成为王毅外长推介云南时唯一提到的景区，王毅外长说道："云南还有香格里拉，这是世界很多朋友们都向往的地方，人间的天堂。还有最美丽的雪山——梅里雪山，就是这片子的开头和结尾部分大家看到的那幅令人震撼的景象。"8分钟的《魅力云南，世界共享》宣传片中开头和结尾基本上以仰视的视角呈现梅里雪

云南梅里雪山"日照金山"
摄影师：刘剑聪

山，梅里雪山的景象像一幅人们梦中敬仰图腾，占据了整个美妙的梦境，也许正是这种视觉盛装，让人们对梅里雪山即使是惊鸿的一瞥，也忘不了它巍峨中的些许曼妙。

高色彩成就了厦门旅游传播的高光时刻[①]

2022年5月19日，厦门市文旅局在湖里区华美空间旧物仓举办2022中国旅游日厦门分会场活动暨春夏潮旅生活产品发布会，启动"2022厦门春夏潮旅生活"，推出一系列主题活动、一批潮旅生活网红点和精品主题线路，全网观看量达到7162.8万人次。

如此高的声量，得益于央视频、新华社现场云、厦门文旅融媒体、网红

---

① 案例来源：根据厦门亚太旅游发展中心提供的资料整理。

图片来源：厦门亚太旅游发展中心提供

达人自媒体等倾心支持，更得益于视觉创意的高色彩运用。活动策划和承办方——厦门亚太旅游发展中心在这一旅游传播活动中，深度理解活动的背景和主题，投泛Z世代所好，确定视觉主义和潮流主义的策划方向，围绕时尚、年轻、活泼、放松、个性的特征，在主视觉上，灵活运用色相、明度和饱和度这

图片来源：厦门亚太旅游发展中心提供

三个色彩的基本属性，演绎厦门春夏潮旅生活五彩缤纷的形态，放大不同色彩激发不同的心理效应，叠加汇合为交响式的情感共鸣。在主要色彩运用时，重视绿色表达生机、生命、自然、清新、青春的内涵，红色传递喜庆、喜悦、热情的氛围，强调黄绿色的"温暖"，柠檬绿的"时潮"，橄榄绿的"平和"，淡绿色的"清透"等视觉感受，蓝色搭配绿色高级质感扑面而来，白色则勾勒出的人物看着简约而不简单，大面积无颜色加小面积高饱和高明度色彩展现出的和谐之美跃然眼前，加之综合运用布局、层次、字体、排版等人格化的视觉表达，给人留下视觉愉悦冲击和美妙的想象空间。

2.10.3 画面传播的实战秘诀

其实，画面传播实战的底层逻辑就是如何更有效地"吸睛"，我们在前面叙述画面传播的特征时候，旅游画面传播实战的几件武器已经袒露在众人的面前，那就是"高彩色""异视觉""新奇特"等三件最为重要的利器，这些利器直击心灵，让人怦然心动，让人记忆深刻。

第一利器，高色彩。颜色是一种直击心灵的力量，色彩是开启视觉的第一把钥匙，是产生视觉效应的第一能力，对视觉冲击力影响最大，因此，制造视觉强刺激，第一要务就是要抓住色彩。如何运用色彩制造强刺激呢？高纯度的"自然色"所呈现的鲜明色彩，如同陈复礼《天上人间》中的婺源油菜花、前田真三镜头下的美瑛町那样，吸引着人们的眼球，激发人们的记忆点，产生过目不忘的效果；高明度的"糖果色"所呈现鲜艳色彩，就像时下泛Z世代乐此不疲追捧的那些由各种鲜亮色彩搭配组合而成的潮流色彩那样，瞬间刺激着受众的眼球，强力打动着受众的心灵，让他们欲罢不能、欲忘不能，唯有到此一游，方能平息心中的火焰。无论是"自然色"，还是"糖果色"，高亮度所呈现的"高色彩"，是我们在画面传播实战中，要运用好的第一大利器。

第二利器，异视觉。人们往往无感于平视的旅游视觉画面，却对非平视的俯视和仰视等超凡视觉的旅游画面异常心动，这是因为平视是一种司空见惯的日常习惯，没有什么奇特之处，而俯视和仰视则是非日常习惯的例外。例外的旅游画面传达容易引起受众的兴奋点，进而容易触发受众心灵开关和记忆阀门，转而寻找旅游画面之地。因此，在旅游传播画面创作过程中，既要尽可能避免通篇千篇一律的平视视觉，大胆并尽可能更多使用俯视或仰视的视觉画面，也要尽可能根据旅游传播内容的需要，综合使用与有序转换俯视、仰视和平视的视觉画面，避免单一视觉所形成的审美疲劳，将画面呈现出别样的风采，表达出让人震撼的触点，使旅游画面传播的效果充分地爆棚。

第三利器，新奇特。新奇特是人类对事物感兴趣的天然基因。旅游画面传播的新奇特就是要在传播画面的创作过程中，"充分"选取那些难以出现、难以见到的旅游画面和景象，"充分"使用各种视觉元素中不常见的、不常用的手段和方法。第一个"充分"强调的是画面承载的旅游内容，这是旅游画面能否有效传播的前提和基础。人们感兴趣的、喜欢看到的总是那些新的旅游主题、奇特的旅游东西，视觉的旅游画面和景象解决了人们可能无法看到的旅游主题，或可以看到但感受并不一样的旅游东西，这也是旅游画面传播赖以存在的前提。第二个"充分"强调的是旅游画面表达的新形式，除"异视觉"的表达形式外，技术性的画面处理也是必不可少的，关键是要按照泛Z世代时代审美兴致和画面信息接受喜好确定风格和调性，进行构图、调色和剪辑，呈现出引人入胜的旅游美图美景，创造出超乎寻常的旅游牵引力量。

2.10.4 画面传播应注意的事项

画面传播的个性特征是其注意事项的主要依据，不平、不泛、不乱是开展画面传播中创作旅游画面环节应注意的三个重要事项。

不平，其实是在画面传播方式中使用"高色彩""异视觉""新奇特"三件利器的必然要求，即使传播渠道优异、传播方法对路，平淡无奇的旅游画面作品也根本无法吸引眼球，打动受众，根本无法在后续的传播环节中发光发彩，更不用说大放异彩了。所以，跨越旅游画面作品创作平淡无奇，避免开启旅游画面传播之后的夭折，是采用旅游画面传播方式应该高度注意的一个事项。

不泛，就是旅游画面作品要有鲜明的主题。如果将一个旅游地或一个旅游产品的方方面面都塞进一个准备传播的画面作品之中，就会产生泛主题、多主题、无主题的现象，致使受众无从感知、无从辨识、无从记忆，从而失去了画面传播的初始目的。要做到"不泛"，首先是要根据旅游形象或旅游产品的定位，确定传播内容的主题；其次是心无旁骛，围绕主题创作和组织图片或视频，果敢剔除与主题无关或关联不大的内容物料，勇于忍痛割爱抛弃那些虽然优质的但与主题没有关系的内容；再次是修剪看似与主题有关的繁枝错节，让所有的物料直奔既定的主题。

不乱，就是旅游画面作品要有清晰的叙事线索和脉络，叙事线索不宜跳跃转换，叙事脉络不应杂乱无章。为什么？因为传播的画面作品不同于影视作品，它的感染力主要来自视觉的冲击力和明快的表现手法，而不是也不可能是在简短时间里的跌宕起伏的故事情节和忽明忽暗的叙事线索。虽然在视频类的旅游画面作品中，需要有人物、有故事、有情节，但是传播主旨的要义，无形无情地限制着人物众多、故事复杂、情节曲折所呈现而出的跌宕和庞杂，强化了人物的主项、故事的直接、情节的单纯，张扬了画面传播方式的直击人心的坦荡和昂扬。

03
面向泛 Z 世代有哪些旅游传播内容燃？

　　面向泛 Z 世代，旅游传播方式要做到"燃"，传播内容同样需要"燃"。要做到内容传播燃，就必须充分了解受众的喜好。传播内容的接收者是广大喜爱追求新鲜事物的泛 Z 世代，所以传播内容的打造既要适应传播方式，也要进行内容创新，在茫茫的信息海洋创造出独属于自己的传播内容，才能让大众识别、记住想要传播的信息。正是在这样的背景下，涌现了诸多具有燃属性的传播内容。例如标题绝牛、第一唯一、兴趣愿望、造梗成核、娱乐相随、星歌嘹亮、我们参与、简约唯美、强仪式感、强力刺激。我们列举的这 10 个传播内容算是当下旅游燃传播内容的典型代表。我们要做的是将这些传播内容进行逐一解构和剖析。在实践中，每个旅游传播案例很少只采用单一的传播内容。通常情况下，会结合多种创新的传播内容，并配合具有燃属性的传播方式，以实现最佳效果，发挥旅游传播的最大潜力。为了更清晰地展现传播内容的各方面特征，本书仅就单一传播内容进行说明。如果要将传播内容综合运用，读者则需要在实践中理解并领会这些理论的应用。和燃传播方式一样，我们同样从燃传播内容定义、本质、特征、案例、实战要诀和注意事项等方面解锁 10 种燃传播内容。10 个燃传播内容都有自己独有的特征，我们将尽可能地在下面详细说明。但总体来看，这些燃传播内容也都有共性特征，所以在实践过程中燃传播内容会有一些相似之处。为了帮助读者更好区别和了解燃传播内容，我们先对它们共同的实战要诀和注意事项进行叙述。

第一，把握心理。在旅游传播中，把握受众的心理至关重要。受众作为信息接收方，他们是否准确理解传递内容，直接决定了传播的成功与否。因此，在创造旅游燃传播内容时，优先考虑受众的心理和需求是决胜的关键。深入了解受众的心理状态，明确他们的需求，才能够在创作旅游传播内容时进行精准定位，并为不同的客户群体创作差异化的内容。例如，对于汉服喜爱者，可以在传播内容中加入国风元素；对于二次元群体，则可以突出景区对二次元元素的创作。总而言之，把握受众的心理是旅游燃传播内容的关键实战要诀，没有充分了解受众心理和需求就制定传播内容，将是旅游传播的重大失误。

第二，精练内容。在面向泛Z世代的旅游传播中，网络平台扮演着重要角色。网络时代信息更迭迅速，人们每日接触的信息内容数不胜数，精炼传播内容成为至关重要的策略。在信息碎片化时代，泛Z世代具有更强的信息获取能力，但也更加倾向于涉猎更广泛的内容。通过精练传播内容，旅游传播者能够更精准地将信息传递给目标受众。特别是在旅游传播领域，相较于纯娱乐性内容，旅游内容的吸引力较低。在海量信息的环境下，只有通过提供精练从而抵达高质量内容的此岸，旅游传播才能真正实现"燃"目标的彼岸。因此，精练内容成为实现旅游燃传播的关键策略之一。

第三，内容真实。旅游传播的目的在于吸引游客，增加传播区域的人流量，从而促进当地旅游经济的发展。从消费者的角度来看，他们需要投入时间、精力和金钱，成为旅游活动中实实在在的参与者。在这一过程中，旅游传播扮演着刺激消费者消费的关键角色。而传播内容的真实性则是对消费者的基本尊重。消费者对一比一还原的传播内容充满期待，如果在旅游地实际体验中发现宣传造假或美化过度的情况，将会严重损害消费者的旅游体验，甚至破坏他们的旅游热情，引发吐槽等负面舆情，戕杀了旅游地的形象。因此，旅游传播内容的真实性是实现成功传播的基本要素之一。在实践中，旅游地需要注意传播内容的真实性，确保宣传与实际相符，把握好传播内容的真实性是实现成功传播的前提。

第四，持续创意。对于旅游传播而言，能够传递的内容和信息是相对固定的，只有创新是推动其长远发展的动力。研究表明，相较于熟悉的信息，人们对新奇内容的兴趣更为浓厚。因此，尽管传播的基本内容——如景区票价和游玩线路——相同，我们仍可以通过创新手段来吸引目标受众。例如，传统的旅游广告多依赖于景区周边的广告牌，虽然这种方式在一定程度上有效，但其影响范围和信息传递的深度有限。相反，采用创新的内容形式，如利用第一视角记录游玩经历，结合清晰的票价和路线信息，不仅能够提供更具吸引力和参与感的内容，还能扩大传播的覆盖范围，从而提高关注度和传播效果。这种方式不仅让内容更加生动，还能更好地满足观众对互动性和真实体验的需求。

第五，互动沟通。传播是一种双向的互动过程，传播者与接受者之间进行着一来一回的沟通。在旅游传播中，这种互动沟通尤为重要，因为它直接关系到传播效果和传播区域的流量。在输出旅游传播内容后，通常会有受众试图与内容进行沟通。因此，在传播内容中留下一些互动信息和渠道，可以有效地促进受众与旅游目的地的联系。有效的互动信息传递是帮助旅游成功燃传播的关键之一。

以上是面向泛 Z 世代的旅游传播内容燃的五条实战要诀和注意事项，它们是制定旅游燃传播内容时应遵循的原则。同时，每个具体的旅游传播内容都会有其独特的实战要诀和注意事项，它们是我们开展旅游燃传播时可以借鉴使用的准则。当某个旅游燃传播内容在实践中特别突出或重要时，我们也会单独列出，并针对性地进行阐述，相信读者依循这些要诀和注意事项会打造出更加优秀的燃传播内容，为旅游传播添砖加瓦，筑起更高的旅游燃传播内容的琉璃之墙，让旅游之光闪耀着诗的远方。

3.1 标题绝牛，在大海中捞针不再是难事

"标题绝牛"通常是指把传播的内容提炼为非常引人注目、独具创意、引发人们兴趣、易于记忆的标题。这样的标题可以吸引受众的注意力，促使他们

点击阅读或者浏览相关内容。在旅游传播中，标题是内容之眼，起着画龙点睛的作用。好的标题犹如神来之笔，能带飞整个传播链条，让品牌或产品在浩瀚的市场海洋里散发金光，达到心中期盼的那份传播效果。信息炸裂的移动互联网时代，汪洋大海般的巨量信息，如何种好梧桐树，引得凤凰来，定格受众目光？首要的是要在标题即传播内容的第一入口上做好文章，让标题引人注目，唯有标题绝牛，方可引人注目，如此，"引人注目"不就是定义标题绝牛的关键词么？

3.1.1 标题绝牛的本质和特征

本质上说，"标题绝牛"体现了传播者巧妙地将标题结合心理学原理和社会化媒体的传播策略，通过激发目标群体的焦虑、好奇心、从众心理等，有效地飙升内容的吸引力和传播度。

如果将互联网上传播的信息比作一片海洋，那我们每天处在一个深海之中，无尽的信息像海水一般不停地向我们扑来，中间可能夹杂着我们所喜爱的漂亮贝壳，也可能卷来一些海洋垃圾。传播的信息如此广泛，我们要做的就是如何成为一个漂亮的贝壳——绝牛的标题，从而精准地穿过过滤垃圾的渔网，在万千信息中脱颖而出，如期呈现在受众的面前，昭示传播内容的迷人魅力，激发大家迎客上门的兴趣。

广告学大师大卫·奥格威曾说："标题在大部分广告中，都是最重要的元素，能够决定读者会不会看这则广告。"的确如此，有了好的标题，作品也就成功了一半，标题先声夺人，作品的曝光量和点击量就会大大增加，标题不吸引人，作品打开率就会惨淡难看。毕竟谁也不愿意辛辛苦苦写出的文章没人问津，因此在营销传播中必须学会撰写好标题，越吸引人的标题越好。一个好的标题可以激起受众点击阅读文章的兴趣，让它在海量的信息中成为"爆款"的那一个。虽然说"酒香不怕巷子深"，但是若标题没有足够的吸引度，那么这篇文章的点击量就可想而知了。好的标题能让本就才华横溢的你，更加容易被别人发现和看中。在信息盈满网络世界的背景下，读者面对海量信息，标题几乎是突围的唯一利器，它帮助读者筛选出自己感兴趣的东西，让读者感知文章的基调是娱乐还是严肃。尽管不同平台的标题都有各自的习惯，但新颖、有趣、结合实事的标题总是更受大众欢迎。

标题绝牛其实就意味着传播者抓住了受众求新猎奇的心理，抓住了受众的兴趣爱好。选择性注意让受众在大量的传播信息中只会关注到自己感兴趣的或者能激发起新鲜感的内容，将受众的这种心理用新颖有趣的文字凝练成绝牛的标题，吸引他们的注意力和阅读观看的欲望，就可以达成在传播的大海中捞针不再是难事的目的。因此，从本质上来看，当今时代的标题功能，除了精要表达内容之外，引人注目显得尤为突出，如何让标题成为"注目之锚"，唯有标题绝牛，方有如此"注目之锚"的功能。

以上可见，一个绝牛的标题具有以下特征。一是独特，要能够吸引读者的眼球，让他们在众多信息中选择点击。二是精准。它必须与内容紧密相关，能够准确地表达文章或图片视频的核心信息，让读者对内容有清晰的预期。三是吸引，绝牛标题还需要具有一定的趣味性和吸引力，能够激发读者的好奇心和兴趣，促使他们主动点击并阅读或观看。四是真实，避免夸张和误导，应该真实、可信，符合内容的实际情况，以保持读者对信息的信任感。

标题的重要性不言而喻，它承载着内容传播的初衷和力量。在信息爆炸的时代，高效率的信息传播是当务之急，而绝牛的标题则成为这种高效率的体现。然而，我们也需小心陷入"骗取"点击率的陷阱，绝牛标题不应成为标题党的工具，因为这种行为不仅损害品牌声誉，还可能导致粉丝流失，得不偿失。比如，我们经常会在某些网站首页看到一些极具夸张炸裂的标题，引发我们强烈的好奇心，于是点开一看，最终发现内容并不如标题所描述的那样引人惊叹。这种情况已经成为常见的"骗取"点击率的手段，而这种手段之所以屡试不爽，主要是因为它们背后有着绝牛标题的赋能，这种猎奇诱惑是大众难以抗拒的。也正是这样，旅游传播者更要坚守底线和红线，用心做内容，精心选标题，而不是哗众取宠，以短视之举博长远之功而徒增笑谈。

3.1.2 标题绝牛的案例赏析

一个炸裂的微博标题引发的讨论 [①]

2021年10月，微博弹出一个标题说"实力男演员输给四字爱豆"，看到这儿我们的脑海里已经开始搜索四字爱豆是谁？搜索范围大致定下后，又在怀疑他是这种品行的人吗？最后又把关注点放在了这个实力演员是谁上，怀疑这位爱豆是不是得罪了圈内大佬而被拉出来祭天？但当我们怀着忐忑又激动的心点进去后，发现说的是："威震天的人气已经不如玲娜贝儿了。"在这条微博标题下方，许多网友也是同样的反应，都在抱怨标题党故意想用这些标题吸引大众注意。这个标题把"实力演员"和"爱豆"矛盾拿捏得死死的，让人脑补出一场戏骨与流量的比拼，一番演员败给偶像的唏嘘。本来愤怒的火花已经点燃，结果知道真相后，"眼泪掉下来"。然而，转头仔细想想，这么说好像也没啥毛病，并且威震天、玲娜贝儿本身热度较高，巧妙套用明星人设的戏剧性，甚至带来了出圈的效果，引发了"标题党咋这么厉害"的热搜。该文章利用标题将大众的兴趣点激发，标题拟定得含糊不清，却又神秘感十足，充分考虑到观众的猎奇心理，可以说是一个绝牛的标题。在点开后，大众失望不已却又发现了另一个自己感兴趣的讨论点：迪士尼。由此将话题从八卦转移到具体的产业之上，带动了迪士尼的热度，给威震天和玲娜贝儿都带来了相应的关注度，这才是文章本来想要的效果。仅用一个绝牛标题就能达到相应的宣传效果，不能不说标题有多么重要了。

[①] 案例来源：顶尖文案. 文案笑麻了！[EB/OL]. 2021. https://www.163.com/dy/article/GMR9IVAI05149251.html.

案例二

35 岁前一定要去的 8 个地方，你愿意陪我去吗？[①]

当下大众对于旅游的热情暴涨，除了线下的旅行社推荐外，现在的年轻人更爱从小红书等网络平台找经验贴做旅行攻略，因此旅行经验贴或推荐文成为小红书的一大经营板块。在众多推荐帖中有一类经验帖的标题高度相似，如"35 岁前一定要去的 8 个地方，你愿意陪我去吗？"他们统一的形式为"××岁一定要去的 ×× 地方"，从标题内容上分析，其实是极其简单的文字元素，但为什么这类经验贴会让大众欲罢不能？原因是此类标题抓住了大众的心理，巧妙地运用年龄这一"敏感"话题进行引流，将大众的视角强制性地调转到年龄层面。利用受众的从众心理，让人们理所当然地认为大众都完成的事情，我在这个年龄不能不完成，因此就会以好奇的心态点进经验贴观看，想要探究一下到底是什么地方势必要去，这一流程下来就完成了利用标题传播内容的任务。

这类经验贴的标题如"35 岁前一定要去的 8 个地方，你愿意陪我去吗？"之所以极具吸引力，主要归功于其巧妙地融合了几种心理激励和社交媒体策略。首先，通过设置年龄限制，标题成功激发了读者的紧迫感，利用了人们对于"未完成任务"的焦虑，从而激起了他们对内容的强烈好奇心。其次，标题中的"8 个地方"提供了一个明确的探索目标，这种清单式表达不仅方便读者迅速把握信息要点，还激发了他们的探索欲望，提高了内容的实用价值感。更重要的是，标题以对话形式提出的问题"你愿意陪我去吗？"极大地增强了互动性，这种直接的社交邀约让读者感到被个性化地邀请和包含在旅行计划中，从而增强了参与感和情感共鸣。这种个性化的交流方式使得内容不仅仅是信息的传递，更是一种社交互动的体验，极大地提升了用户的参与度和分享意愿。

[①] 案例来源：搜狐网. 35 岁前一定要去的 8 个地方，你愿意陪我去吗？[EB/OL]. 2016. https://www.sohu.com/a/117116768_523262.

面向泛Z世代的旅游燃传播

案例三

微博话题"影视剧同款厦门高校"①

"标题绝牛"应用于任何领域,不单单是众多猎奇新闻和娱乐热点,在旅游景点宣传上标题也起到关键性作用。但在新媒体阅读环境下,读者是浅阅读,看文章利用的是碎片化时间,比如坐地铁、搭公交、上厕所、等电梯、刷公众号,都是快速一划,缺乏足够的耐心。标题平淡、冗长、不够夺人眼球、不能一下子击中痛点,读者就会没有耐心读完,直接放弃打开文章。例如2021年6月3日,临近一年一度的高考,在这个全国人民都关注的时间段里,"海上花园 诗意厦门"推送了一篇关于厦门高校的推文,标题为《高考季,相遇厦门高校,这些影视剧里有你憧憬的青春》,但种种原因导致该篇文章浏览量仅有1700人次。后续新浪厦门在微博上转发此条同样的内容,只是将话题改为更简洁的"影视剧同款厦门高校",迅速引起110W讨论,还登上当天同城热搜。对比来看新浪厦门的推文只是在标题上采用了更加简洁的形式,直接明了地点明"厦门高校"和"影视剧同款"这两个重要元素,双重元素加持让观众有了对比的探索欲望,于是好奇心的驱使下点开文章来看,达到宣传厦门的效果。新浪厦门抓住了厦门作为一个著名的旅游城市的特点,将旅游宣传和独特的时间点相结合,既有效宣传了厦门城市风采,吸引游客到此旅游,也在真诚为即将高考的学子们加油助威,一举两得。"海上花园 诗意厦门"微信公众号与新浪微博之间的这种互动,是有心栽花还是无心插柳,我们不得而知,但在这个新媒体时代,更加重视宣传文章拟定标题的时代逻辑却应该是毋庸置疑的共识。

---

① 案例来源:微博. 新浪厦门【各位高考学子,#影视剧同款厦门高校#了解一下?】[EB/OL]. 2021. https://weibo.com/1740522895/Kit8JndHY.

03. 面向泛 Z 世代有哪些旅游传播内容燃？

厦门大学
图片来源：趣游一厦微信公众号

3.1.3 标题绝牛的实战要诀

如何打造一个绝牛的标题呢？关键战法四大招：拎清受众心理，提炼内容要素，抓准信息爆点，玩转标题文字。

首先，拎清受众心理。要清楚目标受众是谁，他们的兴趣和习惯是什么？理解和依循受众所想、所需和所求，是标题表达内容的重要基础。从某种意义上讲，标题这个内容之眼，可以说是内容的一种外在表达方式，受众接受信息的兴趣与习惯，决定着内容表达方式的选定。新锐、诙谐、潮语、庄重、严谨，如此等等，静待闺中，只需拎清受众心理，她必将一颦一笑款款而来。

其次，提炼内容要素。即便是在有点魔幻的网络标题语境之下，标题也应建立在内容基础之上，避免用之不妙而被网友吐槽讥笑。内容提炼之法，莫过于内炼于核心要素，外显于时潮用语。面面俱到显然不是标题应有之道，旁枝末叶则可能离题万里而失了本意；泛 Z 世代的网络语境，时代的新潮充斥其中，我们没有任何理由板起"古老"的面孔，借助标题进行说教。

再次，抓准信息爆点。确定希望传达的关键信息，它可以是产品的核心特点，服务的核心优势，或者活动的核心亮点，然后确定一个能够引起受众浓厚兴趣、能够概括想要传达信息的突出主题，并将这些特点、优势、亮点等转化为信息爆点，让它在互联网这个浩瀚的传播天空强劲炸裂，迎来万绿丛中一点红的惊艳和喜悦。

最后，玩转标题文字。标题文字要围绕内容信息爆点的主题，选择能够吸引目标受众的词语、表达方式或者情感元素，如幽默、新奇、悬疑、温情或者挑战性的元素，用简短有力的语言将它来表达出来。长而平的文字，只能让标题黯然无光，致使受众失去看下去的耐心，甚至不知所云；短而新、简而潮、精而美的文字呈现，极有可能创造内容传播的高光时刻。

3.1.4 标题绝牛应注意的事项

想要打造绝牛标题，需要在内容、词语、细节等方面注意如下事项：

第一，要与受众相关。人们通常只关心与自己相关的事物，而不是其他。但凡写标题，第一件事就要思考，标题的内容点与受众是什么关系？受众的身份标签是什么？然后在标题中融入与受众相关的信息，便能够更加引起受众的注目。

第二，要有引爆力。词语"带感"，往往会引发受众的点击，比如："逆袭""暴富""最糟时刻"，这类词能够迅速调动人的情绪，让人难以抽脱，吸引人打开你的内容信息库。比如：《我不是药神》强烈冲击影市，5部影片临时撤档，3部影片损失惨重，"强烈冲击""临时撤档""损失惨重""世界风靡"等都是具有引爆力的词语。

第三，要具象直接。细节越丰富，越吸引人关注，因此我们要多用一些人们能用眼看得着、用手能摸得着、用耳听得着的词汇，多用具体的名词、动词、数词，少用形容词、副词。比如：《湖北宜昌：乡村老农独守土墙瓦房，腊肉挂墙上4年，舍不得吃！》《夏天五花肉蒸着吃，不油不腻最解馋，隔几天做一次，特别香》，这两个标题使用具体的词语"土墙瓦房""腊肉挂墙""蒸着吃"等词汇，都能更加吸引人阅读。它们看上去有点长吧？是的，但它们的信息简单却不复杂，通俗易懂却不晦涩难懂，于是而已。

第四，要沾上热点。热点是将受众的注意力都集中在一点上，沾上热点可能就是爆点，要学会把传播的内容与社会热点黏合起来，多关注最近的热点新闻和行业动态，想一想能否用在自己的传播信息的标题上。

第五，要引起好奇。好奇心是人类行为最原始的驱动力。你的标题充满冲突、翻转、矛盾、悬念，就极可能让人们在拉满的好奇之中，迫不及待地行动起来，打开吸引他的窗口，沉迷于你设计的信息池塘里，那么，你的传播目的，极可能离实现近在咫尺了。

3.2 第一唯一，永远的王者内容

"第一唯一"在传播内容中指的是那些具有"首发和独特"特性的内容。这类内容在制作过程中强调"第一"和"唯一"的标签，不仅能够凸显内容的独特价值，也能够增加消费者对内容的认可和记忆度，从而加深消费者的印象，达到传播的效果。这种通过强调内容的首发性或独特性，旨在营造一种独特的体验感，激发消费者的好奇心和兴趣，帮助传播内容在众多信息中脱颖而出，赢得消费者的关注和认可。这种策略的核心在于创造独特性和独家性，让内容与众不同、引人注目，如同成就芸芸众生中的王者荣耀。

3.2.1 第一唯一的本质和特征

有人说"第二名和最后一名没什么区别，人们只记得第一名"，世界第一高峰是哪座？第一个登月的人是谁？中国第一个获奥运金牌的人的名字？很多人都能脱口而出说出答案。那你是否也知道世界第二高峰、第二个登月的人、中国第二个获奥运金牌的人呢？相信绝大部分人是不知道的。第一是带着光环的，第一只有一个，第一从众多竞争者中脱颖而出，带着胜者的荣光，是超强实力的体现，拥有引人崇拜的强大魅力，自然更易受到人们的关注。即使第二与第一仅有毫厘之差，但失之毫厘，差之千里，第二极有可能因此而"默默无闻"。现代社会海量信息充斥着生活，而人们的心智是有限的，人的记忆空间也是有限的，人们更容易记住的通常是那些最有特点的事物，就排名来说，第一个自然是最有特点的，也必然是最容易被记住的。

正如"定位之父"杰克·特劳特提出的著名商业概念"二元法则"，在一个成熟而稳定的市场上，消费者的心智空间往往只能容纳两个品牌，所有的竞争最终会成为两个对手的竞争。如果你的品牌无法在同一品类中做到数一数二，就得重新考虑战略。例如，迪拜有许多世界第一：世界上第一高楼、第一大购物中心、第一大室内滑雪场、世界排名第一的高尔夫球场……谢赫酋长深谙"做第一"的重要性，迪拜七星级卓美亚帆船酒店通过一场世纪大战的比赛一炮而红，这家世界上第一家七星级酒店跻身世界最知名的酒店行列。虽然后来又出现更奢华的八星级酒店，但若论知名度，却远不及帆船酒店。这就像当初谢赫酋长所设想的那样：人们只会记住第一名。

生活中我们经常会听到看到各种第一，然而提到第二第三的相对而言就比较少。在媒体的相关报道中，如果事件中有"第一"这个信息，则常常成为新闻报道标题的关键词，这也是满足大众对于"最"的心理期待。新闻中往往会提到第一和倒数第一，提到第二、第三的并不多。如果对文章里"第一"和"第二"的使用频率进行统计，"第一"绝对比"第二"的使用频率高得多，"第二"可能还没有"倒数第一"的使用频率高。

能与"第一"相媲美或者说更胜一筹的恐怕只有"唯一"了。第一意味着还有追赶者，但唯一则只有一个，独一无二，比起"第一"的顶峰相见或独孤求败，"唯一"的遗世独立，王中之王，更是难得。唯一意味着有独特性、引领性的内容，是不可替代的。对于标题来说，想冠上唯一并不容易，但一旦能匹配上唯一两字，毫无疑问会引起受众的好奇心。世上唯一的东西可能并不多见，但区域、领域的唯一，却并不难找。如：福建省是唯一以"福"字命名的省份，"福文化"杠杠的；厦门灵玲马戏城的大熊猫是闽南唯一的大熊猫。在旅游行业及其传播领域，区域、领域唯一性的吸引物往往隐藏其中，等待挖掘。

03. 面向泛 Z 世代有哪些旅游传播内容燃？

唯一性的旅游内容传播是突围信息海洋的"055 大驱"，善用"唯一"，收获利益。当然，唯一与否，需谨慎考证，否则也可能引发受众的质疑情绪，造成负面影响。

"第一唯一"的内容传播本质其实就是用你的产品、你的服务牢牢占领消费者的心智，让消费者一想到某个行业就想到你，一想到某个品类就想到你，这样你就能将竞争对手甩在身后。就营销传播而言，也是如此，从传播目标到传播内容都要向着第一唯一看齐，做永远的内容王者。

那么，第一唯一的内容传播特征是什么呢？挖掘创新！从旅游的明面角度来说，并没有那么多的第一或唯一可以宣传，怎么办？只有挖掘创新才能让旧资源以新面貌呈现，从而实现第一甚至唯一。第一次吃螃蟹的人是令人佩服的，第一个发现螃蟹的人是让人难忘的。如果传播的内容在一个方面不是第一，那就在另外一个方面成为第一吧；如果传播的内容不能成为世界唯一、全国唯一，那就清晰地找出区域或领域唯一吧。让你的第一唯一占据人们心智，不让人们轻易地就把你传播的内容从记忆中抹掉。

如果，不断创新传播形式，让传播形式的第一唯一，匹配传播内容的第一唯一，那将是锦上添花如虎添翼了。自媒体平台抢先发布重要旅游热点内容要争取"第一时间"，旅游传播要积极争创"第一唯一"，确保输出自带王者属性的内容，带来更高流量和实现更大成效。尽管强化旅游吸引物内容的"第一""唯一"标签是内容传播根本根基，但如果实在没有这些标签，那就要体现出别人没有的创新玩法。例如河南卫视唐宫夜宴的玩法可谓开创新河，"第一"名副其实，而这个"第一"不在于资源禀赋的第一，而在于玩法的第一。目前，短视频平台夺第一也如火如荼。例如最新的热梗是由谁先创造的，最好的视频构图是谁先尝试的，最奇怪的音频是谁先合成被视频使用的，如此等等，底层逻辑无外乎是第一与关注度正比关系，是传播之花的艳丽色彩。

3.2.2 第一唯一的案例赏析

关于奥运首金杨倩的种种 [①]

高质量的内容不仅是吸引人眼球的开始,更是热度持续的动力。有独特性、引领性的内容会让大众情不自禁地追随。东京奥运会期间就诞生了许多"第一",热度最高的当数杨倩夺金。2021年7月24日,在女子十米气步枪决赛中,中国选手杨倩以251.8环摘得金牌,创造了新的奥运会纪录,这是中国奥运代表团在东京奥运会中夺得的第一枚金牌。或许是因为观众知晓奥运金牌的含金量,或许是此次奥运会饱含大众多年的期待,在杨倩夺冠收囊首金后,这位年轻的小将在网络上爆火。不仅是与她相关的词条频频登上热搜,一天与其相关的热搜就有26个,杨倩个人的粉丝量更是直接暴涨50万人,而这只是网友们几小时之内的热情战绩。即便是杨倩在比赛场上佩戴的"小黄鸭发卡"和"胡萝卜皮筋"都被网购一空,网友们纷纷表示想要冠军同款。这当然离不开媒体对"第一"的渲染和宣传。

在每天海量的信息中,"第一"无疑会成为抓人眼球的信息点,受到更多人的关注。人们对第一有无尽的追求和好奇,因而杨倩夺金后,她的成长经历也为大家所好奇,这期间与杨倩有关的关键词也会被大家所关注。有的公众号在奥运期间推出文章《奥运首金的清华姑娘,背后有位鼓浪屿的体育家……》,从内容上不难看出,媒体在尽可能地将当地与杨倩事件牵上关系,此篇文章是厦门文旅媒体平台为宣传自身创作出的,在文章推出后因为杨倩词条的关系,在疫情期间旅游人数大幅下降的情况下,文章阅读量依然获得了不错的成绩,可见"第一"带来的热度。在一个热点的背后会有无数追求热点的人群,"海上

[①] 案例来源:央广网. 杨倩夺得东京奥运中国队首金[EB/OL]. 2017. https://baijiahao.baidu.com/s?id=1706222947507337399&wfr=spider&for=pc.

花园 诗意厦门"公众号发布的关于杨倩的文章,其实他的重点并没有完全放在杨倩身上,而是利用杨倩这个"第一"的热点话题,将读者的关注点牵引到厦门本地的特色之上,这是很巧妙的宣传手段,也是旅游行业为了吸引泛Z世代年轻人的一个常用方法。

2018飞猪南极圆梦之旅——唯一南极不"难及",飞猪成第一①

同样是旅游,不仅旅游城市的当地文旅在宣传上注重追求"第一",相关旅游平台同样重视"第一"。在2018年新年将至之时,在亿万中国同胞奔波于归家之途时,有一群年轻人却在此刻决定踏上环游地球的旅行。他们将飞行35小时,随后踏着10米高浪,在10余平方米的海上空间里飘荡10天。这些听起来不可思议的行程都是真实存在的,这是飞猪推出的具有鲜明唯一性标签的南极旅游专线。2017年,飞猪推出了9999元的青春版和12999元的豪华版两种北极光专线旅游产品;2018年,飞猪再接再厉高调地打造了又一旅游IP,顶着动辄10万元起的南极游市场压力,差异化地推出了5万元的南极专线旅游产品,49999元起的破冰价瞬间引爆旅游圈,尤其得到喜欢游历世界的年轻人的追捧。

作为国内著名的旅游平台,飞猪在旅游产品创新上高度重视。掌握了消费者对南北两极始终保持好奇的心理,飞猪决定首先推出南极专线,这也是国内第一家同样是唯一一家经营南极专线的。南极环境复杂,生物资源稀少,作为旅游地其实条件很艰苦,但飞猪在面对艰难线路时毫不退缩。从2017年推出市场,至2019年8月两个船季共9个船期的包船,已带领4000多名中国游客实现了南极梦想,中国也由此成为仅次于美国的南极第二大客源国。飞猪南

---

① 案例来源:搜狐. 目的地|中国成第二大南极游客源国,飞猪南极专线售出超千件[EB/OL]. 2017. https://www.sohu.com/a/143516166_169814.

极包船同时,飞猪也将南极专线的普惠做到极致:从国内出发全程的往返含税机票、由南美大陆出发横跨德雷克海峡及登陆南极半岛的游轮船票、全程的酒店和游轮内舱房住宿,以及贴心地帮年轻人考虑好跨2个春节假期完全不必裸辞就能去南极的船期、万年冰川泡威士忌、南极徒步、南极巡游等"原来南极可以这么玩"的花式玩法。加上联手三联在船上举办3场世界尽头的弹唱会所带来的南极精神盛宴,给出了重新认识世界的姿势,不必等到四五十功成名就时,一种趁着年轻马上出发的生活态度形成独特的生活方式聚焦点,深受年轻人的青睐。有句话是"勇敢的人先享受世界",飞猪在旅游产品推新上做到了将消费者放在首要位置,满足消费者第一位的需求,南极专线是飞猪瞄准了那些想要但总在逃脱的、抑或纯粹追求享受的年轻人,让他们都能在更年轻的时候,就能花更少的钱,到更远的远方,用新的视角重新认识自己认识世界,飞猪也由此建立起有别于其他旅行品牌的表征。

飞猪作为国内"第一"开辟南极专线,从传播内容上将南极的"唯一"高高挂起,让第一与唯一叠加开挂,昂首打开了传播途径,独特的传播内容使得飞猪在众多在线旅游服务商中脱颖而出。因此,带有第一、唯一以吸引年轻人的内容传播才是王道。

"最佳服务商超"许昌胖东来 [①]

过去一段时间,许昌胖东来屡上热搜,吸引了全国各地的游客慕名前往,被网友戏称为"6A"级旅游景区。在刚刚过去的清明假期,胖东来又迎来一

---

① 案例来源:许昌交通广播. 旅行团避之不及的"购物",许昌如何变为文旅地标? [EB/OL]. 2024. https://mp.weixin.qq.com/s?__biz=MjM5MDIxNDg2MA==&mid=2653311722&idx=3&sn=5d308ceb07c221b0cf6aa778e8811a5d&chksm=bd9acd498aed445f03e794c7fea4cf53986a2d99ecb467f59f954912484e43482cd50a97fe9d&scene=27.

波购物热潮，来自全国各地的游客组团"打卡"胖东来。假期期间，胖东来天使城、时代广场、生活广场3个门店，日均客流量在30万人以上。不仅如此，还带动了许昌"吃、住、行、游、购、娱"多种业态消费，极大地促进了当地市场的繁荣发展。作为"第一"也是"唯一"一个因为超市带动旅游的城市，许昌可算是近年来旅游案例的一个好典范。

20年前胖东来还是另一个名字——望月楼胖子店。1995年，胖东来创始人于东来刚开始做生意没几年却负债30多万元，甚至还进了拘留所。后来跟哥哥借了1万元钱，盘下了一个不到40平方米的店铺，也就是望月楼胖子店。1998年，经历一场大火后，于东来又重整旗鼓，将望月楼胖子店正式更名为胖东来，用了仅半年时间，供货、销售就走上正轨。如今，作为一家只开在三、四线城市的商超，无论是商品质量、员工待遇，还是服务细节，胖东来都做到了极致。

作为主打服务品质的胖东来，时刻将自己的第一唯一放在首位。"服务最佳商超"的称号落在胖东来的头上，而这在全国属于唯一的名号，许多游客因为要体验"服务最佳商超"而奔赴许昌，从而也带动了许昌当地的旅游经济。许昌的经济不止靠胖东来，但是胖东来顶着全国第一唯一"最佳服务商超"的头衔，只要保持好服务品质，真心对待员工和客户，胖东来的经济效益能够辐射许昌各行各业，可以算作优秀的旅游第一唯一案例。也许，我们会好奇地问，是热搜传播成就了胖东来，还是胖东来成就了热搜的传播内容？互相成全才是最佳答案吧。

热搜第二，河南卫视再次火爆出圈[①]

近年来，河南卫视凭借着创新的表演形式和完美展示中华传统文化而受到

---

① 案例来源：腾讯网. 热搜第二，河南卫视再次火爆出圈，它又做对了什么？［EB/OL］. 2021. https://new.qq.com/rain/a/20210701A0E1UW00.

广大观众的好评，河南卫视也因此受到各行各业人士的高度关注。有细心的网友发现河南卫视的台标可以变色，于是"河南卫视台标变红"又登上话题榜，这是河南卫视又一次爆火出圈。这一次并不是节目创新也不是宣传出圈，仅仅是台标变色这一看似微小的事情，何以得到观众广泛关注？因为河南卫视又一次做到了"第一"。

河南卫视的台标随着季节的变化而变换代表不同的季节颜色。这一巧思已经实行了很长时间，只是因为之前卫视整体受到的关注度不高，所以大众忽略了这个事情。现在再次被发现并夸奖，可以算作对河南卫视勇于做"第一"的赞扬和认同。河南卫视这一火热现象表明，文化平台或节目的创作要勇于推陈出新，不仅是在调性方向上要紧跟时代潮流，更要在小的细节处紧跟时代创新。

从最初的《唐宫夜宴》到后来的《洛神水赋》，可以看到这一切都与其他卫视所奉行的娱乐至上、流量为王的原则不尽相同。河南卫视是从自身特点和观众角度出发去精益求精创作节目，保证了节目的质量和可观赏性，真正尊重观众。懂得利用本土的文化资源优势，结合时代的特点和观众的需求，找到了一条不同于其他卫视的道路，找到了属于自己输出"第一和唯一"的王者内容，适应了市场需求，迎合了观众胃口，一次次火爆出圈也就自然是情理之中的事情了。

3.2.3 第一唯一的实战要诀

如何实现第一唯一，做永远的内容王者呢？秘诀在于：一找，二创，三蹭，四匠心。

一找，找到自己的第一唯一。这就要摸清家底，深入厘清自己的资源脉络、产品亮点等，找到自己的产品底气，找到第一唯一的内容。充分了解自身的优势是旅游传播的第一步，这就意味着要彻底了解目的地的情况，摸清目的地的底蕴。可以从地理位置、自然景观、人文历史、文化传统、产品特色、服务质量等方面入手进行全方位审视，同时也需要对目标市场、旅游趋势、竞争对手进行深入分析，确保找到自己的独特之处。

二创，指的是创造、创新。不可否认这个世界并没有那么多能够拿得出手的第一唯一。这种情况下，就要充分发挥主观能动性，抓住受众心理、兴趣爱好，通过创造、创新玩法，利用传播方式推出市场上没有的"首个产品"。市场的发展变换速度极快，再好的产品没有创新的动力，也会因为跟不上市场的节奏被淘汰，创造、创新是做到第一唯一的关键。

三蹭，没有家底也缺乏创新，那不妨恰当地蹭蹭第一唯一的光环。热点话题或者热点事件每天都有，在内容传播上这些都是绝妙的传播点；当自身没有第一唯一的家底也不够创新时，可以借助这些话题巧妙地开展借光传播。借着这种光环呈现能引人注目的传播内容，这也不失为一种高效的传播策略。但这个蹭，必须恰到好处，把握分寸，否则容易沦为群嘲对象。毕竟，谁也不愿意被打上"生搬硬套蹭热点"的负面标签。

四匠心，指的是在追求第一唯一之王者内容的过程中，不仅仅依赖传播手段，更需要传播者用心打造内容，真正关注观众的需求和感受。只有通过精心制作、细致呵护，才能成就真正的传播王道。在旅游传播过程中，匠心是至关重要的，它代表了对品质的追求和对观众的尊重，是传播者与受众之间建立信任和连接的桥梁。无论是内容创作者还是传播者，都应该以匠心为准则，努力创作出真正有价值、有深度、有温度的内容，为观众带来更加丰富和有意义的体验。

3.2.4 第一唯一应注意的事项

想要实现内容王者，需要注意如下事项。

一是产品亮点要清晰。精准找到产品的独特亮点，转化成内容的第一唯一是传播关键。这意味着需要深入了解旅游产品的特色和优势，挖掘其独特之处，并将其准确地传达给目标受众。无论是目的地的独特景点、特色活动还是独特的服务体验，都应该在内容中得到突出展示。通过清晰地呈现产品的亮点，可以吸引更多的关注和兴趣，激发读者的好奇心和购买欲望。

二是挖掘创新要坚持。市场的变换更迭让人猝不及防，产品的自身亮点再好脱离了创新终会被市场淘汰。因此，旅游传播中要及时调研预判市场趋势，了解行业最新动态和消费者的需求变化，这样才能更好地抓住新的创新点，及时调整内容策略。同时，在内容创作上也要积极寻求跨界合作，整合资源，引入外部创新元素，为传播内容带来新鲜的视角和创意，增加内容的独特性和吸引力，保持传播内容的第一唯一。

三是话题热点要蹭对。互联网时代每天都有热搜每天都有热点，但并不是每个点都要蹭，都能蹭。一定要寻找最适合自身的传播热点，将自身产品和热点话题结合，合理蹭取，把握尺度。在这个过程中，要注意热点与自己的内容价值、理念、形象相契合，且对热点的敏感度要有所把握，避免触碰到敏感话题或者引发争议，导致负面影响。此外，我们要做到借别人的光炫自己的亮，要注重创意甚至是把蹭热点做出原创性，不仅追求曝光度，还注重内容的价值和深度，通过独特的视角和创意表达，让传播内容与众不同。

3.3 兴趣愿望，实实在在的针对性

"兴趣愿望"是指在旅游传播中找到受众所希望、所喜欢、感兴趣的内容，投其所好地进行宣传。泛Z世代生活成长环境优越，他们区别于前辈的一大消费特征，就是更愿意为兴趣愿望付费。在旅游传播中投其所好，针对泛Z世代的兴趣愿望开展针对性的营销传播，这样的传播内容才真正具有实实在在的针对性，才能真正抓住受众的眼球，引发受众的关注，拉满受众的共鸣。

3.3.1 兴趣愿望的本质和特征

旅游传播在于引导人们去体验、探索和分享旅行的乐趣，同时促进旅游目的地的文化交流和经济发展。这种传播是为了激发人们对旅游目的地的兴趣和好奇心，同时鼓励他们在旅途中体验不同文化、风景和活动，以及将自己的旅行经历分享给他人。因此，基于受众的兴趣愿望开展传播推广是旅游传播的应有之义。要实现有效的旅游传播，尤其是针对泛Z世代，我们必须深入了解并利用这一群体的兴趣愿望，将其转化为吸引其注意力的内容。维蕾娜·卡斯特在《无聊与兴趣》一书中说道："兴趣定义的是一个主观的，而不是客观的价

03. 面向泛 Z 世代有哪些旅游传播内容燃？

值……我们的'感兴趣'展现了我们积极和富有创造性的生活中的某样东西，能一定程度上反映出我们是以什么样的强度去面对和塑造我们的生命主题。"在这个意义上，兴趣，本质上是关于年轻人更广意义上的价值判断。而泛 Z 世代通常表现出对新鲜事物的高度兴趣和快速接受度，这为旅游传播提供了丰富的切入点。

泛 Z 世代是成长于数字时代的一代人，对互联网、社交、娱乐等方面有着独特的观念和态度。他们的兴趣爱好呈现出了许多新的特点。一是兴趣范围广泛。他们不局限于传统的兴趣领域，而是更加开放和多元化。除了传统的兴趣爱好如运动、音乐、阅读等，还涌现出了一系列新兴的兴趣项目，如潮流玩物、电竞、汉服等。当然，美食诱惑向来对泛 Z 群体有极大的吸引力，近年来，奶茶、夜市、小吃等美食元素抓住了一大批泛 Z 群体的心，这也促使不少旅游目的地纷纷开展夜市活动，以各类特色小吃展开营销大战，如淄博的烤串、天水的麻辣烫等。二是数字化与社交化。泛 Z 世代习惯于数字化的生活方式，善于利用社交媒体和网络平台进行互动和分享。他们倾向于在社交媒体上展示自己的兴趣爱好，并通过与他人交流和互动来丰富自己的兴趣生活。这样的特征有利于旅游内容的传播，也意味着传播内容创作要重视各类网络分享渠道的叙事特点，便利受众将旅游作为一种兴趣来分享。三是个性化与定制化。泛 Z 世代追求个性化和定制化的兴趣体验。他们不满足于传统的标准化产品和服务，而更希望能够根据自己的喜好和需求进行定制。因此，他们更愿意为个性化的产品和服务付费。这也意味着在创作旅游传播内容的时候，个性化与定制化的信息呈现不可缺少。

泛 Z 世代的兴趣具有这样的特点，那么以他们的兴趣愿望为基础的旅游传播内容自然也应该符合这样的特点。

首先，要深入了解并巧妙地结合泛 Z 世代的兴趣愿望，打造个性化的旅游传播内容。这意味着不仅需要针对他们对广泛兴趣的独特追求，如美食、潮玩或电竞，设计专属于他们的特色旅游活动，更要贴近他们的喜好和品味，为其打造一场旅行冒险，一次独一无二的体验。在此基础上，将这些活动的特色凝练成诚意满满的传播内容传递给泛Z群体。举例来说,近年来二次元文化已经渗透到泛Z世代的各个领域,涵盖了电竞、JK、汉服、小卡等多个消费市场,其中各类圈层独立发展,形成了独具特色的语言体系。旅游行业可以抓住这些不同圈层的特色,继续推动传播创新。例如,一些旅游目的地已经将汉服文化引入旅游体验,为喜爱汉服的年轻人提供了租借服装拍照的机会,让他们在游玩过程中体验到圈层文化与旅游的碰撞,并将这些活动作为传播的重要内容进行呈现。这种灵活的传播内容体现了"投其所好"的策略,在旅游传播中,将受众的喜好愿望置于首位,是打造燃传播内容的关键之一。

其次,内容的制作要与泛Z世代的接受习惯相匹配。第一,成长于网络社会的泛Z世代有自己独特的语言和情感表达体系。制作旅游传播内容时,如果能以泛Z世代的语言风格和文化符号来呈现,那必然会增加信息的吸引力,达到事半功倍的效果。例如,使用流行的表情符号、网络流行语来设计旅游广告,更能够激发泛Z群体的兴趣和参与感。第二,要注重以泛Z群体习惯的信息渠道来制作、传播内容。一定程度上,形式决定内容,受众的信息渠道决定了如何打造传播内容。例如,小红书作为泛Z群体的主要信息渠道之一,其内容创作具有结构化模式,一般采用多分段、对比分析、步骤说明以及增加小标识等方式强化内容的逻辑性和易读性。如果要通过小红书传播内容,则需要参照这种模式创作内容。不同渠道平台有其特色,总体来说,我们要根据渠道特色制作内容。这些可能是引人入胜的视频内容,可能是精彩纷呈的图片展示,还可能是充满创意的文字描述,通过这样的内容创作吸引泛Z世代的眼球,激发他们的兴趣。

最后,要注重社交分享的内容设计。泛Z世代习惯于在社交媒体上分享自己的兴趣、生活和体验,因此旅游传播内容应该具有社交分享的特点。那么,哪种传播内容更能引发受众的参与互动意愿呢?一是内容具有实用性,例如提供实用的旅行攻略和信息,帮助用户规划旅程,是吸引用户参与的基础。二是传播内容具有视觉吸引力,不管是旅游图片还是视频,视觉吸引力强的能够迅速吸引用户的注意,激发他们的兴趣。三是鼓励用户评论、提问甚至参与设计的互动环节。例如摄影比赛或故事征集,能够增加用户的参与度。四是个性化,传播独特的旅行体验和个人故事,提供目的地鲜为人知的内容,增加内容的新鲜感和吸引力。通过这样的内容创作,在旅游传播中形成良好的互动和氛围,提升用户黏性,增强传播效果和影响力。

需要指出的是,我们虽然分点叙述以兴趣愿望为导向的旅游传播内容,但在实操中,这些点是融合在一起的。举个例子,前段时间,抖音上关于猫猫meme的视频开始流行起来,起初是网友利用该模板展示自己的生活,但辽宁文旅采取了不同的方式,利用年轻人对这类视频的兴趣,制作了推广辽宁当地文旅的视频。这些视频一经推出,立即引起了广大年轻人的兴趣和关注,网友们纷纷进行讨论和调侃,"是'00后'上班了""你是官方请你正经一点"。随着讨论的加深,辽宁文旅的官方账号也成功完成了自身的传播任务,吸引了大量观众通过短视频了解相关内容。由此可见,想吸引泛Z世代的注意,就要提供符合泛Z世代兴趣愿望的内容,结合平台特点,针对这一目标群体输出高度聚焦的"兴趣愿望"内容,从而引发互动,提升平台粉丝的忠诚度和黏性,达成旅游燃传播的目标。

3.3.2 兴趣愿望的案例赏析

案例一

最能引起"90后"兴趣的旅行胜地——牛津大学 ①

牛津大学,作为一座历史悠久的顶尖学府,深受"90后"青睐,尤其因为它是《哈利波特》系列电影的取景地之一。"90后"已经步入社会,肩负重

---

① 案例来源:百度百家号—意孤行人. 世界上最能引起90后兴趣的旅行胜地,这地方称第二,没人敢称第一[EB/OL]. 2019. https://baijiahao.baidu.com/s?id=1627714461765732334&wfr=spider&for=pc.

任，但他们时常怀念童年，追忆曾经的梦想。在《哈利·波特》中，他们看到了四分之三车站、英国的小巷子、庄严的学院建筑和金碧辉煌的食堂，这些场景充满了神秘和好奇。童年的梦想或许已经无法实现，但造访霍格沃茨学院，探寻小时候的梦想仍然是他们的愿望。而牛津大学正是这些梦想的源头，这座古老学府不仅承载着悠久的历史和人文底蕴，还成为《哈利·波特》世界的一部分。通过电影的热潮，牛津大学吸引了更多的游客，他们不仅仅是来参观一所学府，更是来寻找童年的记忆和梦想。而牛津大学则充分利用"90后"对《哈利·波特》的热爱，将电影中的场景和元素融入了自身的宣传内容中，打造了一场"哈利·波特探秘之旅"，吸引了众多"90后"游客前来参观，进一步增加了大学的知名度和吸引力。凭借着大众对它的兴趣爱好，牛津大学迎来更多世界各地的游客对他进行探索和欣赏。

案例二

国风类网络综艺风靡泛Z世代[①]

泛Z世代对基于时代表达方式的传统文化具有浓厚的兴趣，这种兴趣不仅仅局限于潮流时尚的综艺节目。近年来，一些传统文化类网络综艺节目如《舞千年》《花好月圆会》《登场了！洛阳》等也引起了年轻受众的关注和热议。这些节目制作精良、艺术精湛，通过剧情或者纪实形式展现了中国传统文化的瑰丽魅力。例如，B站与河南卫视联合出品的《舞千年》是一档剧情类综艺节目，通过舞蹈的表现形式演绎了古代中国舞蹈的美丽魅力。而由爱奇艺出品的《登场了！洛阳》则将历史文化名城的纪实与体验类真人秀有机地结合在一起，受到了广大年轻受众的喜爱，并且获得了不少的口碑和流量。此外，《舞千年》中的《相和歌》《2021最美的夜》中的《只此青绿》等单支舞蹈视频也在年轻观

---

① 案例来源：湖北文艺."国风"类网络综艺何以风靡"Z世代"群体[EB/OL]. 2022. https://mp.weixin.qq.com/.

03. 面向泛 Z 世代有哪些旅游传播内容燃？

2024 年厦门市博物馆"武则天和她的时代"国风汉服题材展览
图片来源：厦门文旅微信公众号

众中出现了刷屏式传播。年轻受众群体中的"传统文化热"并不是一件新鲜事。自 2016 年以来，央视推出的传统文化类综艺节目，如《中国诗词大会》《国家宝藏》等，受到了广大年轻观众的热烈追捧，引发空前盛况。同时，央视出品的纪录片《我在故宫修文物》也在 B 站年轻用户中广受好评，好评弹幕几近满屏。

近两年来，传统文化类综艺节目开始在地方卫视和视听网站蓬勃发展，并不断取得高口碑、收视率和播放量，特别是近期出现的一些"国风"类网络综艺和晚会节目屡登热搜榜，获得满满好评，这表明"泛 Z 世代"群体对传统文化类节目的充分认可，更深层次地推动着优秀传统文化与青年文化、流行文化的合流。可以说，传统文化类网综在"泛 Z 世代"群体中"破圈"已成为近两年备受瞩目的文化现象。这些节目适应"泛 Z 世代"群体观看习惯和审美偏好，采用生动鲜活、"网感"丰盈的时代表现形式，营造出富有趣味性、沉浸式的观看体验。生于互联网诞生前后的"泛 Z 世代"，与互联网有着天然的亲缘关系。互联网时代丰富的信息摄入渠道和开放的信息互动空间，一方面使他们相对更易接受传统文化和新生事物，另一方面也使他们在观看习惯和审美偏好上势必与父辈存在一定差异，这种时代的力量，注定传统文化出圈离不开时代的表达方式。

贵阳"旅行新玩法"入选 2023 中国旅游创业创新示范案例[①]

年轻人的旅游需求和中老年人不同,年轻群体主打一个随意、自在,相比景色的优美他们更看重周边有没有美食,相比于传统方式的跟团旅游,他们更偏爱说走就走的随性出行,由此"特种兵旅游"和"City walk"等新型旅游形式流行起来。

最近几年,贵阳以其独特的"避暑"和"美食"等特色标签为支撑,不断涌现出新的旅游印象,成功实现了从旅游集散地向旅游目的地的转型,并且在年轻游客中得到了广泛的喜爱和认可。在2023年的"五一"、中秋、国庆和"避暑季"等旅游旺季期间,贵阳的表现非常突出,游客数量都超过了2019年同期的水平,多次荣登了国内热门的"特种兵式旅游目的地""City walk 城市""避暑城市""宝藏美食城市"等旅游榜单。优质的内容是吸引游客做出理性决策的基础,自马蜂窝与贵阳开展战略合作以来,双方不断从当地特色旅游资源中发掘潜力,通过提供高品质的内容以刺激贵阳文旅产业的发展。此次合作推出了《从贵阳出发攻略》《贵阳周末好玩指南》《贵阳冬季玩法攻略》三个主题系列,并衍生出赏花、赏秋、City walk 等不同季节、主题的官方攻略,以全面、多角度的方式为旅游者提供贵阳旅游的"先锋参考"。

贵阳旅游业的成功,是因为将消费者的兴趣和愿望放在首位,遵循了年轻人的出行喜好,结合自身已有的资源进行配置和优化,相融传统的旅游形式和新型旅游形式,借助浙江卫视综艺节目《奔跑吧第十一季》热门综艺的流量开展城市传播,把地道贵阳文化与年轻人的兴趣相结合,打造出一个又一个的旅游热点。

---

① 中国青年网. 爽爽贵阳"旅行新玩法"入选2023中国旅游创业创新示范案例[EB/OL]. 2023. https://baijiahao.baidu.com/.

3.3.3 兴趣愿望的实战要诀

如何创作针对泛 Z 世代兴趣愿望的传播内容呢？关键在于三抓：一抓独特兴趣，二抓情感愿望，三抓内容互动。

一抓独特兴趣。传播内容的创作要抓住泛 Z 世代感兴趣的领域，内容符合他们的价值观和偏好。泛 Z 世代重视个性和原创性，喜欢真实、独特、新鲜的内容。设计制作传播内容时应该以个性化定制体验为核心，将其作为宣传重点放在首要位置，给受众带来直接的冲击力。这意味着我们需要深入了解泛 Z 群体的兴趣爱好、旅行偏好和需求，然后根据这些信息，精心设计旅游广告信息。同时，要勇于尝试多种内容形式，例如短视频、动态图像、故事化内容等，以确保每位受众接收到这些信息的时候都能有强烈的代入感和共鸣感。

二抓情感愿望。在设计制作旅游传播内容时，要把握泛 Z 世代的情感和愿望，如怀旧情感、依恋情感等，内容上要融入受众的特定情感元素，让受众能够在其中产生情感共鸣和个人化的体验感受，激发并满足他们的造访愿望。同时，也要通过个性化的创意和故事性的呈现方式，使旅游内容更加生动和吸引人。这样一来，受众不仅能够通过传播内容获得美好的预期体验，还能够在其中找到属于自己的独特情感体验和记忆。这样的旅游传播内容更具"燃"属性，更容易达到良好的传播效果。

三抓内容互动。泛 Z 世代喜欢参与互动，他们渴望与内容产生互动并参与其中，而不仅仅是被动地消费信息。因此在设计旅游传播内容时，我们需要重点关注如何提供具有互动性的内容，以激发用户的参与热情。例如，通过社交媒体平台的话题挑战和照片比赛，以及利用虚拟现实和增强现实技术打造沉浸式体验，旅行目的地可以激发用户的参与热情，从而促进旅游传播的有效展开。

3.3.4 兴趣愿望应注意的事项

在制作适合泛 Z 世代兴趣愿望的内容时，需要注意如下事项。

内容要真实。要把兴趣愿望的内容建立在真实之上，避免过度夸大或虚假宣传，建立可信赖的品牌形象。内容的真实性是维持消费者信任的首要因素，消费者信任是可持续传播和发展的基石。在旅游传播内容的创作中务必要确保真实性和可信度，避免夸大宣传、名不副实、伪造数据等。我们要以真实可信的内容赢得消费者的信赖和支持。

内容要有创意。泛Z世代更加注重创意，针对泛Z世代的喜好，我们的内容应该新颖、有趣，具有独特性。创意性的内容能够吸引年轻人的注意力，激发他们的兴趣和想象力，从而更好地传达旅游信息。在设计和制作内容时，我们应该不断探索创意的可能性，挖掘新的表现形式，以此提升内容的吸引力和趣味性，以期更好地满足泛Z世代的需求。

内容要多元。考虑到泛Z世代的多元化，内容应尽量包容各种族裔、性别等，避免歧视性言论。泛Z世代有不同的喜好圈层，传播者应提前了解并对相应圈层文化保持尊重。在内容传播过程中及时把握讨论的尺度，避免出现冲突性言论，破坏传播的本意和生态。

内容要避害。内容不应包含有害、不当或冒犯性的信息。在设计制作旅游传播内容时要遵循社会主流价值观，尊重受众的文化背景和价值观，避免触及敏感内容或引发争议。我们不仅要精心编辑旅游传播内容，更要审慎检查，确保传播内容既能够吸引泛Z群体的注意，又不会引发不良影响或造成误解。

3.4 造梗成核，那颗最闪亮的星星不再寂寞

"造梗成核"指的是旅游传播者根据自身产品的特点和优势，创作出独具特色的"梗"，并在其传播过程中使之更加璀璨和受欢迎。相较于模因传播更多的是借他人之梗扬己之威风，造梗成核可谓是"自给自足"。在旅游目的地或旅游活动的传播推广中，将引人注目的特色元素或吸引人的亮点凝练成"梗"，通过"梗"的吸引力来推广旅游地及其景区景点等，这样的传播内容更易于传播且更能引发受众的情感共鸣，从而激发受众参与"梗"的玩耍游戏，

无限放大那颗最闪亮星星的光芒。

3.4.1 造梗成核的本质和特征

"梗",是网络流行语,是一种在网民,尤其是泛Z世代网民中极为流行的一种概念,可以是对一些大热的时事、人物的幽默化解构,也可以是一些翻红的经典台词或蹿红的幽默段子等。"梗"的生成与传播,通常源于一件趣事或者一句当事人无意的话。对梗的合理使用往往能起到活跃气氛,打开话题的作用。综艺娱乐、微博、B站、抖音,都是大量造梗的地方,但是其中最离不开的就是万能的网友。网友将对生活的抱怨和希冀都放到梗里面,梗成为一种情绪的表达方式。梗作为模因,在被复制的过程中会发生改变,梗也容易在传播中被赋予新的意义,一个梗在传播过程中常常衍生出不同的含义,成为当下网络狂欢的一部分。

泛Z世代"除了睡觉,都在线上"的生活方式,决定了他们每天都吞吐大量的网络信息。他们以极快的速度接受、消化信息,留给每条信息的注意力非常有限。网络研究机构的数据显示,泛Z世代注意力的持续时间只有8秒。因此传播者要学会用"梗"留住他们的视线,用"梗"吸引他们消费。从本质上说,梗体现了信息碎片化时代,年轻网民期望花费最短的信息注意力,以圈内人的身份表达或者获取尽可能丰富的信息。抓住了这个"梗"的本质,旅游传播者就可以通过创意生产出专属于自身的"梗",并利用网络的力量将自己的"梗"传播出去,吸引更多的受众关注、讨论、转发等,获得良好的传播效果。因此,从本质上看,造梗成核体现了旅游传播者充分把握了泛Z群体的信息消费习惯,以年轻人喜闻乐见的"梗"形式打造自己独特的传播内容,融入梗、成为梗、发扬梗。

作为内容传播的一种,造梗成核既简单又复杂。

简单体现在:随着时代的发展,信息传播速度加快。一旦某一梗形成,传播者可以利用各种网络平台,同时在线上和线下进行宣传。面对像抖音、小红书这样拥有巨大流量的平台,一个优秀的梗可以迅速蜕变,并将其内容转化为人的流量作为回报。这种便利性是时代赋予的，也是梗文化形成和传播的先决条件。正是在这样的时代条件下，以梗的形式打造自己的特色传播内容成了众多旅游传播者的首选。

复杂体现在：想要提炼出一个好梗是需要花一些力气的。相对于常见的借梗传播，想要打造专属的优秀梗难度不少。借梗有自己的优势，例如可借的梗多、可造的势强、可传播的群体广泛等，而造梗则要采用自给自足的模式，将自身的特色亮点和当下流行趋势相结合，创造出独属于自身的梗。这就需要传播者深入挖掘独特元素，对这些元素简化精练并与当下流行文化结合，创造出独特的创意标签。进而才能将这些内容通过网络平台进行分享，引发讨论互动。在这个过程中唯有把握好泛Z群体的口味和网络流行潮流才能迈向成功。

从特征上看，旅游传播的这个梗要具有趣味性、娱乐性和流行性，从而更好地契合泛Z群体的需求和习惯。泛Z世代作为互联网原住民，他们追求有趣，追求潮流，是梗文化的先锋群体。为了吸引泛Z世代的消费群体，多年前菲律宾就已经展开了造梗成核的传播内容创造。2012年，菲律宾国家旅游局向海外推出了"Its More Fun in Philippine"（更多欢乐在菲律宾）的营销活动[①]。官方率先造梗，围绕"Its More Fun in Philippine"这一主题，挖掘了多个独特的视角去展示菲律宾的文化特色。例如，给梯田地图配以"上阶梯，在菲律宾更有趣"；给皮艇与游船配以"通勤，在菲律宾更有趣"等趣味广告。不仅如此，菲律宾旅游局官网更是开放并用官方渠道转载了网友们有趣味的二次创作，此举进一步激发了网友的玩梗浪潮，更多脑洞大开的梗图争相涌现——喂长颈鹿，说明"照顾宠物，在菲律宾更有趣"；斗鸡，说明"愤怒的小鸟，在菲律宾更有趣"；一个摩托坐六七个人，说明"公共交通，在菲律宾更有趣"……二次创作为该话题带来了远超其本身帖子带来的热度，既从不同的视角向游客展现出了菲律宾独特的文旅资源，更传递出菲律宾快乐惬意的生活魅力。

---

① 澎湃新闻. 怎样凭借宣传语掀起一场说走就走的旅行. [EB/OL]. 2021. https://m.thepaper.cn/baijiahao_10930956.

菲律宾的新奇尝试是旅游传播案例上的优秀典例，也带给了旅游行业新的冲击和启示，造梗成核作为较为新颖的内容传播在近些年被大家所熟知，有许多"梗"不知不觉地被旅游景区利用，潜移默化地进入消费者的视野，我们来一起看一下。

3.4.2 造梗成核的案例赏析

案例一

长白山十年之约[①]

2024年年初，新晋旅游"顶流"哈尔滨带动全国各地文旅部门花式"内卷"大赛，各地纷纷邀请影视嘉宾助阵，为文旅融合再添一把火。长白山立足得天独厚的地理资源禀赋，巧妙借力热门IP打好文化"组合牌"，在这场文旅大战中脱颖而出。长白山管委会连线南派三叔的梦幻联动让"吉林长白山把南派三叔喊来了"的话题火速冲上各大社交平台热搜。脱胎于南派三叔系列IP，高约12米的"云顶天宫"、7米多高的"青铜门"雪雕是原著中的重点故事场景，雪雕把长白山的自然风光与流行文化融为一体，让慕名打卡的游客和读者们惊喜不已，推动冰雪旅游热度持续攀升，成功实现"IP流量"到"游客流量"的有效转化，为经济发展持续增益。而这只是长白山管委会与IP联动的开始，未来将有更多的IP会与长白山联动，一起为当地经济发展添砖加瓦。

"2025我们长白山见"这个话题出自《盗墓笔记》中小哥张起灵的事件，书中张起灵替吴邪进入青铜门驻守十年，而青铜门云顶天宫的地址就在长白山，所以2025年是十年之约到期的时候，随着这个时间逐渐靠近，《盗墓笔记》

[①] 案例来源：吉林省长白山保护开发区管理委员会. 长白山与冰雪共"火热"，化热门IP"流量"为经济发展"增量". [EB/OL]. 2024. http://changbaishan.gov.cn/mtcbs/202402/t20240207_261978.html.

面向泛Z世代的旅游燃传播

长白山天池
摄影师：何东方

的书迷影迷都期望能在2025年奔赴长白山一同赴约。

而这件事情的热点中心长白山所在省份吉林，也是在知晓事件后迅速作出反应，并将"长白山云顶天宫十年之约"作为自身独特的梗，利用《盗墓笔记》的IP优势将长白山的宣传推广重点迁移至此。而近日吉林省官方更是表示将会把长白山和IP结合起来，打造"云顶天宫"，帮助影迷书迷完成这场期待已久的奔赴！吉林长白山清晰明了自身的优势，反应迅速将自身的"梗"创造出来，"2025长白山十年之约"是独属于吉林长白山的梗，是当地极好的内容传播。其实，2015年8月17日就有大批"稻米"（《盗墓笔记》粉丝的简称）相聚长白山脚下，见证吴邪来长白山接张起灵回家的约定。2025年，又一个十年之约一年之后就要来到，此时吉林省官方如此"造梗"造景点传播，不能不说是一步造梗成核的妙手棋，我们期待"长白山十年之约"在泛化中和实化中成就着长白山旅游进一步的兴旺和繁荣。

特种兵旅游梗带来了什么①

特种兵式旅游梗源于广大网友们在网络上分享自己的极限旅游经历，即不影响上班、上学的前提下，在非常有限的时间里尽可能地打卡更多的旅游景点或目的地。这种极限游玩打卡的现象在网络上爆火，各大媒体争相报道，形成了特种兵旅游网络梗，也给中国旅游带来了一个亮点——特种兵旅游。

"特种兵旅游"是指一种低成本、高效率的旅游方式，其主要行为特征表现为"时间短、景点多、花费少、效率高"。在2023年3月的大学开学后的首个月，微博和微信朋友圈内陆续涌现了"特种兵旅游"或"军训式旅游"的博文和帖文，其中一些"特种兵旅游者"还详细记录了他们经历的自虐式的"闪游"旅行过程，并分享了自己攒钱、省钱以及最大化旅游时间的经验和体验。随着各大主流新闻媒体，尤其是网络媒体，对"特种兵旅游"现象展开了深入的报道，该现象也受到了广泛的社会关注。经过2023年"五一"假期的推动，这种全新的旅游方式以引人注目的热度成为社会关注的焦点，并在各大社交媒体平台迅速上热搜。随着特种兵旅游方式的流行，多地文旅也纷纷响应，针对特种兵大学生设计了一系列可以短时间完成游玩的旅游线路，并且还贴心地配上沿途能看到的美景风光，和乘坐的交通工具，最后还有一些经

海风与岛屿的日常　图片来源：小红书

---

① 案例来源：长江日报．"特种兵旅游"成中国旅游新亮点［EB/OL］．2023. https://baijiahao.baidu.com/.

费预算等。这些针对大学生特种兵的旅游线路设计，可以吸引周边城市大学生利用周末时间来到当地进行旅游，带动当地经济增长。

特种兵旅游是一个圈层在时间和金钱变化下的时代烙印在旅游方式上的反映，如今正在演绎成为含义更加广泛的"梗"，而被不少旅游传播者视为创作传播内容的鸡汤。

地域梗，成都遍地是熊猫①

成都遍地是熊猫，成为大家羡慕的对象。虽然大家都知道这并不是真的，但也足以表现出大家对熊猫的喜爱程度和成都熊猫元素的丰富。除了成都大熊猫繁育研究基地，第二个要打卡的肯定就是爬墙大熊猫，它由著名设计师劳伦斯设计，憨态可掬，高15米的，由近4000块三角形构建而成，坐落在成都春熙路的IFS墙体。

拥有大量的粉丝pandapia、iPanda与成都大熊猫繁育研究基地合作做直播。弹幕中都是网友的羡慕嫉妒恨，"成都人手一只熊猫""成都人骑熊猫上班"的成都遍地是熊猫的梗源源不绝。刷爆成都人朋友圈的短视频《公司派遣成都公干注意手册》，是第二届"影像天府短视频创摄大赛"的最佳外文短视频获奖作品，它一反古板的城市宣传片，用"成都到处都有熊猫"的梗，借以日式幽默轻松解读成都生活。

从以上案例，我们可以发现梗是当下网络文化的核心元素之一。这些梗的使用，不仅能够激发大众的参与热情，同时还能够不断呈现新颖的知识和信息，使其的网络传播的活跃度得以持续维持。因此，在和泛Z群体沟通时，"梗"成为不可或缺的沟通媒介，成为深入理解他们的语言文化、吸引他们的

---

① 案例来源：百度百家号@坐倒数第二排的学萌. 成都街头走一走遍地都是熊猫［EB/OL］. 2023. https://baijiahao.baidu.com/s?id=1772358356846270130&wfr=spider&for=pc.

目光、有效实现品牌年轻化转型的推进器。顺应梗文化,让梗作为旅游传播利器,创作符合旅游目的地或旅游产品品牌调性的梗,鼓动人们参与玩梗,是文旅部门做好旅游宣传推广的必不可少的手段。

泛 Z 世代是造梗的主要创作者和消费人群,他们受到实际工作的启发,将灵感转化成流行文化的符号,从而形成了广泛的影响力。随着时间的推移,新的造梗不断涌现,其中一些备受欢迎的梗尽人皆知,进一步扩大了它们的影响范围。虽然玩梗是基于造梗而延展的,但其持久性并不高,时常会迅速失去流行度。因此,如何从当前的"梗文化"中借用元素,通过内容的二次创作,拉近与年轻人的情感距离,进而提升文化旅游宣传的创新效果是旅游从业者应当关注的问题。最终,唯有通过不断创新,尤其在造梗过程中精益求精,才能成为持续耀眼的明星。

3.4.3 造梗成核的实战要诀

面向泛 Z 世代,要怎么实现造梗成核呢?关键三招,一招有趣,二招流行,三招谈感情。

一招有趣。有趣欢乐是泛 Z 世代的追求之一,充满趣味性的梗才有可能激发他们的追捧、转发与分享。有趣的梗可以是多种形式的,比如,自我调侃型梗可以利用地方特色进行自嘲,像是天津的"哏儿都"、重庆的"雾都",这些都是具有趣味性的传播内容。此外,梗也可以通过表达形式的创新,运用丰富多样的语言和句式来制造趣味。无论是自我调侃还是语言创意,都能为传播内容增添趣味和吸引力。

二招流行。泛 Z 世代对归属感、安全感的追求,使得他们产生了属于某一个圈子的渴望,而跟上圈子的流行则是其隶属某一圈子的重要体现。当一种亚文化开始流行时,宣传营销部门就要开始思考如何能搭上这班顺风车,创造自己的梗,实现自己核心内容的千里行。

三招谈感情。情感共鸣是梗流行的核心。受追捧的梗,往往是能引发受众情感共鸣的梗。只有切中泛 Z 世代的心理、牵动他们的情绪,能与他们形成情感互动的梗才能有旺盛而持久的传播力。在这个过程中，了解并把握受众的心理，成为至关重要的一环。因为最终的目标是与消费者建立起真正的情感互动，只有这样，梗才能真正成功地传播。

3.4.4 造梗成核应注意的事项

在造梗成核传播内容的过程中，需要注意如下事项。

一是理解和尊重。了解泛Z世代的文化价值观、喜好和对幽默的理解，不使用可能引起冒犯或歧视的梗。在创作传播内容的同时，时刻注意自身的目标受众，泛Z世代的文化是多样性的，在创造梗的同时要避免踩到他们的雷区。

二是匹配社交平台。泛Z世代主要在微信、抖音、小红书等社交媒体平台活跃，因此需要确保梗的创造适应这些平台的特点。不同平台的传播内容各有不同。在小红书上，推荐类内容更受欢迎；抖音则更需要具有新潮感的传播内容；微信公众号更倾向于情感或生活类内容。因此，在创作旅游梗的同时考虑到发布平台，才能够事半功倍。

三是不要强行造梗。冥思苦想并非坦途，灵感闪现偶有所得。梗的创作与流行不乏偶然因素，与其冥思苦想造梗，不如大大方方蹭梗，对流行梗进行二次创作，形成自己的硬核内容。新奇又贴合自身的"梗"创作难度高，生硬创造的梗很难达到最优的传播效果。因此在面对造梗思路枯竭时不如放下执念，采用另外的传播内容的形式进行，也不失为一种聪明的办法。

3.5 娱乐相随，人类的天性全时闪耀

这里的娱乐相随是指在旅游传播中采用娱乐性、趣味性强的内容进行宣传推广。享受娱乐是人类天性之一，它几乎不分年龄和圈层，徜徉于人类文明的历史长河之中。然而，娱乐的属性，让旅游娱乐的内容终将把年轻人的世界装扮得更为轻松快乐、更为绚丽夺目。我们看到了这个时代的泛Z世代寻找娱乐有趣旅游体验的身影，因此，传播内容需要强调旅游活动的娱乐性，传递轻松

愉快、放松有趣的精髓内涵，以匹配泛 Z 世代对快乐至上的旅游追求。

3.5.1 娱乐相随的本质和特征

娱乐化传播内容的本质在于将旅游内容或信息传达过程设计成具有娱乐特点的形式，以吸引受众的注意力、提升参与度和增强记忆效果。特别是对泛 Z 世代而言，他们生活在物质充足的年代，有更多的时间和能量去寻求精神上的愉悦感和享受感。他们希望通过"快乐至上"的内容来放松心情，削弱那些庄重、深刻、严肃的事物对其影响，这也成为旅游娱乐传播的关键所在。

泛 Z 世代是活跃于互联网的一代，他们寻求交流与互动，这种需求也体现在娱乐内容的追求上。看一场 live 演唱会，跟粉丝群讨论最新综艺，参加爱豆见面会一起为偶像应援，已成为泛 Z 世代生活中浓墨重彩的一笔。可以说，泛 Z 世代追求娱乐的典型体现之一就是饭圈文化的存在。饭圈，是粉丝圈子的简称，"粉丝"一词的英文单词为"fans"，单词 fans 本身由 fan+s 构成，s 一般表示多个，其中的 fan 可以直接音译为"饭"。粉丝群体叫"饭"，他们组成的圈子叫"饭圈"。饭圈代表的众多追星追娱的女孩，她们每天都会花费大量时间在各类娱乐、社交等网络平台上，享受丰富的娱乐内容，和相同饭圈的粉丝一起为爱豆打榜，相约参加爱豆的粉丝见面会，交流追星心得等。泛 Z 世代的这种娱乐化追求，是当下众多旅游目的地举办明星演唱会带动旅游经济发展的主要动力。因此，设计娱乐化的传播内容是旅游传播者都需要重视的环节。

如何让内容变得娱乐有趣，是引爆传播的重要因素。例如，微博时代"帮汪峰上头条"这样的话题快速引爆就是因为他很娱乐化，大家愿意去八卦。加上一些段子手的助推，这样一来传播效果就非常好。再如，故宫博物院，一个严肃厚重、让人感觉高高在上的空间改变成符合"90 后"萌贱的 IP 形象是非常有趣的变化。其中，《穿越故宫来看你》是故宫和腾讯合作的一个活动，利用年轻化的个性标签重新创作故宫的文创产品，娱乐性极强的内容创作与包装可以说是非常有新意的，让人耳目一新。当然，地方文旅部门为了吸引游客来旅行，娱乐化设施必不可少，同样不可缺失的是娱乐化的传播内容。厦门方特水上乐园近几年的宣传内容娱乐化十足，不仅将直播间搭建在水上乐园的现场，观众可以跟随直播看到后面水上乐园的景象增加了体验感，还配合了游客游玩的刺激画面，观众的视觉体验和代入感会因为娱乐内容的输出增强，从而增加水上乐园的门票销售，这正是娱乐化传播内容的魅力所在。

那么，这种娱乐化的旅游传播内容具有什么特征呢？趣味性、轻松性、易懂性应是当之无愧的首要特征。首先，娱乐化的传播内容追求趣味性、轻松性和易懂性，通过娱乐元素如幽默、趣味、创意等，让受众在接受信息的同时感受到愉悦和享受，提高传播效果和影响力。其次，这类传播内容还要注重时尚感和新潮感，采用时尚新潮的创作手法设计旅游信息，以契合泛Z世代的审美趣味，吸引他们的关注。再者，故事和情节也是不可或缺的，通过生动的叙事手法呈现有趣、易懂的旅游故事，已成为旅游传播者的必修功课。

3.5.2 娱乐相随的案例赏析

案例一

皇帝卖萌成功，故宫走下神坛 [①]

自故宫博物院开始自己研发产品，以公众日常生活需求为导向设计周边，故宫热就持续升温。故宫充分挖掘消费者所熟悉的历史故事，将严肃的历史人物娱乐化，制造"反差萌"，整合影视资源，从微信、微博、QQ、App、实物周边多渠道宣传，迅速拉近与消费者间的距离，让历史下沉。2014年，一篇以软广告手法编写的文案，其中涵盖的《雍正行乐图》动态版中，雍正这一角色在纳凉时所体现出的"安静美男子"的形象，促使该文案快速走红并成为"故宫淘宝"公众号内部销售绝佳的爆款文章之一，累积了高达10万+的浏览量。

---

① 案例来源：浙江日报. 599岁的故宫太上头，引1亿"90后"上线敲门［EB/OL］. 2019. https://baijiahao.baidu.com/s?id=1642110810197289221&wfr=spider&for=pc.

03. 面向泛 Z 世代有哪些旅游传播内容燃？

钟鼓喤喤——故宫博物院藏宫廷乐器展
图片来源：厦门文旅微信公众号

随后，雍正皇帝的个人品牌也随之打造成功，成为当时最具知名度的"网红"之一。在 2015 年微博平台上，"我们疯了一个设计师"活动中，雍正修饰自己的花式萌态更是迅速吸引了大批网民的目光。通过进一步的推广，雍正通过其所撰写的批奏章的影印版广泛传播，从而促成了"雍正语录"成为网络上高度关注的一种文化现象。在这种大背景下，故宫推出了以雍正皇帝笔迹为依据的"朕亦甚想你"系列折扇，同时为了适应网络的视听习惯，文案选用了具有流行语言特色的大白话语言。2016 年故宫联合腾讯 H5《穿越故宫来看你》，这次火的是老朱皇帝，配合 Rap 说唱，成为爆火聊天表情包。故宫博物院的传播内容娱乐化创新，也引得更多年轻人奔赴故宫博物院，去现场购买或体验这类文创产品。

随着泛 Z 世代的到来，越来越多的文案、文创团队已开始将古代文化以一种更年轻化的方式进行创新性的推广。虽然受到了一些文学艺术工作者的质疑，但在"萌文化"的潮流中，"萌经济"已崛起。萌文化以轻松纯真的特点吸引人，同时也躲避了霸权和敷衍的局面，从而满足了人们解放天性和狂欢式娱乐的需求。为了更加准确地进行文化传播，官方宣传应该调整策略，减少俯视、增加亲和性，才能进一步提高其温度和吸引力。

案例二　爱奇艺重磅打造娱乐狂欢季[①]

自2016年夏季开始，爱奇艺推出了备受瞩目的"夏日青春漾"娱乐狂欢季主题活动。随着2018年的暑期到来，该活动于7月17日正式启动，继承过去成绩显著的"爆款"效应，并将热门的综艺影视IP和受欢迎的偶像带至线下现场。其中，在"33天潮玩计划"的五大城市魅力展中，追剧脑洞展是唯一展览位于北京市东直门来福士中庭广场的第一站。布满经典台词的条幅，从颜色鲜丽的雨伞中"倾泻而下"，如《七月与安生》中经典的"给你一个七月，换你一个安生"，《最好的我们》中的"当时的他是最好的他，后来的我是最好的我，可是最好的我们之间，隔了一整个青春"。2018年"夏日青春漾"活动主打的"33天潮玩计划"，跨越了北京、上海、广州、成都和深圳五大城市——用台词为人们揭开北京的"脑洞"、上海的"二次元"、广州的"甜蜜"、成都的"潮酷"，而在深圳，冰激凌车快闪打造甜甜的清凉。五城活动直击泛Z世代当下最流行的文化内容，为他们呈现了集"吃喝玩乐"于一体的线下娱乐社交场景。线下场景所具有的面对面交流属性能够有效填补线上场景社交方面的空缺，而这两种场景的相互融合将产生更具联动效应的发展，进而为粉丝们提供了全新的"线上线下全场景体验"，同时也为线上娱乐行业开辟了极具潜力的流量入口。在如爱奇艺一类平台的精细规划下，线上火爆内容的多元化展现于线下活动中，这种策略的联动效应在近两年变得愈发显著，线下活动早已成为泛Z世代进行文化创意探究和交流碰撞的崭新传播场景，线上与线下的融合无缝衔接也极大地提升了粉丝的用户黏度。而视频平台通过自制节目对青年文化版图的不断深耕，实现着对中国青年文化的引领，也在一点点影响着泛Z世代的价值观与娱乐生活。

[①] 案例来源：北青网. 直播间、红毯走秀、荣誉盛典、精彩舞台. 2023爱奇艺尖叫之夜即将火热开启[EB/OL]. 2023. https://finance.ynet.com/2023/11/22/3695996t632.html.

"长安十二时辰"沉浸式娱乐的传播[①]

如果说,以沉浸式娱乐场景的撬动游客自觉传播其内容,是传播客体转为主体的高级招式,那么"长安十二时辰"就是一个几近完美的诠释。

长安十二时辰主题街区以唐食嗨吃、换装推本、唐风雅集、微缩长安、情景演艺、文化盛宴等六大沉浸场为核心,用"可触摸、可沉浸、可消费"的唐文化赋能传统商业综合体,集热门剧集IP、沉浸式娱乐、主题餐饮、国潮零售于一体,通过"全业态、全场景、全时段"的商业模式构建,让游客"观一场唐风唐艺、听一段唐音唐乐、演一出唐人唐剧、品一口唐食唐味、玩一回唐俗唐趣、购一次唐物唐礼",游客步入其中仿佛进行一场穿越的娱乐之旅中,从观看者变为愉悦的体验者,心情荡漾地领略着大唐繁华。

为了拓展游客的参观体验,长安十二时辰街区依托清明节、上巳节、端午节等传统佳节,开展了各具特色的活动,通过独具创新的形式传承并延续着唐代千年历史和文化。该街区借助于大型沉浸式实景游戏《大唐永不眠》的推出,创造了全国室内最大的实景游戏所需体量,并通过在游戏中设置逾百位NPC形象,其中涵盖了唐朝李白、王维、狄仁杰等历史名人,以及影视剧中所出现的人物张小敬、崔器等,使之在街区中来回穿行,向游客们重新演绎了这些影视剧本中的经典情节。

这一切,使游客有机会与所有角色进行自由互动,俨然成为整个表演过程的一个部分甚至一个角色,游客手中的手机成为长安十二时辰内容的分析器,那漫天美妙的信息之花在天空中飞舞,被一个又一个的受众吸纳和赞叹。

[①] 案例来源:中旅联. 盘点20个国家级沉浸式文旅案例,解析文旅新玩法[EB/OL]. 2023. https://baijiahao.baidu.com/s?id=1771628763470335427&wfr=spider&for=pc.

3.5.3 娱乐相随的实战要诀

如何让传播内容充分体现"娱乐相随"的本质呢？三大关键：一创意、二反差、三全场景。

第一，突出创意。通过创意内容书写轻松有趣的旅游故事，打造引人入胜的传播内容。无论是视频、图片还是文字，都应以娱乐的形式呈现富有娱乐的体验，以吸引泛Z世代的关注。当旅游信息充满着这样的创意内容，那么不仅能够让受众感受到旅行的乐趣，还能够激发他们的好奇心和探索欲望，从而促进他们积极参与和分享。

第二，善用反差。通过反差给泛Z世代带来新奇的体验。例如将故宫的高高在上与日常生活联系在一起，特别是其风格由高冷转萌贱，切中年轻人的心坎。泛Z世代很爱反差感，正经的官方账号玩一些搞怪的内容，年轻人反而认为这是大胆的尝试。因此，包括文创产品、线下娱乐环节在内的旅游传播内容制作都可以将反差利用起来。

第三，玩转全场景。所设计的传播内容应该能同时在线上线下展开，做到线上爆款线下交互，既在网络平台上引起热议，又能在实体场景中进行激情昂扬互动。让年轻人在娱乐中社交，在社交中娱乐，激发年轻人参与的多巴胺，增强他们的体验感和归属感，进而促进内容的传播和影响力的扩大。

3.5.4 娱乐相随应注意的事项

在娱乐相随传播内容的实战中，为了达成最佳的传播效果，需要注意如下三项"说话"。

一是让娱乐体验说话。设计娱乐性强的沉浸式体验，为旅游项目注入更多娱乐性元素，例如举办主题派对、户外活动、互动体验等，让游客能够更好地融入当地文化和风俗，感受目的地的乐趣与魅力。对于泛Z世代而言，有了好的体验通常能激发起他们的分享意愿，以优质体验带动分享，以分享促进传播。特别是当这种体验的娱乐性超强时，年轻人制造社交话题的情绪必然高涨，其传播效果会更好。

二是让娱乐尺度说话。获得娱乐性体验是人的天性，优质、积极的娱乐体验能给人带来愉悦和放松。但过度、负面、不当的娱乐会带来反效果，传播也容易引起争议和质疑。特别是不能把低俗段子视为娱乐的尚品，把旅游传播内容挂上低俗搞笑的噱头。因此，在创作娱乐性内容时需把握好尺度，不可逾越道德底线和公序良俗。

三是让娱乐定制说话。虽然泛 Z 世代整体属于一个年龄方面的大圈子，但这个圈子内部还有不同的兴趣圈层，不同圈层的娱乐偏好有所不同。所以，要根据不同圈层的用户标签特点输出娱乐内容，提供定制化服务，避免千篇一律，满足不同圈层的味蕾偏好，充分体现"娱乐相随，人类的天性全时闪耀"的理念。

3.6 星歌嘹亮，人设的流行曲总是亮晶晶

星歌嘹亮是指将明星代言作为旅游传播内容的主题，借助明星的影响力达到传播的效果。明星效应是一种众所周知的现象，明星的行为、形象和观点常常会对大众产生较大甚至是深远的影响。许多人因为自己喜欢的明星而作出购买某种产品、前往某个旅游目的地或者参与某项活动的决定。在旅游传播中，我们既要善用明星的流量，通过与明星的合作来推广旅游目的地或产品，也要规避明星人设塌方的风险，让明星人设的正能量成为亮晶晶的旅游奔赴。

3.6.1 星歌嘹亮的本质和特征

星歌嘹亮的本质就是粉丝追求与明星"同款"的激情。这种激情主要依靠连接粉丝与明星的情感纽带，其中又以粉丝对明星人设的认可与追捧为主打动力，甚至包括对明星人设的主动塑造和维护。这种情感纽带推动着粉丝经济的繁荣，也是打造明星旅游传播内容的推动力。对于泛 Z 世代来说，偶像明星的影响力不可小觑。他们的一言一行可能会在数百万粉丝中引发共鸣，成为他们

的"关键意见领袖"。年青一代愿意模仿、追随明星,希望通过这样做更接近偶像。忠诚度越高的粉丝,购买欲望和力量也越强。

从特征上看,星歌嘹亮体现了粉丝的情感消费和从众心理。一件普通的衣服或物品,如果被自己喜欢的明星穿戴或使用,其价值会被无限放大;即使这些物品实际对自己并不实用,但因为和偶像"同款",却能带来幸福感,促使粉丝们产生购买欲望。这就是明星效应。如今,很多产品的销量依赖于明星效应,选择流量明星作为代言人已成为许多品牌广告的必然趋势。而这些明星常常通过自己的"人设"来吸引关注。人设指的是明星通过大众媒介渠道长期塑造并传达给公众的整体形象。优质的人设能为传播内容带来不俗的自然流量,而内容平台赋予的人设形象或标签形象将像流行曲一样经典流传,带来更广泛的曝光量和口碑传播。在流量经济蓬勃发展的今天,人设和标签已经成为明星包装和营销的重要趋势,旅游传播如何利用好这一趋势,是把握时代脉搏必然选项。

明星人设能够引起泛Z世代的共鸣。作为泛Z世代追求娱乐的一种表现,明星的人设标签是吸引粉丝的关键因素,例如"暖男人设""电竞少年"或"学霸人设"等。可以说,人设就像明星给观众或希望观众记住的第一印象,虽然有时不完全符合明星本人,但明星和粉丝都希望能够保持这种形象。有了相应的人设标签,明星才能成为代言产品的合适人选,而通过明星效应又能带动消费形成粉丝经济。然而,由于越来越多的明星因各种原因难以维持自己的人设,导致了泛Z世代口中的"塌房"现象,这不仅导致了粉丝的流失,也使得相应的代言产品营销变得困难。

近年来,明星对旅游目的地的代言宣传越来越常见。这些宣传不知不觉地影响着粉丝的思维,当粉丝有足够的条件去旅行时,首先考虑的往往是这些被明星代言过的地方。随着影视明星对旅游目的地宣传力度的加强,这些地方的旅游区便会抓住明星效应的机会,借势营销。明星效应和粉丝经济总能迅速吸引大量"打卡体验客"涌入目的地。无论是拍摄"爱豆同款"照片还是游览网红同款线路,狂热的粉丝总能使一个原本不为人知的地方瞬间成为热门,引致人潮涌动。在旅游宣传营销中，巧妙地借用明星热度，通过明星同款来推动旅游目的地的宣传，是一种行之有效的方式。优质 IP 和明星效应对于内容传播的推动力不言而喻。例如，微博平台上厦门秋季人文生活之旅由流量明星王琳凯宣传，引发了数十万的阅读量和评论数，带来了可观的传播效果。

当然了，选择明星代言旅游目的地或者宣传推广相关旅游内容，也是有门槛的。第一，明星的形象是否与旅游形象匹配。明星的形象要与目的地的定位和风格相契合，以确保代言的连贯性和可信度。这一点可以通过选择来自本地域的明星达成，当然这并不是必需的，当明星的粉丝群体足够大，那么就流量为王吧。例如姚晨代言福建旅游；王一博担任洛阳文化旅游形象大使，在洛阳旅游的宣传片中化身电台主播；赵丽颖为河北旅游扛大旗，拍摄家乡廊坊的宣传代言短视频；湖北文旅请来朱一龙聊了聊武汉，肖战为重庆文旅拍摄了宣传片；易烊千玺为"湖南文旅"宣传，刘涛用地道的江西话为江西打 Call。当各地文旅局将这些明星含量极高的传播内容搬上台面时，少不得引来众多粉丝留言互动，场面热闹非凡，各地文旅明星代言可谓硝烟四起。但也说明了明星与地域的联系在创作旅游传播内容时的重要性。此外，明星本人是热爱生活热爱旅游的，这一点是为了保障明星和旅游传播间有基本的共同点。第二，明星的知名度和影响力。旅游目的地使用明星代言传播内容时，需要考虑明星的知名度和影响力是否足够大。知名度和影响力越大的明星，代言效果和影响力也越大，能够吸引更多的游客。例如泉州簪花的火爆离不开赵丽颖的代言。第三，旅游目的地的市场定位和目标群体。一般来说，目的地的市场定位和目标群体是否与明星的粉丝群体相匹配是很重要的。明星代言的目的地也应该能够吸引明星的粉丝群体，以提升代言效果和影响力，以粉丝的热潮追捧来证明自己的实力和价值。

3.6.2 星歌嘹亮的案例赏析

案例一

赵丽颖为河北旅游代言 ①

哈尔滨旅游火爆出圈带响了各地文旅宣传卷起声音。各路争奇斗艳的短视频竞相开放，全国旅游大比拼快进到"摇人"阶段，明星们纷纷为家乡旅游宣传上大分。网友喊话"河北文旅"把赵丽颖请来，于是官方紧急"摇人"。2024年1月13日，赵丽颖空降河北省文化和旅游厅官方账号"乐游冀"的评论区，留言说："我来啦！我为河北文旅扛大旗。"这是赵丽颖发布的第一条抖音评论，官方账号回复说："感动！爱你~我的宝。"赵丽颖和河北文旅终于实现了"梦幻联动"。作为河北人，此次和河北文旅联合对家乡进行宣传可谓让人期待值拉满。赵丽颖在娱乐圈的好口碑和敬业心是当地文旅邀请她的重要原因。明星自身和家乡的宣传品质相符合，选对明星代言可以帮助当地旅游更好地运营宣传。

从这个案例我们可以看到明星代言对于旅游宣传的重要性。赵丽颖作为当下一线女明星，有着高颜值、高观众缘、高质量作品，在娱乐圈中拥有良好口碑，凝聚着大量的粉丝群体。这使得她成为河北旅游选择的合适代言人。她与河北的地缘关系，以及对家乡的热爱，使得她的代言更具有说服力和亲和力。同时，明星代言与地方旅游的匹配度也至关重要。赵丽颖作为河北人，与河北旅游的形象和产品相符合，她的代言能够更加自然地融入地方文旅的宣传中。这样的旅游传播内容更具有真实性和吸引力。通过明星代言，地方文旅能够得到更广泛的曝光和关注，吸引更多游客前来参观和体验。而对于明星本人来说，通过代言家乡旅游，不仅能够展现自己对家乡的热爱和关注，还能够提升自己的形象和知名度，实现良好的社会效益和经济效益的双赢局面。

---

① 案例来源：极目新闻. 各地文旅"摇人"，王一博、肖战、赵丽颖等为家乡代言[EB/OL]. 2024. https://baijiahao.baidu.com/s?id=1788154999643154899&wfr=spider&for=pc.

案例二

姚晨担任福建旅游形象大使[①]

2019年3月26日下午,由福建省文化和旅游厅主办的"全福游、有全福"——2019福建旅游全媒体推介会在京举行。推介会现场,正式发布福建旅游全新形象宣传片,该形象宣传片以环闽动车、福建自然人文资源为主要内容。著名福建籍演员姚晨接过"福建旅游形象大使"聘书,正式担任福建旅游形象大使,为自己家乡公益代言。

6月7日,姚晨演唱的新版《福建如你》MV正式发布,《福建如你》是福建官方旅游主打歌,此次姚晨是零片酬出演,倾情为家乡旅游做宣传。

"初次见你书香满心地/云雾流转水墨了你的秀气惊叹是你/今日别离情在茶香里/依依不舍挥手了你的记忆福建如你。"简单的旋律,质朴的白描,唯美的意境,整部MV看下来,展现了清新福建的好山好水,让人忍不住想前往福建,携一缕清风,掬一捧清泉,煮一壶热茶,裁一朵云梦,走一遭坊巷,近距离感受闽式生活。

《福建如你》2017年由知名福建籍作家邹友开及知名作曲家蒋舟共同创作,此次新拍的MV版本由担任过汪峰、那英多张专辑的制作人贾轶男重新编曲,著名广告导演孙凡操刀,知名演员姚晨实力演绎,整首MV以福建旅游风光和福建特有的"福文化"元素为主基调,透过极富感染力的视频画面,将福建的景点、人文、文化符号等逐一艺术化呈现,向广大听众传递"全福游、有全福"的独特魅力。

姚晨作为福建籍的演员,一直深受广大观众喜爱,近期更因电视剧《都挺好》的热播备受关注。本次参与家乡旅游宣传,姚晨不仅倾情献声,重新演绎

[①] 案例来源:搜狐网. 姚晨担任形象大使!福建这部旅游宣传片火了![EB/OL]. 2019. https://www.sohu.com/a/304217227_120053706.

面向泛 Z 世代的旅游燃传播

我也好想不走啦

图片来源:《福建如你》MV 截图

《福建如你》一曲。更积极投身 MV 拍摄,带领观众上茶山、品茗茶、逛土楼、游坊巷、吃闽菜、畅游八闽山水……姚晨动情的演绎,生动还原了这些极具闽式风格的生活片段,不仅为观众展现了福建优美细腻的自然风光,更勾动了人们心底对于福建特色"福文化"的思绪与情怀。

这个案例很好地展示了明星代言在地方旅游推广中的成功应用。姚晨作为福建籍的演员,不仅因其在娱乐圈的知名度而备受关注,更因其对家乡的热爱而成为福建旅游形象大使。这种地方明星代言的方式,使得旅游推广更具地方特色和亲和力。

3.6.3 星歌嘹亮的实战要诀

在实践中,借助偶像明星创作旅游传播内容有哪些要诀呢?一是选对人,二是做对事,三是找对渠道。

第一,选对人。即选定合适的明星作为合作对象。根据目标受众群体的特征和品牌定位,选择与之匹配的知名明星合作。在充分理解泛 Z 世代的偏好以及明星的形象和知名度后,选择他们喜欢的偶像明星作为合作对象。选对人有两个关键点,一是选的人要与旅游目的地有一定联系,可以是地域的联系,如目的地是该明星的故乡；也可以是气质的联系，比如明星的气质人设与目的地具有匹配性。二是选的人要做好风险管控，避免产生丑闻影响人设，连累目的地形象。

第二，做对事。制作符合需求的宣传内容，是星歌嘹亮内容传播是关键。与明星合作制作与旅游目的地或产品相关的优质宣传内容，如形象视频、广告片、照片集等。在内容制作过程中，需充分考虑明星的形象特点和目标受众的喜好，将明星形象与旅游目的地或产品进行有机整合。

第三，找对渠道。一般情况下，明星代言的价格不菲，因此要充分利用匹配的渠道对旅游内容进行宣传推广。渠道对不对，关键看三点。第一要看渠道与目标受众是否匹配，各类不同群体偏好使用不同的咨询渠道，例如泛Z世代的女性群体高频率使用小红书。第二要看渠道与传播内容是否匹配，话题式传播内容更适合在微博上炒热，场景式的传播内容无疑要选用短视频平台，如此等等。第三要看渠道与明星是否匹配，明星人设往往与颜值关联，图片视频自然就成为旅游传播内容的主要载体，画面感十足的渠道通常更为拉风。

3.6.4 星歌嘹亮应注意的事项

在借助明星进行旅游内容传播过程中，需要注意如下事项。

其一，受众认知接受度要高。选定的明星在目标受众中具有较高的知名度和辨识度，且具有良好的形象和口碑，是星歌嘹亮传播内容出彩的前提。把握好明星的大众认可度和口碑良好度，可以降低明星代言的人设崩塌风险，影响目的地形象。毕竟，明星代言当地旅游并非单一产品那么简单，更多的是一种整体形象的呈现。

其二，明星形象匹配度要高。明星形象需要与所宣传的旅游目的地或旅游产品相匹配，让受众产生联想和共鸣，才能提升传播内容的说服力。旅游城市的风格和代言人的形象匹配往往是一股自然的清流，例如清新温婉的乌镇选取的代言人是同样温婉美丽的刘若英，而香港旅游则是选择了国际巨星成龙，适配着香港作为国际性大都市的地位和名气，适配着香港旅游走向国际前端的期许。

其三，内容创意品质要高。制作的宣传内容需具有创意和高品质，符合流行趋势，能够引起泛 Z 世代的共鸣和关注。创意是制作宣传内容的灵魂，地方文旅与明星合作的宣传内容应该紧跟流行趋势，采用新颖独特的创意元素，结合当下热门话题或流行文化元素，增强内容的吸引力。当然在形式上也要多样化，包括拍摄宣传照、宣传短视频、旅游 MV 等形式。

3.7 我们参与，让流连忘返变得如此简单

"我们参与"是指旅游传播的内容以沉浸式方式呈现，让受众能够身临其境地体验旅游活动。泛 Z 世代更乐意参与到各类活动中，因此旅游传播需要依据科技赋能的水平不断创新，融合艺术、文化、人文、自然、科技和互动元素，打造多样化、沉浸式的旅游内容接收体验，以满足泛 Z 世代游客的信息接收体验的多样需求。数字化所创造的旅游传播内容场景，更能让受众投身其中而欣然笑纳这些别样的旅游资讯。可见，"沉浸体验"是定义"我们参与"旅游传播内容的关键词。

3.7.1 我们参与的本质和特征

从传播内容发展的趋势来看，旅游传播内容的接收沉浸式体验是这个时代科技发展的必然结果，人们在科技创造的旅游内容输出场景下，正在逐步实现一个前所未有的信息接收感知的飞跃，即强参与性之下的强感知。"我们参与"亦即参与性强的旅游传播内容，其本质在于以各种形式的沉浸体验和互动，激发受众的参与意愿，将受众融入旅游活动中，让他们成为活动的一部分，而不仅仅是旁观者。这种内容不仅仅是单纯的信息传递，更是一种与受众互动的过程。通过这种参与性强的内容提高受众的情感投入，提升体验感和满足感，从而增强对旅游目的地或景区景点的认知与认同，达成传播效果。换言之，参与性强的旅游传播内容本质上是一种共创的过程，而这正是由旅游活动的特点所

决定的。

　　旅游活动是一种共创价值的行为,天然具有参与性质,需要消费者全身心投入才能获得好的体验。消费者需求日益多样化,但参与的重要性从未减弱。从商品交易到体验式消费的转变,从单向输出到双向互动,参与感和多样玩法是吸引回头客的关键。特别是当丰富的历史底蕴和传统文化内涵和沉浸式参与发生碰撞时,游客将会对目的地有更深刻的理解,增强对目的地的依恋情感和文化认同。举个例子,《长安十二时辰》主题街区让游客沉浸式体验大唐的风土人情,穿越时空,尽情享受其中。这一主题街区通过沉浸式国潮主题 IP 吸引了众多游客。该项目通过打破传统的"观看模式",将"吃穿行游购娱商"等产业整合,创造了集"热门剧集 IP+ 流行式娱乐 + 主题餐饮 + 国潮零售"为一体的新消费综合体。游客穿着特定服装,拿到个性化"剧本",进入体验模式,从品尝美食到欣赏微缩长安美景,可谓将体验感、互动性和场景感"一网打尽"。可以想象,当长安十二时辰主题街区这些沉浸式体验被精心制作成为旅游传播内容的时候,当你从网络上或者朋友圈里接收到这些沉浸式体验内容时,难道不会被它吸引、为之倾倒,恐怕恨不得即刻闪现西安,亲身开展一场大唐文化之旅?

　　那么,参与性沉浸式的旅游传播内容具有哪些特征呢?总结来看,应该具备如下特征。一是多元性,传播内容形式多样,包括但不限于沉浸式体验、互动游戏、虚拟现实、增强现实等。泛 Z 世代追求新鲜事物,注重多元化的感官体验,具有沉浸式、多样性和互动性的旅游传播内容将成为主流,特别是融合了艺术、科技、互动、娱乐等元素的沉浸式旅游传播内容更能吸引他们的注意力。这种内容不仅能够满足受众的需求,还能够增强他们的参与感和体验感,从而为旅游目的地带来更好的传播效果和商业价值。例如沉浸式演艺 + 沉浸式夜游的模式,以及通过元宇宙应用创新数字文旅场景和业态的传播内容都能迅速抓住泛 Z 世代群体的心。诸如旅博会展厅设置 AR、VR 等设备让参观者参与其中、身临其境;印度旅游局设计的建筑塔顶,让受众感同身受;元宇宙所创造的虚拟场景等,都可以成为参与性旅游传播的关键内容。此类沉浸式的设置使得受众能够参与其中,旅游地也借此来提升传播效果。二是情感共鸣,参与性强的旅游传播内容应能引发受众的情感共鸣。情感共鸣是参与性沉浸式旅游传播的重要特征之一,也是旅游体验的核心价值所在。我们可以通过深度的文化体验、真实的人文交流、感人的故事传递等方式将情感共鸣融入传播内容里。当受众接收到这些信息时,他们更容易产生情感认同,从而更加真切地了解目的地的魅力,提升内容的传播影响力。三是深度体验,这在参与性沉浸式旅游传播中是非常重要的特征。旅游目的地在设计传播内容的时候一定要将目的地深度体验项目以泛Z世代群体钟爱的形式呈现出来。这些内容可以是丰富多样的参与项目,可以是对当地特色的深入探索,也可以是与当地居民的互动交流等,不拘一格,重在挖掘。而形式则应是创意十足的,包括采用科技手段,如虚拟现实技术、增强现实技术;也可以通过打造沉浸式体验场景或者设计互动性强的游戏、活动等来实现。例如,在自媒体平台上,除了传统的话题讨论参与外,还可以尝试各种形式的SVG互动,比如按图片点亮色彩等,为受众提供更加丰富多样的互动体验,从而提升传播效果。总而言之,要通过新颖独特的方式将深度体验的内容完美地呈现给受众,满足旅游者对于更深层次、更真实的体验需求,从而增强其对目的地的认知和情感连接,促进旅游传播的有效传达和受众参与。

3.7.2 我们参与的案例赏析

沉浸互动式红色文化情景剧《青春为祭》[①]

沉浸式互动式的情景剧是参与式体验的重头戏,也是旅游景点旅游传播的

---

① 案例来源:人民网. 上海首个沉浸互动式红色文化情景剧《青春为祭》上演[EB/OL]. 2021. http://sh.people.com.cn/n2/2021/0504/c134768-34708850.html.

主流内容。但是要实现旅游景点与沉浸式喜剧的有机结合并不容易。它需要从受众参与的角度出发，设计体验，创造传播内容。首要任务是找到人文特征与时代主题的契合点，如和谐美好、开拓进取、提升创新等。其次，应注重新旧形式的统合，以明确历史演进和时代变迁，"洗净"文化中的杂质，挖掘文化发展的精华，将其以当代人所喜爱的形态呈现，进而深入到日常生活中，使得精神和人文价值得以薪火相传，不断前行。最后，还要做到故事的传承与创新，挖掘传统、延续祖先的故事，并讲述自己的亲身体验，为时代贡献新的、富有活力的文化产品。

以中国共产党成立一百周年的纪念时刻为例，在上海这样的党的诞生地，可以充分利用丰富的红色资源，引导更多民众走进红色遗址旧址和设施场馆，追寻初心之路，感悟理想之光、信仰之力。而在五四青年节期间，多伦路上演的沉浸互动式红色文化情景剧《青春为祭》便是典型代表。该剧以鲁迅、丁玲、李伟森等人物为主线，通过三条独立路线，展示了左联五烈士被捕牺牲前后的事件进程，再现了各位烈士及革命志士的心路历程。演员们穿着民国服装，在多伦路文化名人街实地布局戏剧场景，利用左联会址纪念馆、景云里、公啡咖啡馆等红色资源，让观众零距离感悟学习革命志士的坚定理想信念。

沉浸互动式红色文化情景剧《青春为祭》通过带入式情景、多感官包围、互动叙事手法等方式，突破传统的观众与演员的观演关系，让观者参与到剧情发展中，亲身感受那个动荡年代。参加首演的观众通过喊口号、撒传单、捐款等真实行为体验，参与到生动的历史叙事当中去，感受到热血和激情。参与者在《青春为祭》这类沉浸式戏剧作品中能够将自身代入剧本中的人物，真实地体验完剧本人物的一生，并且完成相应的任务。实景的体验可以让剧本内容更加真实，充分调动参与者的身心来共同体会当时革命前辈的艰辛和不易。当把这种沉浸式体验内容通过现场、通过网络传递给受众的时候，往往能激起受众的参与意愿，从而达到良好的传播效果。

河南开封"王婆说媒"爆火[①]

近日,河南开封的4A级景区万岁山·大宋武侠城推出的相亲栏目"王婆说媒"在网络上引起了热议。主持人王婆以其出色的口才和表演功力备受关注,被网友戏称为"接地气版《非诚勿扰》"。在这个栏目中,单身游客可以在舞台上展示自己的风采,表达对心仪之人的情感,或者直接挑选心仪的游客进行相亲。据主持人王婆接受媒体采访透露,仅仅一年的时间,已经促成了四五十对姻缘。

"王婆说媒迎来高颜值小伙"的报道再次引发了热搜,一位来自郑州大学第一附属医院泌尿外科的医学研究生因为颜值高,在舞台上展示身材,受到围观游客的热情欢迎。此前,栏目因单身游客们极具表现力的相亲方式多次登上热搜,有女生上台后直接在观众中挑选喜欢的男生,也有女生直接提出择偶条件。节目走红后,甚至有"00后"山东姑娘为了参与栏目连夜坐了7小时的火车前往,最终成功与一位山东男生互换了联系方式,氛围融洽。许多网友认为,"王婆说媒"之所以走红网络,不仅因为栏目中单身游客之间的火花,更因为王婆能设身处地为游客着想,甚至亲自"监督"有意向的游客互加微信,并现场教授年轻男女聊天表白的技巧。

从传播内容的角度看,这个栏目之所以火爆,根本原因在于它拉动了现场游客的互动,游客们可以自由选择参与,而现场的火爆氛围又反向促进了更多观众的参与感,从而成功打造了这项网红活动。现场的火热参与氛围以及一些经典的场面也成了景区的传播亮点和卖点,通过网络的发酵,促成了更多的游客慕名而来。

[①] 案例来源:海报新闻. 河南开封"王婆说媒"爆火,一年促成四五十对姻缘,回应:绝对不存在造假[EB/OL]. 2024. https://baijiahao.baidu.com/s?id=17940378913004 35433&wfr=spider&for=pc.

案例三

2021 缤纷跨年·来厦门住酒店 ①

2020年12月12日至2021年1月1日,正值双十二购物节、元旦跨年节庆,厦门市文旅局推出"康养夏秋冬·快乐厦门游""2021缤纷跨年·来厦门住酒店"特色主题活动,陆续出台来厦跨年游玩攻略一系列"酒店+"优惠举措,缤纷跨年,乐享不停,还有双十二优惠。

活动期间,除推出游玩攻略、优惠举措之外,还陆续开启"我的跨年计划""我眼中的厦门生活""你与厦门有关的故事"等互动话题,并在文末送出高端酒店住宿券的粉丝福利,引得粉丝广泛参与,单条最高阅读量11282,评论数166条,其中不乏诸多粉丝真情实感分享参与话题讨论。从线上的互动参与,再到线下住酒店体验,开启厦门跨年新方式。

从这个案例我们可以看到,厦门市文旅局举办的活动通过多样化的互动话题、粉丝福利的引入、线上线下结合的参与方式以及粉丝真情实感的分享等方式,成功地吸引了广大粉丝的参与,并为他们提供了一个展示自己、分享感受、体验厦门的平台,体现出参与性旅游传播内容的魅力和效果。

3.7.3 我们参与的实战要诀

实战中,如何让旅游传播内容体现出"参与"的亮点呢?重点有三:一需求开道,二技术保驾,三口碑护航。

第一,需求开道。体验好坏自有其主观性,但只要体验能满足受众需求,则能吸引到受众的注意,留下他们的脚步。这是打造参与式旅游传播内容的基础。因此,在设计参与式体验的场景和剧本时,要对目标受众的需求进行调研

---

① 案例来源:搜狐网. 2021年的正确打开方式,厦门跨年度假住酒店!双12抽奖6套酒店免费房券~ [EB/OL]. 2020. https://www.sohu.com/a/437851412_100218376.

面向泛Z世代的旅游燃传播

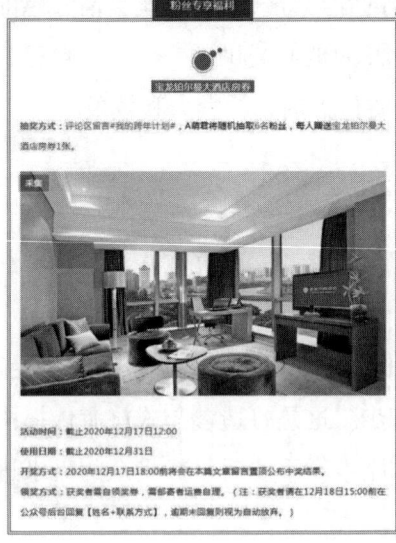

厦门文旅消费季

图片来源：厦门文旅微信公众号

和分析，了解泛 Z 世代游客偏好的体验元素和主题内容。例如，在制定沉浸式体验的主题和内容时，要确定包括艺术装置、科技应用、互动项目等在内的体验要素，确保能够吸引目标受众。同时需要了解当地的文化、历史和自然特色，将其融入旅游体验设计中。进而，才能将这些参与性十足的体验转化为旅游传播内容，传递给心仪的受众。

第二，技术保驾。数字技术对旅游传播内容的赋能作用和提升作用已被大众认可。数字技术在旅游传播中的作用愈发凸显，不仅赋予了传播内容新的表现形式，更为旅游体验增添了丰富多彩的元素。在数字化的浪潮下，旅游传播内容得以通过虚拟现实（VR）、增强现实（AR）、人工智能（AI）等技术手段实现更高水平的呈现和互动。特别是在打造参与式旅游传播内容时，技术的作用将愈加重要，原因在于智能化、数字化、沉浸式是当下参与式体验的重要发展方向，而这些都有赖于技术的应用。面对技术含量高的参与式内容，如果不采用相应的技术手段呈现给受众，是无法完美发挥其传播作用的。

第三，口碑护航。参与式体验传播的一大利器就是受众的口碑，因此在传播内容上要把优秀的口碑作为重要的卖点呈现给受众。口碑是一种无形的力量，可以在短时间内传播至各个角落，对于旅游目的地而言，良好的口碑是吸引游客的重要保障。这就意味着在传播内容上，要突出展示旅游目的地的优秀特色和各方面的优势，通过真实的游客体验和好评，向受众传递积极的信息和情感。

3.7.4 我们参与应注意的事项

首先要保证内容的质量和可信度。互联网是个大熔炉，各种传播信息真真假假，颇难辨识。对于旅游目的地而言，想要可持续发展就必须坚持底线思维，保证传播内容的质量和可信度。传播真实准确合适的旅游信息，避免夸大其词或虚假宣传，破坏受众的信任度。只有建立了传播者与受众的信任，旅游传播内容才能发挥其传播作用。

其次要提供多样化的参与方式。在制作参与式旅游传播内容时要确保设计多样化的互动参与方式，让受众能够便捷地与传播者开展沟通，并与传播内容产生链接。例如设计有趣的投票或调查活动，让受众发表自己的观点；也可以鼓励受众在社交媒体平台进行评论和转发分享；或者设计互动游戏与挑战活动，让受众通过完成相关任务来参与其中。凡此种种，都能更好地发挥传播内容的影响力和宣传效果。

最后要对受众及时回应和互动。对于参与式旅游传播内容，对受众进行及时回应和互动是至关重要的，特别是在社交媒体平台上，通过回应可以建立良好的沟通互动关系，增强受众的参与感和满意度。回应互动不仅要及时，也要以多样化的方式展开，包括但不局限于回复评论、提出问题、分享见解等，从而提高传播内容的效果和影响力。

3.8 简约唯美，碎片化获取的信息可以短小但不能少了美

简约唯美的传播内容意味着以精美的图片、美感的短视频或华丽的短文等形式，进行旅游目的地的形象或产品宣传推广，它突出强调传播内容的审美价值，旨在通过视觉体验激起大脑亢奋而吸引游客。高频的时代节奏，改变了时间单元使用的习惯，也改变了吸引眼球的时间长度，表现出泛 Z 世代更喜欢简短直接的视觉美观信息。可以说简约唯美的内容如同天降视觉锤，猛然直击泛 Z 世代的注意力，带动他们认知的心智，使他们欲罢不能，按上循环播放键，往往使得传播内容铭记于心。

3.8.1 简约唯美的本质和特征

本质上说，简约唯美的传播内容通常通过精美的视觉呈现和简洁直接的信息传递，强调美感和吸引力，以吸引目标受众的注意力并激发其兴趣。其核心目标是在短时间内传达出旅游目的地最为突出的魅力和吸引力，引发观众的好奇心和向往之情，进而促使他们埋单并参与到旅游活动中。对于奉行"颜值即正义"的泛 Z 世代而言，简约唯美的传播内容能够在嘈杂的网络环境中快速击

03. 面向泛 Z 世代有哪些旅游传播内容燃？

中他们的心坎，获取他们的关注。之所以如此，主要原因有二。

第一，这是由泛 Z 世代快节奏的信息读取筛选习惯决定的。"除了睡觉，都在线上"的生活方式，决定了他们每天都吞吐大量的网络信息。他们以极快的速度接受、消化信息，留给每条信息的注意力十分有限。快节奏下只有碎片化的时间能够翻阅资讯，甚至对视频都是用倍速观看，更没有时间看那些长篇大论的东西了。这时候高颜值又短小的内容更能吸引泛 Z 世代的眼球。美图成为快速出圈的方式，唯美且有记忆点的单图有时比多图的冲击力更强烈。

第二个原因则是泛 Z 世代的碎片化信息接受方式。随着娱乐方式的日趋多样与全媒体时代的强势出现，泛 Z 世代的文化需求和审美习惯发生了巨大改变，他们适应了快速的生活节奏，更趋向于移动化和碎片化的信息接收方式。美景美图在视觉上是最直接的，而且对他们而言是最省时的。图片可以承载丰富的信息，不仅可以呈现景区景点的美景，还具有这样或那样的审美价值。因此，在碎片化信息泛滥的数字化时代，想要让泛 Z 世代对旅游传播内容产生兴趣，不妨用简短、直接的方式呈现，而其中又以简约唯美的视觉传达信息为佳。这类传播内容对于注重视觉美感的泛 Z 世代来说，能够迅速吸引他们的眼球，满足他们的审美需求，激发他们的好奇心和兴趣，让他们更快地产生共鸣和情之向往，推动他们参与到旅游体验中。旅游传播者要守住"美"在宣传中的地位，创作者应该面对"如何把年轻观众的注意力重新聚拢到美的视角上，把他们培养成旅游受众的中坚力量"的问题。

那么，在简约唯美的审美视角上，应该赋予美什么样的理念和价值呢？我们认为应该强调简洁、精致、和谐以及情感共鸣。简约唯美的美感追求不是单纯的华丽和繁复，而是通过简单的设计和精致的呈现来表达深层的情感和意义。这种审美视角强调的是在简约中找到平衡和和谐，以及观众对美感的情感共鸣和体验。明白这个问题我们就可以知道简约唯美的特征为外在审美和心灵共鸣。一方面要在共性中寻找个性，在提炼与表达人性所共通的价值、情感、思想，争取与最大范围受众群体产生精神契合与心灵共鸣的同时，积极了解并充分尊重专属于年轻人的生活态度与娱乐方式,最终找到二者的黄金契合点。另一方面,要在满足泛Z世代文化娱乐需求的同时,对他们进行价值引领。旅游传播作品中关于美感建构、情景塑造、视觉高光、心理愉悦等方面的内容对于泛Z世代而言极具吸引力,创作者可以依循这些内容牵引,编织出彩段落、炫彩华章、多彩视图,直击泛Z世代眼球与心灵。总而言之,要想获得泛Z世代的青睐,就必须尊重他们,观察和体验他们所思所想、所喜所忧、所爱所厌,使用他们喜闻乐见的审美表达方式,唯如此,可达矣。

3.8.2 简约唯美的案例赏析

新疆"网红局长"贺娇龙,一袭红衣策马驰骋狂传播[①]

2020年12月,一位女子身披红色斗篷,在雪地中飒爽策马的短视频迅速走红网络。该短视频累计获得5.2亿次点击量,近900万转发量。视频的主人公是时任新疆伊犁昭苏县人民政府副县长的贺娇龙,后任伊犁州文旅局副局长。

短视频的走红,让贺娇龙在工作之余踏上了公益助农直播的道路。日复一日,她坚持每天工作十余小时,在她的努力下,其短视频账号全网粉丝量已突破500万,作品点赞量达2000多万,单场直播带货金额高达百万元。

贺局长骑马驰骋的视频意外走红的原因很明显,洁白且广阔无垠的雪地里一位红衣美人乍然出现,所有观众的视线全部被这幅美景夺取,红与白的交叠形成了剧烈的视觉冲击,网友对于美的追求是持续不断的。新疆广阔无垠的场地,配上极富美感的骑马奔驰图,是广大受众对于自由、美丽的向往。

---

① 案例来源:环球网. 新疆"网红局长"贺娇龙:因策马雪原走红,直播带货破亿元[EB/OL]. 2022. https://baijiahao.baidu.com/s?id=1721200224261884727&wfr=spider&for=pc.

03. 面向泛 Z 世代有哪些旅游传播内容燃？

江西婺源：美图在说话 ①

每到 3 月，江西省婺源县篁岭梯田上，金灿灿的油菜花竞相开放，蔚为壮观，一年一度的油菜花海观赏期吸引了全国各地的游客。

婺源是全国唯一一个以县为单位命名的国家 3A 级旅游景区，是全国第一个"国家乡村旅游度假试验区"。近年来，婺源县大力打造以"赏花经济"为特色的"农业+旅游"融合新业态，逐步形成"农旅结合、以农促旅、以旅兴农"的产业格局，探索出一条把美丽风光变为"美丽经济"的新路径，带动群众增收致富，助推乡村振兴。据了解，婺源直接从事旅游业人员已超 8 万人，间接受益者突破 25 万人，占全县总人口近 70%。

为迎接春季赏花高峰期，江西文旅推出了"有一种春天叫婺源，有一种

婺源篁岭梯田
摄影师：刘剑聪

---

① 案例来源：江西省文化和旅游厅. 江西婺源："一叶两花"特色产业推动农旅融合 [EB/OL]. 2023. http://dct.jiangxi.gov.cn/art/2023/4/10/art_14514_4418159.html.

色彩叫婺源黄"的主题活动。营销活动促进了"赏花游"欣欣向荣，呈现出了"一票难求""一房难订"的火爆景象。景区日接待"赏花客"达2万多人，一度启动"限量接待"旅游预案，引导游客错峰出行，缓解景区接待压力。婺源的乡村游业态还延伸到田间地头，融入当地居民的日常生活中。村里的渔夫、农民摇身变为乡村"模特"，成为别具特色的风景线。村民们将干农活变成"表演"，勾勒出众多摄影师、画家心目中的诗意乡村。婺源文旅用自己当地独具特色的美色留住了游客，也传递了婺源人民朴实无华的生活精神。

如今，即使没有去过婺源的人，一听到、一说到婺源，脑海里、眼睛前就必然会呈现出一幅明亮金黄的油菜花图景，这不能说不是传播者们持之以恒以简约唯美进行内容传播的功绩了。

案例三

千万网红李子柒的视频有何魔力①

李子柒作为网红里的一股清流，因别具一格的田园视频被大家熟知。在抖音平台发布771个视频，获赞2.2亿，粉丝数5512.7万；微博粉丝2762万；2021年2月2日，吉尼斯世界纪录发文宣布，李子柒以1410万的YouTube订阅量刷新了由其创下的"YouTube中文频道最多订阅量"的吉尼斯世界纪录。

李子柒的短视频一直备受关注，其形式美令人叹为观止，画面中身着淡雅古装的她置身于田园诗意间，古朴的烹饪器具与赏心悦目的自然景观相得益彰。观众对其的评价也颇为高涨：有人将其比喻为陶渊明诗中的"采菊东篱下，悠然见南山"，有人视之为现代人向往的世外桃源，亦有人称她为诗歌化生活的代表和美好生活的缩影，甚至赞誉其为"网络天使""田园女神"。尽管

---

① 案例来源：网易. 央视点名表扬，让7000万人爱上，爆红国内外，李子柒到底有什么魔力？[EB/OL]. 2019. https://www.163.com/dy/article/F0SQDEK30520C1NJ.html.

李子柒在视频中很少说话，甚至基本不说话，但其唯美简约的画风，浑然天成的制作，给人以极强的代入感，心灵为之触动，思绪为之掀起，跃跃欲试的参与感不时为之迸发。不光视频做得古色古香，穿搭也是颇为古韵悠长。这似乎才是生活本该有的样子。李子柒的视频美却不俗、避世却不出世，开辟了短视频田园风拍摄的先河，在浮躁的快节奏时代中，李子柒的视频内容与我们的生活息息相关，那份宁静美是年轻人所追逐的梦想。她的视频节奏缓，但每个镜头的节奏却是快速的，因此给人的感觉并不疲惫，简约唯美的画面足以令年轻人追捧喜爱。大众对于美的追求使得李子柒的视频深受喜爱，其中的美不仅仅是画面美，更是观众向往那种恬静淡然的田园生活之美，是一种人们追求的精神上的美感。美有不同的定义，自然有不同的表现形式，李子柒的视频拥有两种奇幻的魔力，给人带来美好的视觉体验的同时，更能抚慰当下紧张生活节奏下的大众心理，所以李子柒才显得独一无二，似为无可复制。

　　李子柒为什么能够取得成功？首先，她所创作的作品简约唯美，具有极高的审美价值。李子柒的作品满足了大众关于"美"的需求。每一帧图像都是一幅绝美的画面。她的视频精工细作，构图颇有巧思。短短几分钟的视频，从立意、构思文案到着手实施，取景拍摄、构图、内容衔接，配乐的匹配内容到后期制作，是耗费了很多时间和心血的。其次，这种简约唯美的视频唤醒了人们内心最深层次的渴望——放缓生活节奏，回归自然。她的作品仿佛将人带入了一种宁静而古朴的环境，使得身心疲惫的人能够得到喘息，并获得一定程度的治愈。其创作的视频在无形之中传递了一种乐观积极的生活态度，并且倡导通过勤劳的双手创造一个美好幸福的生活，成为劳动人民健康向上的生活理念。最后，李子柒的作品能够很好地传达中华独特传统文化品位和理念，这是她超过普通视频博主的闪亮点，让她在成千上万的视频博主中脱颖而出，得到大家的青睐。

3.8.3 简约唯美的实战秘诀

　　当将简约唯美融入旅游传播实战中时，需要将其具体融入内容创作、视觉设计和传播策略中，让美一以贯之。在这个过程中有三大关键要素，即形美、神美和范美。

第一，形要美。指的是所传递内容的形态要美，散发着纯粹、优美的气息。也就是说，形态上要采用简洁、纯粹的设计风格；在图片、视频和传单等媒介上呈现出优美的视觉效果；在文案和文字描述中，采用简洁明了的语言，突出目的地的独特之处，突出目的地的美感和特色。

第二，精神要美。指的是传递的内容要能在精神层面给予受众情感支持，或愉悦或抚慰或发人深省，体现的是美的价值支持和引领作用。不管是旅游图片、文字表达或是视频传输，大众对于传播内容的要求从来不只限于简单的信息传递，真正受到追捧和喜爱的往往是富有精神内核的作品。宣传内容中可以包含各类情感，也就是各种精神内核，可以是对于自由生活的向往、可以是对人生的体会感悟、可以是对于未来的迷茫和探索。总而言之，简约唯美的旅游传播内容必须形神兼具、神入骨肉、"玉树临风"。

第三，范要美。选择适合泛Z世代的社交媒体平台，将简约、唯美的旅游内容发布于这些平台，利用精美图片、简洁视频等视觉内容引发受众的兴趣。但要注意，对于美的事物，理应配以有范的传播方式，其传播风格基调应以简约为主，包括设置的互动议题也应贯之于同样的风格。设计简约而优美的互动内容，鼓励目标受众参与讨论、分享，例如简约的话题讨论、短视频挑战等，增强互动的吸引力。

3.8.4 简约唯美应注意的事项

在简约唯美内容传播实战中，有如下注意做到"四个把握"事项。

一是把握准确性。确保对目标受众的准确理解，具体而言包括理解泛Z世代的审美需求、兴趣爱好和消费行为，以便根据其特点量身定制内容和传播策略。年轻群体对于美的追求是一致的，也是多元的，一致体现在画面的简约唯美，多元体现在画面所传递的丰富情感。因此，只有做好目标定位，确定好目标群体的情感需求才能更有效地制作传播内容，达成传播效果。

二是把握一致性。无论是视觉设计还是内容创作，都需要保持简约唯美风格的一致性，避免出现不同风格、不同定位的内容。同时，在简约唯美的基础上结合目的地特色注入创新，保持新颖感。美则美矣，更需美轮美奂。内容的燃传播需要的是"长久"的美丽，同一个账号传播的内容应保持基本的共通之处。

三是把握真实性。简约唯美的传播内容应当真实反映目的地的实际情况，避免过度修饰和夸大，防止照片变"照骗"，保持诚实和可信度。泛Z世代对于美的追求是迫切的也是苛刻的，数字时代，年轻人对美的要求越来越高。当出现类似"图片仅供参考"的事件时，游客往往难以接受。他们期望所见即所得，希望所体验的美景与宣传得一致。如果不一致，这种落差不仅会破坏游客的体验，也不利于景区的后续宣传推广。

四是把握合规性。在使用图片、视频等素材时，需确保拥有合法的版权，遵循相关法律法规和平台规定，避免侵权行为。创作内容的原创性是保障传播持续的基础，传播者必须具备高度的网络传播版权意识。

3.9 强仪式感，留住青春的大好时光

在旅游传播中要强调旅行的特殊仪式感和意义，鼓励人们在旅途中创造和留下美好的青春回忆。强仪式感的旅游传播内容包括两种表现形式，一是传播旅游者打卡之仪式感的图片或视频；二是拍摄自己设定的仪式感内容进行传播。这类传播内容旨在唤起受众亲身参与或打卡具有仪式感的活动。通过特定的活动、体验或仪式化的行为，记录和体验生活中的美好瞬间，以此留下珍贵的回忆并分享给他人，进而将这些珍贵的时光永久地留存在记忆中，定格美好，成为青春岁月中的宝贵财富。

3.9.1 强仪式感的本质和特征

从本质上来说，这类旅游传播内容是将旅游中具有仪式感的活动、行为通

过优雅的文字、精美的图片或引人入胜的视频，展现旅行中的美好景观和独特氛围，激发观众的向往之情。同时，增强仪式感的内容还能够引发观众的参与和分享欲望，促进他们在社交媒体上分享自己的旅行经历，进一步扩大内容的传播影响力。对于传播内容而言，强调仪式感可以使受众更愿意保存并传播我们想要传达的信息。对于游客来说，他们通常将旅游景区定义为"只来一次"的地方，因此他们会在心里认为，无论是面对可能仅一次的景观还是普通的花草树木，都值得记录下来，因为这些景点的存在就意味着这些记录有了"特别"的意义。这些记录可能会成为朋友圈或抖音等社交媒体上的内容，并通过这些渠道传播出去，这就是强调仪式感的第一种传播形式，利用游客自身完成传播。第二种形式则是旅游地或商家自身主动营造的仪式感。为了吸引年轻群体的关注，旅游地或商家通常会设计一系列具有仪式感的项目，供游客打卡留念。当然，游客和旅游地及其商家也可以自由发挥，拍摄自己认为具有仪式感的内容。

那么泛Z世代为什么对仪式感如此钟情呢？其实，仪式感体现了个体对生活的一种美好期待，是对自己好点，对生活好点的人生态度，是生命的小确幸。通过一些特定的仪式感受、记录生活的点滴热爱，已经成为泛Z世代较为普遍的行为特征。泛Z世代是在网络和科技海洋中成长起来的一代，他们自信真实、有品有趣，"精致"消费、"精致"生活是泛Z世代的标签。仪式感消费深受泛Z世代欢迎，他们会为了在青春时光做些有意义的事情付出更多的财力和精力。他们追求生活仪式感，乐于分享充满仪式感的生活并期待获得共同爱好人群的认同；他们强调环境场景的搭配，善用滤镜，加上可爱的卡通形象，配合流畅的写意字体。让一根冰糕、一件衣服，甚至一根火腿肠都表现出满满的仪式感。也正是这样，有仪式感的传播内容更能吸引他们。

从特征上看，强仪式感的旅游传播内容具有独特性、打卡性、社交性和分享性。首先，独特性是指传播内容能让人们觉得与众不同。如果我们从生活的角度来理解仪式感，仪式感事实上就是将自己平凡的生活变得有那么一点不平凡，变得鲜活独特，让自己的生活即使不能做到鲜衣怒马，但也能有趣有盼。

而旅游，本身可以成为仪式感，旅游中的具体某一点更是生活仪式感的主要素材。对于泛Z世代而言，他们倾向于对外展示与众不同的自己，也更加注重个性化和独特的体验，旅游过程中他们往往会寻找一些独特的体验或景点。相应地，他们也更愿意发布具有独特性、充满仪式感的旅游内容。对于泛Z世代的仪式感追求，服务供给者也在充分配合这种现象，纷纷将自己的地方营造成网红形象，请网红来拍摄打卡借此带动粉丝进行跟风打卡。宣传上强调异地感、陌生感、神秘感、独特感，以一种新颖的方式进入他们的视野。如此一来，能称得上有仪式感的传播内容必然是独特。其次，打卡性是指传播内容具有标志性或代表性，适合用来打卡、留念，成为泛Z世代替你在社交媒体上展示自己旅行经历的重要素材。随着社交媒体的普及，打卡已经成为旅行过程中不可或缺的一部分。人们在旅行途中，会特意寻找一些具有代表性或标志性的景点、建筑或体验，将其拍照留念，并上传到社交媒体上与他人分享。这些打卡照片不仅是对旅行经历的见证，也是对自己旅行足迹的标记。因此，旅游传播内容应该具有明显的打卡性，能够吸引游客的目光并成为他们打卡留念的对象，从而增加内容在社交媒体上的曝光度和传播效果。再者，社交性指的是传播内容能够引发受众互动与讨论，从而拓展传播影响力。当泛Z世代在社交媒体上发布具有仪式感的内容时，他们并不希望自己发布的内容"默默无闻"，而是渴望点赞渴望回应。因此，优秀的仪式感内容应该能够吸引更多人的关注，促进互动与交流。通过这样的传播内容，也能给旅游目的地或景区景点带来更多的曝光和关注，达成良好的传播效果。最后是分享性。分享性是指传播内容能够引起受众想要分享的欲望。当泛Z世代经历了一段特别的旅行经历或是体验到了某种特别的文化、风景或活动时，他们会产生强烈的分享欲，想要将自己的体验经历，将自己的生活小确幸分享给他人。这种分享欲可能来自他们对于分享快乐和美好的愿望，也可能来自他们对自己旅行体验的满足感与自豪感。因此，强仪式感的旅游传播内容自然不能少了引发分享意愿的特质。

3.9.2 强仪式感的案例赏析

案例一

打卡长沙火爆点是年轻人旅游的仪式感 ①

网红城市长沙,每到节假日,年轻的游客数不胜数。长沙对自己城市的旅游定位清晰,坚持走符合年轻人夜生活的城市之路,对于网红打卡点"茶颜

长沙打卡街区
摄影师:刘剑聪

---

① 案例来源:百度百家号@开屏客户端. 追音乐节、打卡网红点、探秘小众目的地……"Z世代"旅游消费全面崛起 [EB/OL]. 2021. https://baijiahao.baidu.com/s?id=1700469001480793930&wfr=spider&for=pc.

03. 面向泛 Z 世代有哪些旅游传播内容燃？

悦色"和"超级文和友"也进行了相应的重新打造和改进，在网络平台上对长沙的流量进行加持。"来到长沙不喝茶颜悦色，不到文和友，怎么能算是真正地来旅游过呢？无论排多长的队等多长时间，就是为了打卡那一刻的仪式感。"这是来到长沙旅游的年轻人给出的想法。据调查显示，许多年轻人来到长沙旅游就是为了打卡。而长沙最值得打卡的两个网红 IP 便是"茶颜悦色"和"超级文和友"。

来过这里打卡的一些年轻人表示：自己到达长沙"超级文和友"后发现，这里的功能，并不仅仅是自己之前想象的"可以吃到本地小吃"。味觉上，这里有无数裹挟着长沙本土风味的小吃，在到达前就给自己形成了想要尝尝长沙的味道，就必须去文和友的印象；视觉上，文和友呈现的"老长沙"的情怀感与复古感，非常适合游客以其为背景进行内容创作，用拍照、短视频的方式传

长沙"超级文和友"打卡处
摄影师：刘剑聪

播并扩散；而在文化方面，这里包裹着长沙味道和市井风情的文创、周边和展览都能增加自己的记忆点和新奇感，作为礼物送给朋友，朋友也会产生想去长沙打卡的想法。

从这个案例里我们可以看到两种仪式感传播内容的身影。一是，长沙文旅凭借对自己城市优势的清晰认识，以打卡仪式感极强的IP——文和友与茶颜悦色——作为旅游传播的主要内容，激发泛Z群体的打卡欲，成功塑造网红城市的长红品牌。二是，受众自发的仪式感内容分享。泛Z世代喜欢在有限的青春里，做些富有仪式感的事，例如打卡城市网红标签——长沙，实地打卡后再通过社交平台分享，形成良性的种草传播，持续带火网红IP。这些传播内容成为长沙最重要的口碑内容。简言之，长沙巧妙地借助特色的小吃完成对于城市旅游的宣传，在年轻人打卡完成后，茶颜悦色和文和友的食物照片分享至网络平台，图片和视频的冲击力更广更深刻，加上专业的推介平台小红书的加持，长沙的宣传热度会因此上涨，游客则通过朋友圈等平台为长沙做了内容传播。

穿汉服才能进入的景点——江西熹园[①]

旅途中，我们总会遇到或多或少的新奇事物，有的景区有独特的景观，而有的景区有特殊的规定。江西有个景区就很特别，景区里面都是古建筑，游客必须穿汉服才能进入景区，是不是很新颖？它就是江西的一个旅游景区，叫熹园。这个园子是朱熹的故居，所以用他的名字来命名。熹园它本身没有什么独特之处，只是为了表达对朱熹的崇敬，而以"文化园林"的特征来吸引顾客。

---

① 案例来源：搜狐网. 穿汉服才能进的景区，受到年轻人的追捧，汉服为何越来越流行？[EB/OL]. 2019. https://www.sohu.com/a/334146784_120170285.

03. 面向泛 Z 世代有哪些旅游传播内容燃?

对于泛 Z 世代而言，最为独特的当数这个景区明文规定，游客需要穿上汉服才能进去参观。

汉服是汉人自我认同的文化象征。当前，汉服因其独特的样式而备受青睐。一些汉服爱好者专门建立了汉服社区。随着传统文化的弘扬和普及，越来越多的人开始喜欢穿汉服，这些人的身影也在各大旅游景区和步行街上变得越来越常见。但穿汉服才能进景区的规定却是少见的。江西熹园依托自身的秀丽风景，搭配历史文化底蕴，吸收新鲜年轻血液带动文旅产业发展。年轻人对汉服的喜爱程度日渐加深，熹园在此时提供场地为汉服群体带来沉浸式体验，在增强游客体验感的同时，也加强了对园区的装饰，是双赢的效果。

穿汉服是该景区为内容传播特意指定的仪式感，在游客感受到穿汉服游玩的乐趣并叠加园林美景的加持时，往往会在社交平台上分享这些体验。而这些体验的照片、视频等将会成为景区传播的优秀内容。这类传播内容能够帮助景区打出知名度，也将激励景区和游客共同创造新型仪式感。

2021 年"厦门春季休闲生活之旅"旅游产品发布会汉服表演
图片来源：厦门文旅微信公众号

案例三

西安永兴坊游客排队等候喝摔碗酒 ①

"摔碗酒，摔掉烦恼，摔出福气！喝了摔碗酒，家里啥都有！"看了这样的广告词，真的让人忍不住想去一探究竟。自2018年西安永兴坊美食街的一家店铺推出了"摔碗酒"之后，在网络媒体的助力之下，一时间可谓是火遍大江南北，就连西安也似乎在一夜之间，就成了网红城市。只见不大的店铺门前，排队"摔碗"的游客是络绎不绝，几块钱一碗的地道米酒，度数低，口感好，每天能卖个几千碗，很多人更是不远千里"打飞的"奔赴西安，只为来体验一把摔碗的豪情。

一开始永兴坊的摔碗酒还没有那么火，但是在游客将摔碗酒的视频传到网络，一下子走红网络，或许是因为这种豪迈的喝酒方式，或许是更多年轻人需要用这种形式来宣泄内心的苦闷和烦恼，所以来喝摔碗酒并录制视频的网友越来越多，最后发展成为全国各地的游客都来跟风录视频，从而西安永兴坊一炮而红、一发不可收拾。从这就可以看出，景区设置的特有仪式感是成功的第一步，而依靠游客将这种极具仪式感的体验传播出去则是成功的关键。这也体现了强仪式感的旅游传播内容的魅力。

这个案例很好地向我们展示了要怎么通过独特的体验和仪式感来推动旅游传播内容的成功。第一，这家店铺通过推出"摔碗酒"这一独特的具有很强仪式感的体验，成功地吸引了大量游客的关注和兴趣。游客们纷纷前往体验，为了"摔碗"而排队，这种热情和追捧进一步推动了"摔碗酒"在网络上的传播和曝光。第二，游客将摔碗酒的体验录制成视频，通过网络媒体传播出去，使得这种特殊的旅游体验迅速走红网络。这种极具仪式感的喝酒方式成为网友们讨论和分享的热点话题，进一步扩大了"摔碗酒"的知名度。总而言之，这种强仪式感的旅游传播内容在吸引游客的同时，也通过游客自身完成了传播，从

---

① 案例来源：中国青年网. 西安：摔碗酒人气火爆 游客争相体验［EB/OL］. 2018. https://baijiahao.baidu.com/s?id=1598949347467843855&wfr=spider&for=pc.

而取得了巨大的成功。

3.9.3 强仪式感的实战要诀

如何创设强仪式感的旅游传播内容呢？

首先，突出创意性。明确传播内容的目标，了解受众的需求和行为习惯，才能确定传播内容的创意方向和独特卖点。泛Z世代有着不同的兴趣圈层，可以结合目的地优势找准一个点开展创意策划工作，进而开展传播内容的制作和拍摄。当然，所制作的内容必须具有强烈的视觉吸引力和仪式感。

其次，突出打卡性。打卡是强仪式感传播的表现形式，也就是前文所说的，独特性、打卡性、社交性和分享性。只有这样的传播内容才能给游客留下深刻的印象和记忆，催发他们的打卡欲望，吸引他们前来目的地开展独特体验，进而形成社交互动、分享互鉴，促进内容的传播和推广。

最后，突出认同性。仪式感强的传播内容往往是能够与他人共享的、为圈层所认同的。在创作此类传播内容时，应着重通过设计参与性的体验来营造共享的氛围与情境。这样更能强化游客对仪式感的认同，旅游传播者所设置的仪式感只有得到游客的认同，才能内化为游客的信念，并从情感上和理智上给予支持。也就是说，游客更会"心甘情愿"地融入这种仪式感，宣传这种仪式感，达成良好的传播效果。

3.9.4 强仪式感应注意的事项

第一，丰富传播内容。景区在面对游客的仪式感需求时，可以设置多样化的值得传播的亮点，配合游客完成拍照片、录视频甚至直播的传播形式，传播内容越丰富，给大众的观感更好，更能多方面地吸引潜在的游客。当然，这是建立在对受众的深度了解基础上，对于泛Z世代的旅游市场，必须深度了解他们的喜好、价值观和消费习惯。只有了解他们，才能为他们创造并提供符合他们需求和期望的旅行仪式感。

第二，激发游客传播。旅游地及其景区应善于觉察和体会游客的需求，顺势激发其参与传播的兴趣。特别是当游客在景区中感受到仪式感强的独特体验，并产生了分享意愿时，旅游地及其景区工作人员应视情况主动提供帮助，协助游客拍摄具有传播潜力的内容，调动他们的分享意愿和传播行为。旅游地及其景区也可以设置传播互动环节，建立一些传播的奖励机制，激励游客的传播行为。例如在打卡点设置发朋友圈或拍摄抖音等，就能获得小礼品的奖励机制，以此吸引更多游客帮助完成传播。

第三，尊重地方文化。传播者要确保设计旅游传播内容不会相悖于当地文化以及主流价值观。在创设过程中，必须尊重当地的风俗和传统，对于不当或敏感内容不可触碰，避免引发争议特别是负面舆论。毕竟我们要的是红火而不是炒作，没有必要冒着风险去试探受众对违背当地文化和主流价值观所形成的强烈反应。

3.10 强力刺激，大脑会记住你想要的

"强力刺激"指的是旅游传播者通过各种具有强烈感染力、新颖性和冲击性的传播内容，激发泛Z世代的感官、情感和思维，促使他们对旅游目的地或产品产生深刻而积极的印象，从而激发他们对旅游目的地或产品的兴趣和关注。这类传播内容通常具有冲击性、炸裂性，能够在受众中引发强烈的情感反应，使他们在大脑中留下深刻的记忆和印象，进而达到良好的传播效果。

"强力刺激"有多种不同的表现形式，例如传播内容的"炸裂性"，可以是标题的炸裂，也可以是传播内容的炸裂。所以强力刺激其实是针对上述几点传播内容的综合运用，用冲击性的内容带给受众绝对刺激，所以"绝对冲击"就是强力刺激的关键词。

3.10.1 强力刺激的本质和特征

从本质上说，强力刺激的旅游传播内容就是将具有强烈刺激的旅游信息，多次、强力作用于个体大脑，让大脑迅速记住这些信息，并作出积极的情感反应，促使他们对旅游产品或目的地产生兴趣，从而实现预期的传播目标。如果

用一个短词来概括这个本质，那么"留下印象"或许是合适的。不论是刺激性的画面内容给人留下视觉冲击，还是朗朗上口的配音让人忍不住想要模仿，或者是魔性的配乐让人不自觉地哼唱出声……种种形式给人留下深刻的印象就是强力刺激的本质。特别是对于泛Z世代而言，他们不愿意平淡，喜欢刺激，具有强有力刺激的内容，更容易引起他们的兴趣。通常，这类信息内容是极具冲击性和炸裂性，这可以是内容标题具有炸裂性也可以是内容本身具有炸裂性。从表现形式上看，也是多种多样的，可以是单一的旅游画面、声音、文字，也可以是综合多种感官信息的旅游视频。不论哪一种，这些内容都可以一眼吸引你刺激你，让你感到快乐刺激产生猎奇心理，进而印象深刻迅速记住并产生模仿行为。前段时间流行的重要事情说三遍，一句话在耳边讲多了之后我们自然而然就会记住。所以现在网络用语火得快，因为其简单快速又有极强的冲击力。而在短视频时代，短暂强烈的刺激更加明显，从最开始的"集美"到现在的"在小小的花园里挖呀挖呀挖"这类口头语，数不尽的刺激在我们生活中出现。这些网络用语基本上都是形成大面积模仿后才一遍遍进入我们的视野，因为其洗脑的旋律和有趣的画面，我们慢慢也接受了这种冲击，这一切都符合人脑的记忆流程，经过多次的刺激我们可以记住传播者想要我们记住的内容。

就旅游传播而言，也是如此。特别是探险类型的旅游目的地，更会通过这种强力刺激的传播内容展示自己的独特亮点。例如攀岩、滑雪、冲浪等旅游视频内容的传播，无不充满着惊险刺激，给受众带来了极大的心理冲击和震撼，也吸引着众多冒险爱好者围观、参与、传播。

那么强力刺激的旅游传播内容具有什么特征呢？首先，要具有很强的感染力。只有具有强烈感染力的旅游传播内容，才能够触动受众的情感和思维，甚至触及受众的内心，激发出情感反应。内容也能够更加生动地传递信息，有利于受众接受和记住这些信息。当下不少传播内容通过不断重复来达到感染受众的目标。例如岳云鹏在春晚现场演唱的一小段"五环之歌"，这首小曲歌词非常简单，旋律也是从老歌照搬下来，但是为什么可以让全国观众都记住，并且习惯性认为这就是岳云鹏的代表作？就是因为这首歌曲的歌词和旋律全都是重复性的，人的记忆是可以不断堆叠累积的，一遍遍洗脑性质的重复记忆可以给观众带来深刻的印象。其次，要有一定的新颖性。强力刺激的旅游传播内容只有与传统的内容有区别，才能够快速抓取受众的注意力和兴趣。这类传播内容的新颖可以体现在创意的表现形式、新奇的体验方式或者是独特的传播视角，让受众感受到不同于别处的新意，引发他们的好奇心和探索欲。再者，具有强烈的冲击性。冲击力和震撼力是这类传播内容有别于他者的一大特征。突出的视觉效果、引人注目的标题或言辞是这类内容的标配，如果有极限性的内容那就更容易带给受众强烈的刺激。例如跟拍滑雪的宣传视频，短短几十秒就能够让观众和滑雪者一起徜徉在皑皑白雪之中。滑雪者精湛的技巧和超牛的勇气都让观看者目瞪口呆、肾上腺素飙升。这类极限运动视频，用最简单直接的记录形式展现其极致魅力，给观众带来强烈的冲击，在脑海中留下深刻印象，从而完成下一步的传播。最后，具有炸裂的效果。炸裂性不仅体现在内容或标题，更体现在传播效果的炸裂，也就是能引发广泛的甚至是全网讨论和传播。炸裂性的内容能够在互联网里迅速扩散，触达更广泛的受众群体，产生持久的传播效果。当然，这正是强烈刺激的旅游传播内容所期待的效果。

3.10.2 强力刺激的案例赏析

案例一

第一视角攀爬阿尔卑斯山的刺激[①]

强烈刺激不仅包含声音刺激，还有内容刺激。例如蹦极、攀岩等极限运动如果出现在新闻中，人们的视线会被迅速吸引。2020年7月9日，新周刊在抖音短视频推送了一条名为《太震惊！太刺激了！第一视角攀爬阿尔卑斯山》，展示的

---

① 案例来源：网易视频. 老外勇攀阿尔卑斯山，站在山顶的那一刻，第一视角太震撼［EB/OL］. 2024. https://www.163.com/v/video/VXROL8ILI.html.

是国外人徒步攀登阿尔卑斯山到山顶，每一步都走在山尖上，最后居然站起来拍照，其画面惊险刺激，让人看完都晕头转向。这条视频在抖音上获得了276.1万的点赞，10万+评论。视频内容呈现真登山的惊险，强力刺激着观众，从而留下深刻的记忆。不少网友还评论说"摄影师才牛，手都不带抖"。这个视频就是利用画面内容的刺激吸引观众的注意力，引起相关讨论。这条视频为什么可以得到如此高的点赞和评论，是因为其画面的刺激性。在首批观众发现并观看视频后，出于对刺激性内容的分享欲望，观看过后的观众会将视频内容进行转发，由此扩大视频内容的受众范围，传播内容的刺激也是受众助力传播的一大优势。

从这个案例，我们可以看出利用强烈刺激的内容可以有效地吸引观众的注意力，达到良好的传播效果。首先，这个视频第一视角展示了攀爬阿尔卑斯山的惊险场面，让观众仿佛置身其中，感受到强烈的刺激和紧张。这种颇具新意的呈现方式让人印象深刻，能很好地吸引受众注意。其次，这个视频内容通过第一视角让观众和登山者共同经历极限挑战的过程，能够让观看者感受到登山者的勇气与决心，产生情感冲击引发共鸣，从而增强对内容的好感度和认同感，也强化了受众主动分享和传播的意愿，进一步扩大了传播的影响力和效果。

华山第一长空栈道——令人心惊胆战的探险之地 ①

华山长空栈道，这个名字悄然在户外探险圈崛起，仿佛一个神秘的传闻。人们纷纷传颂着这个令人胆战心惊的探险之地，并将其形容为上帝与死神之间的较量。这个刺激动人的栈道成为硬核探险爱好者的最爱，只有敢于挑战的人才敢一探究竟。

华山长空栈道被誉为是目前国内最危险的栈道之一，全程约200米，悬于峭

---

① 案例来源：百度 @贤来无恙. 华山长空栈道多数人不敢上去 [EB/OL]. 2023. https://baijiahao.baidu.com/s?id=1786208366126649020&wfr=spider&for=pc.

壁之上，蜿蜒曲折，令人望而生畏。它的名字充满了诱惑与危险，让人无法抗拒想要一试身手的冲动。而且，这条栈道并不仅仅是为了刺激而存在，它的美景更是让人心动。站在栈道上，仿佛可以近距离触摸到天空，感受到风儿的轻拂，这种强烈的视觉冲击加上身临其境的感觉，让人一瞬间忘记了自己是如何害怕的。

而面对这种惊险刺激的项目，华山旅游景区也是第一时间将长空栈道作为主打的宣传项目，并且定位准确，宣传思路清晰。明白华山长空栈道的魅力不仅限于现场，更是利用网络引发了一股驴友疯狂潮流。例如抖音账号名叫小蜗的博主，就全程记录了自己在华山长空栈道行走的全过程。通过视频画面我们能看出，博主将准备过程和行走过程都记录清晰，华山长空栈道在视频中就是极其险峻，踏上之后身侧就是几乎垂直90度的坡度，每一步行走都好像在悬崖边反复跳跃。而这一精彩视频也获得了同类型视频中全网最高点赞，共收获点赞71万，评论数13万。网友们也纷纷在评论区回应自己去过后的感想，或者还没去的纠结心理等。华山长空栈道利用自身刺激性的优势，带动游客进行传播，并充分了解自身的刺激性优势，在内容传播上主打一个知己知彼百战百胜。

案例三

旅行前的惊喜：机票盲盒推出遭抢购 ①

近年来，充满惊喜和刺激感能够"以小博大"的盲盒逐渐成为年轻人新宠。这些盲盒主打不同的噱头如"手机盲盒"可以开出手机，"红包盲盒"可以开出现金等，这些抓住用户兴趣点的盲盒在抖音上有不少开箱视频，获得了较高的流量与关注。除了玩具盲盒、化妆品盲盒等，还有一些更加刺激的实用性盲盒，例如"机票盲盒"。"机票目的地盲盒"是同程旅行发起的机票营销新玩法，用户花98元即可购买一张指定出发地、随机目的地、随机日期的国内单

---

① 案例来源：杭州网. 98元的"机票盲盒"遭抢购致系统瘫痪 网友：惊喜与"吐槽"并存［EB/OL］. 2021. https://baijiahao.baidu.com/.

程机票。如果获得的机票不符合预期，还可以全额退款。在清明小长假3天里，"机票目的地盲盒"活动吸引了超过2000万用户参与，并引起众多媒体关注，成为2021年春季旅游营销领域第一个现象级爆款。机票盲盒与实物盲盒相似处在于，用户购买的是一份机票兑换权益，但有关兑换目的地和出发时间等具体信息，在"拆盒"前是未知的；与实物盲盒不同的是，"机票盲盒"既保留了"拆盒"时期待未知变为已知的体验，也避免了购买盲盒的成本。在遇到不满意的目的地结果时，用户可以全额退款，因此，用户在"机票盲盒"中仅需付出一定的时间成本，而无需任何金钱成本。

机票盲盒一经推出火爆全网，在全网都形成了推行机票盲盒的热潮，抖音上就有博主关注到这个热点，在自己的视频账号中特意设立了一个体验机票盲盒的专栏。抖音博主@羊毛月就在自己的账号里设立了#城市盲盒#系列，购买多次机票盲盒进行体验。其中第一次去到了陕西汉中，作为该系列的较早实践者，他的该条视频获赞量112.5万，评论数9.8万，一下子掀起了全网对于机票盲盒体验的讨论度，而这种体验后再进行传播就是最好的传播内容。

不管是实物盲盒还是机票盲盒，归根结底都是利用大众追求刺激的心理，帮助平台吸引流量以及带来品牌效应和经济效益。

3.10.3 强力刺激的实战要诀

如何打造强力刺激的旅游传播内容呢？制胜有三招：一独、二险、三多触点。

第一，独，指的是传播内容或者传播视角要独特。如果旅游目的地或旅游产品具有无人能敌的独特魅力和吸引力，那么就针对泛Z世代追求个性化、刺激感和独特体验的特点，设计具有新颖刺激、独一无二的旅行体验，开展视频、图片、文字等多种形式的内容制作，并将之传播出去。如果旅游目的地或旅游产品有资源但称不上独特，那么就要从传播视角上着手，以创意的方式将产品推广出去。这两种策略都旨在带给受众强力的刺激。

第二，险，指的是当目的地不具备有效刺激元素时，那么不妨兵行险招，从内容标题上制造噱头给予受众刺激。噱头用得好的窍门在于聚焦情感共鸣、呼唤情绪价值。借助故事化、情感化的传播内容，触发目标群体的情感共鸣，让他们产生更深的情感连接，从而增强对旅游产品的记忆与认同。之所以说险，原因在于噱头玩得好那叫有眼光，玩不好可就脸上无光，甚至信誉形象也会被败光。因此，既要用好，也要慎用。

第三，多触点。强力刺激还来源于重复性但多元化的输入，因此要采用多触点的方式传播旅游内容，如利用社交媒体、网络直播、线下活动等多种传播方式，形成传播内容的多点触达，进一步强化传播内容对泛Z世代的刺激和记忆。相对传播内容刺激性突出而言，多触点，更多的是让频率说话，强调的是如何发挥好高频叠加刺激记忆点的作用。

3.10.4 强力刺激应注意的事项

在实战中，为生产更强的刺激性传播内容，激发泛Z世代的情感共鸣和参与欲望，进而增强旅游传播效果，要如下注意事项。

一是不可忽视安全。在打造强力刺激的旅游传播内容时，安全至关重要。冒险刺激天然与安全无虞不对头，在制作传播内容的过程中，都始终要优先考虑传播内容的安全，为传播内容在强力刺激之下顺利抵达目标受众的彼岸留足坚实的基石。

二是不可一味求奇。能给受众带来刺激记住产品固然是传播的重要目标，但好的传播生态不仅在于此，还要考虑这种刺激带来的社会效益。好的传播永远是经济效益与社会价值的携手共进，只有能够给社会带来积极价值的产品、传播才能可持续发展。一味求奇、求怪、求险，扭曲传播内容，套上刺激的龙套，往往得不偿失。

三是不可小视影响。在设计和制作具有强力刺激的旅游传播内容时，要注意避免出现不利于旅游目的地或旅游产品形象的情况。不能使用低俗、暴力或其他可能引起争议或负面印象的传播内容，尽管这些内容也能带来强力刺激，但违反公序良俗，也有损旅游地和产品的形象，千万别去触及。

04

面向泛 Z 世代哪些旅游传播渠道燃？

　　面向泛 Z 世代的旅游传播，要像那些时代的超级英雄一样，拯救无聊，点燃激情。这就不仅要求它的传播内容和方式要"燃"，而且其传播渠道也必须"燃"。目前，传播旅游的新媒体渠道主要有旅游电子商务平台、门户网站、搜索引擎、社交平台、短视频、音频、新闻客户端、问答社区、垂直 App 和小程序 10 种类型。在旅游进行燃传播时，这 10 种渠道如同一支多才多艺的乐队，每个成员都有独特的声音和节奏，汇合在一起，就能演奏出震撼人心的交响乐。在实际的旅游传播中，并不是一个传播内容或传播形式，只会选择一种燃传播渠道，而是可能同时或先后采取多种燃传播渠道，甚至可能会呈现出新的传播阵仗，但我们将仅仅叙说单一的燃传播渠道，以便读者深度把握每一个传播渠道的要义，从而融会贯通地把控这 10 种燃传播渠道。

　　尽管这 10 种渠道各有特色，可它们也有共同的制胜武器，我们先在此叙述这些共同之点吧。

　　第一，把握传播渠道的特性和目标受众。新媒体平台数量繁多，根据内容生成方式、业务功能、媒介形式等的不同，可以分出许多截然不同的平台类型。例如，UGC 平台与 PGC 平台、资讯类平台与电子商务平台、网络视听平台与知识分享平台、音频平台与视频平台等。这些平台在传播特点与优势上也存在许多不同，这些不同之处就恰恰需要旅游燃传播者在渠道选择上追求专业细分与整合协作之间的有机统一。此外，不同类型的新媒体平台以及相同平台内部的不同板块，其用户群体可能都会有所不同。分析不同平台及其内部板块的用户喜好，进而投其所好地策划有针对性的旅游燃传播内容和形象，可以起到事半功倍的效果。

第二，选择旅游传播渠道应匹配传播内容。根据旅游传播内容的不同，选择与之相匹配的传播渠道。譬如，旅游产品传播应首选"直击游客群体"的旅游电子商务平台；旅游新资讯发布重点挑选"首页信息传递大量人群"的门户网站；精准关联内容传播应重点考虑"目的明确"的搜索引擎平台；话题内容传播应挑选"人人都是传播者"的社交媒体；个人原创目的地宣传短片应投放于"随时随地表现自我"的短视频平台；情感故事内容传播应重点投放在"'声'入人心陪伴式的"音频平台；活动内容传播应投放于"聚合各类新闻热点信息源"的新闻客户端；研学旅游产品传播应投放在"实现从信息到知识的转化"的问答社区平台；专业性旅游项目传播应投放于"专注特定领域和特定人群"的垂直 App；虚拟旅游传播应考虑在"实现'触手可及'的用户体验"的小程序进行投放。

第三，及时妥善回复用户受众的互动反馈。与传统媒体单向传播不同，新媒体双向传播的特征鲜明，即用户可以与传播内容生产者进行实时互动反馈。各类新媒体平台都为用户提供了一个实时获取用户反馈的渠道，如评论、点赞、转发、收藏等。针对用户的意见反馈，我们一定要进行及时回复。回复时，还应表现出热情、友善、耐心的态度，使用简洁明了、易于理解的语言，避免使用过多专业术语或生僻晦涩的词语。同时，还可以通过发布一些有趣的话题，采取悬赏互动的方式，吸引更多的用户参与到旅游传播中来，进一步提高受众对传播内容的感知和接纳。

第四，做好网络舆情防控管理。舆情管理的重要性是不言而喻的，可以委托第三方实时监测传播内容投放于相关旅游传播渠道的网络舆情，及时发现和分析舆情信息。对于负面舆情，应迅速响应并采取有效措施进行恰如其分地处理。在舆情爆发初期，迅速借助主流媒体权威发声，诚恳回应公众关切，表明态度和立场，在短时间内占据舆论制高点，尽力遏制舆情扩散，避免事态扩大。同时，保持信息的透明和一致，消除误解和猜疑。

上面这四条实战要诀与注意事项是旅游传播渠道共有的，接下来，我们将对每一类型旅游传播渠道所特有的实战要诀与注意事项进行叙说，当某个具体的旅游传播渠道，在上述共有的实战要诀或注意事项中尤其突出或重要之时，我们也会针对性地进行特别单独阐述。

4.1 旅游电商平台，产品聚集直达目标人群

旅游电商平台（OTA）指的是那些依托互联网，以旅游信息库、电子化商务银行为基础，满足旅游消费者信息查询、产品预订、购买及服务评价为核心目的的在线平台。目前，我国旅游电商平台主要有携程网、去哪儿网、艺龙网、途牛旅游网、同程旅游网、马蜂窝旅游网、穷游网、飞猪旅游网、驴妈妈旅游网等。这些平台不仅提供旅游产品预订，还涉及旅游信息分享、游记攻略、个性化服务等。从信息传播角度看，旅游电商平台可将旅游产品或信息通过图文、视频、语音等传递给目标人群。无论是绚丽的日出、壮观的瀑布，还是古老的城堡、神秘的文化，旅游电商平台都能以最生动活泼的方式，让它们在你的眼前跳跃，在你的耳边低语，让你即使身未动，心已远。它让世界触手可及，让梦想即刻启程，这就是旅游电商平台的突出魅力。

4.1.1 旅游电商平台传播渠道的优势与特点

旅游属性辨识度高。相对其他传播平台，旅游电商平台属于旅游这一特定领域的专业化平台。无论是平台界面设计及建站风格等形式，还是功能模块、业务板块、服务或产品等内容，都具有很强的"旅游味"。例如，旅游电子商务平台的 Logo 标识多为卡通动物形象，具有很强的趣味性和欢快情绪价值传递。旅游电商平台在内容上，以机票、酒店、线路、门票、租车、游记、攻略等旅行信息、服务和产品的提供为主，旅游信息、线路和服务产品聚集度高，

与旅游目的地或企业产品传播内容具有很强的天然适应性。

目标群体直达度高。旅游电商平台的用户即游客，其传播内容直达游客群体，目的性强，精准度高。旅游电商平台的用户基本上是有明确需求的游客，他们可能正在寻找旅行相关的信息、服务和产品。这种需求的明确性使得平台能够针对性地提供内容和服务，如目的地信息、旅行套餐、特价机票、酒店预订等，从而提高营销的效率和效果。基于用户的浏览历史、购买记录和偏好设置，旅游电商平台可以实施高度个性化的营销策略。旅游电商平台通常会收集大量关于用户行为的数据，并利用这些数据来优化营销策略和服务设计。

游记攻略是其主阵地。游记攻略是旅游电商平台中非常重要的内容形式，它不仅吸引了大量的用户访问，还直接影响了用户的旅游决策过程。游记攻略通常包括目的地的详细介绍、旅行路线推荐、当地美食和文化体验等内容。这些信息对于计划旅行的用户来说极具价值，可以帮助他们更好地规划行程和预期旅行体验。通过提供这些实用的信息，平台能够建立起用户的信任和依赖。用户在阅读游记攻略后，往往会产生分享自己经验的冲动，或是在评论区交流看法和提问。这种互动不仅增强了用户的参与感，也为平台带来了更多的用户生成内容（UGC），这些内容可以进一步吸引新用户。

市场反应灵敏是其最强优势。旅游电商平台能够快速响应市场变化和用户需求。例如，在某个旅游目的地突然成为热门之后，平台可以迅速调整其推广策略，增加该目的地的相关内容和服务。旅游电商平台通过持续监控市场动态和消费者行为，能够实时捕捉到需求变化和新兴趋势。这些数据包括用户搜索行为、预订数据、点击率、页面浏览时间等。利用这些数据，平台可以及时了解哪些目的地或产品受欢迎，哪些正在失去兴趣。高度依赖技术的旅游电商平台能够利用最新的技术，如人工智能、机器学习等，来提升市场反应速度和效率。这些技术可以帮助平台更精确地预测市场趋势，优化用户信息接收方式。

4.1.2 旅游电商平台燃传播的案例赏析

携程逆势推出星球号旗舰店 ①

面对新冠疫情带来的挑战,携程启动了"旅游营销枢纽"战略,推出了"旅行复兴V计划"和"BOSS直播",并以星球号旗舰店为平台,帮助商家整合内容、流量和商品,构建精准的私域流量阵地,促进用户与商家建立持久的联系。

携程星球号旗舰店成为旅游目的地、酒店、景区等行业伙伴在携程平台上的官方展示平台,它集成了流量、内容和商品三大核心要素。通过携程的精准算法,合作伙伴可以在星球号上发布最新动态和商品链接,与消费者进行有效的推广和互动。这种做法突破了传统在线旅游代理平台仅限于交易的局限,旨在创建一个开放的营销生态循环系统,激发旅游市场的创新和发展活力。

作为全球领先的在线旅游服务平台,携程通过星球号旗舰店这一战略重点,实施"内容+流量+商品"的策略,将内容与消费结合,为国内旅游市场减轻新冠疫情的冲击提供动力。这不仅为携程自身的增长提供了新的动力,也为国内旅游行业的商家提供了强有力的支持,帮助他们跨越内容转化的难关。

星球号旗舰店自上线以来,已吸引了包括70多家全球综合度假区、40多家酒店集团、10多个旅游局等在内的百余家商家入驻。携程利用其数亿旅行用户的精准流量池,使旅游商家可以通过星球号旗舰店,利用优质内容和定制化私域运营工具,精准触达并服务于用户的个性化需求。此外,所有旅游行业的参与者都可以在星球号旗舰店中创建私域运营空间,无论是个人还是品牌,都可以借助携程的产品供给能力,整合旅游相关的各种产品和内容,打造属于自

---

① 案例来源:中国旅游协会微信公众号.携程星球号旗舰店:打造开放的营销生态循环系统[EB/OL]. 2021.https://mp.weixin.qq.com/s/KU4VJEiFTxIb6i1g3fkm5w.

己的营销传播和内容阵地,实现定制化运营和优质的转化效果。这充分体现了旅游电商平台"旅游目标群体直达度高"和"旅游产品聚焦度高"的传播特点。

"旅途星球"利用大数据和机器学习技术,平台能够根据用户的历史行为和偏好提供个性化的旅游推荐。这不仅提升了用户满意度,也增加了预订转化率。这充分展示了旅游商务平台传播的最强优势——灵敏的市场反应。此外,"旅途星球"通过整合线上与线下的营销渠道,有效扩大了其市场覆盖范围。在线上,平台利用社交媒体、电子邮件营销、SEO和内容传播等多种方式提升其可见度和用户参与度。在线下,则通过参与旅游博览会、合作旅行社和设置体验店等方式增强品牌实体感知。这表明了旅游电商平台传播既具有自身的独特之处,还有与其他传播渠道整合的必要性。

马蜂窝,实现每一个旅行梦想[①]

马蜂窝通过与《科幻世界》的合作,推出了创新性的《星际太空旅行指南》,这不仅是一次营销的创新尝试,也是对旅游电子商务平台传播特点的深度利用。马蜂窝选择了长期主义策略,专注于构建用户的持久认同而非仅仅追求短期转化。这种策略帮助马蜂窝在过去十年中稳固了其作为旅游消费决策第一入口的地位。在疫情后的市场复苏中,马蜂窝利用互联网思维,继续扩展其在旅游平台的布局。通过不断生产和分享高质量的旅游内容,马蜂窝成功制造了丰富的旅游消费场景,并通过这些内容撬动旅游产品的销售,实现了供需两侧的价值最大化。

特别是通过与《科幻世界》的合作,马蜂窝不仅推出了具有吸引力的《星

---

① 案例来源:首席营销官.送游客去"太空"探险,年度微电影透露了马蜂窝哪些"秘密"?[EB/OL].2022.https://www.cmovip.com/detail/17656.html.

际太空旅行指南》，还创造了"旅行无限公司"这一全新的营销IP。这个IP不仅拓宽了旅行的概念，将其从地球扩展到宇宙，还成功地吸引了大量年轻消费者的注意。根据《2021年轻人品质旅游报告》，"90后"和"00后"用户更倾向于通过多媒体平台探索新的旅游形式和目的地，马蜂窝正是利用这一点，通过创新的内容和营销策略，成功地引领了这一趋势。

该案例显示了马蜂窝作为电商平台充分发挥其"旅游产品聚焦度高"和"旅游目标群体直击度高"的优势，通过创新的内容营销和深入的市场洞察，有效地连接用户需求与旅游产品，同时塑造和传播品牌形象，推动行业的持续发展和变革。

4.1.3 选择旅游电商平台传播的实战要诀

不是所有的旅游燃传播内容都适合投放所有的旅游电商平台，投放旅游电子商务平台的实战要诀有三：

第一，选对平台，成功在望。不同的平台有不同的目标用户群和专长领域，合适的才是最好的。例如，机票、酒店业务是携程的核心优势，门票业务是驴妈妈的核心优势，线路定制业务是途牛的核心优势，游记攻略业务是马蜂窝、猫途鹰的核心优势，搜索竞价是去哪儿的核心优势，城市周边游是同程的核心优势，低价机票业务是飞猪的核心优势，如此等等，根据自己的口味，选择适合的菜肴。

第二，找对渠道，赢在当季。当有爆款旅游产品上新或者进行当季旅游产品促销时，应优先考虑在OTA平台的"单项产品或旅行线路产品"或"旅游目的地"模块进行投放。这样做可以直接针对那些正在寻找新奇旅游体验或优惠旅游机会的潜在客户，有效提升产品的曝光率和购买率。

第三，抓对模块，流量泉涌。比如，对于网红景区的推广或个性化旅行线路的引流，最佳的选择是在OTA平台的"游记攻略"模块进行内容投放。这个模块通常吸引那些寻求独特旅行灵感和实用信息的旅游爱好者，通过提供有吸引力的内容可以有效地吸引这部分用户的注意力并促进他们的决策过程。

4.1.4 选择旅游电商平台传播应注意的事项

在投放旅游电子商务平台的过程中，有以下四个点需要特别注意：

一要熟悉平台业务板块。熟悉携程、去哪儿、艺龙、途牛、同程、马蜂窝、穷游、飞猪、驴妈妈等各大 OTA 平台的主要业务板块，如机票预订、酒店预订、旅游套餐、景点门票等。同时，掌握各平台板块的运营模式和用户流量特点，分析平台用户的行为习惯和消费偏好。

二要分清产品类型归属。综合各大 OTA 平台业务板块，一般业务板块类型有机票、酒店、门票、线路、游记、攻略、交通、当地人等，目的地或旅游企业应分清自己拟推广的产品归属哪个板块类型。

三要匹配促销引流渠道。不同产品匹配各平台对应的业务模块，例如机票、酒店、门票、线路、游记、攻略、交通、当地人等产品一一匹配平台首页导航栏中对应的业务模块。

四要管理用户评论反馈。投放平台后，要重视对上架产品或游记攻略下方的"用户点评或互动反馈"栏目的管理。实时监控用户的评论和反馈，利用平台的评论管理工具，分类整理用户反馈。对用户的评论和反馈进行及时回复，鼓励用户留下真实的评论和反馈，形成良好的口碑效应。与此同时，要根据用户的反馈，持续优化产品和服务。

4.2 门户网站，首页信息传递大量人群

门户网站作为互联网上的重要信息枢纽，就像是互联网世界的超级市场，它们的首页则是最热闹的中心广场。这里熙熙攘攘，人来人往，汇聚了来自四面八方的游客。新浪、搜狐、网易、腾讯和百度等以社区娱乐为主的门户网站，就像那些五彩缤纷的摊位，展示着最新鲜、最有趣的社区娱乐内容，吸引着无数好奇的目光。而新华网、人民网和凤凰网等新闻资讯类门户网站，则像是那些庄严而权威的新闻发布台，传递着权威、及时的资讯，让人们在轻松的

娱乐之余,也能及时了解世界的最新动态。此二类门户网站的设计,就像是精心布置的展览馆,每一处都透露出统一的风格和协调的美感,让人们浏览之时,既享有视觉盛宴,也享用信息饕餮大餐。从信息传播的角度来看,门户网站就像是一个个强大的信号塔,它们拥有庞大的用户群体,覆盖面广泛,能够将信息像烟花一样绚烂地绽放在"首页"的天空。无论是轻松的娱乐,还是严肃的新闻,都能在这个平台上找到它们的位置,吸引着不同需求的观众,实现着跨平台的信息传播,让每一次点击都充满惊喜和发现。

4.2.1 门户网站传播渠道的优势与特点

门户网站在旅游信息传播方面拥有四个独特的优势和特点,这些优势特点使其成为推广旅游目的地、产品和服务的理想平台。

首先,门户网站依托广泛的用户基础和高访问量特性,能够有效地将旅游相关信息传播到大量潜在游客中。由于门户网站日常访问量巨大,发布的旅游信息能迅速抵达各种年龄层和兴趣背景的受众群体。这种广泛的覆盖不仅提高了旅游目的地或产品、服务的知名度,也极大地增加了吸引游客的可能性。

其次,门户网站提供的多媒体功能使得旅游信息更加生动和吸引人。通过集成视频、图片和虚拟旅游等互动内容,门户网站能够更全面地展示旅游目的地的风光和特色,提供比传统文本更丰富的用户体验。例如,用户可以通过360度全景视频,提前体验旅游地的实际情况,这种互动性和真实感通常能有效提升用户的兴趣和预订意愿。

再次,门户网站的个性化推荐系统使旅游传播的精准度大为提高。基于用户的浏览历史和偏好,门户网站能够向用户推荐他们可能感兴趣的旅游目的地或旅游产品。这种个性化服务不仅提高了用户满意度,也增加了传播的精准度,帮助旅游业者更有效地触达目标客户群,提高转化率。

最后,门户网站的社区和评论系统为旅游传播提供了真实的用户反馈和社区支持。用户可以在门户网站上查看其他旅客的评价和体验分享,这些信息对于潜在游客的决策过程极为重要。此外,用户间的互动可以形成社区效应,增强用户对旅游产品的信任感,促进信息的口碑传播,从而进一步扩大旅游信息的影响力和传播深度。

4.2.2 门户网站旅游燃传播的案例赏析

崂山旅游景区让你神不知鬼不觉地被传播 [①]

2016年端午节期间,一篇标题为《当"自驾游""孝亲游""学生游"遇上农家宴,端午节崂山人气爆棚》的文章在凤凰网多家门户网站上发布,形式上与普通新闻稿无异。文章详细报道了端午节期间大量游客选择崂山作为旅游目的地,介绍了前往崂山的游客类型以及景区为保障游客安全和便利所做的各种准备。文章开头提到了"累计接待游客42186人次、同比增长2.7%"等数据,强调了崂山景区的受欢迎程度。然而,细心的读者很容易识别出,这实际上是一篇通过网络软文形式进行的宣传文章。文章虽然采用了采访的形式,但其目的是向读者展示崂山景区的热门程度,推荐它作为旅游的首选地点。在新媒体时代,采用新闻稿形式的软文相当常见,这种方式相对于直接的硬广告,往往能更加吸引读者的兴趣。

这篇文章虽然表面上看似一个普通的新闻报道,但实际上是一种精心设计的网络软文,旨利用门户网站如凤凰网等平台推广崂山作为旅游目的地。崂山景区的这一网络软文宣传案例展示了如何有效地利用门户网站和新闻稿形式来推广旅游目的地。借助旅游门户网站访问量高、传播面广、图文并茂、直观表达的特点,该软文文案能在短时间内迅速传播开来,并取得很好的传播效果。

---

① 案例来源:安徽智游网微信公众号.分析10大旅游营销经典成功案例[EB/OL]. 2017. https://mp.weixin.qq.com/s/jNobKg2Mc_0CFOvY6d_Yxw.

新华网等报道沧州纽约花车游行，收获极佳海外传播效果 ①

在纽约的新春爱心花车大游行文化节中，以"文武沧州，运河古城"为主题的花车成为一场"文化出海"的精彩表演。这辆花车设计为古船形状，船上还进行了精彩的舞狮表演。沧州的立体花车被主办方安排在游行队伍的最前方，搭配梅花、灯笼等传统元素，展现了一幕令人动容的东方文化视觉盛宴，赢得了海外观众的频繁掌声和称誉，最终荣获本次文化节"最美花车"的荣誉。

活动结束后，新华网北美公司的三个主要海外媒体账号迅速发布了关于沧州花车游行的帖文，获得超过 6 万次的点赞，推特上的转推超过 6000 次，Facebook 的转发超过 5000 次。包括新华社、《人民日报》、美联社、雅虎新闻、中新社、中国日报、凤凰新闻、韩联社、每日先驱报、市场观察、美国 ABC 电视台、美国福克斯电视台和美国哥伦比亚广播公司、越南时报在内的多家中美权威媒体对此次活动进行了报道。报道以中文、英语、法语、德语、西班牙语、葡萄牙语、日语、韩语、泰语、马来语等 10 种语言发布，受到多家国际主流媒体的高度关注和积极响应。报道发布后 72 小时内，共有来自 30 多个国家和地区的 868 家媒体进行了报道或转发，覆盖的海外受众超过 4.6 亿，国内受众超过 2.7 亿。报道主要聚焦于游行中展示的沧州古城文化元素，获得了极为正面的评价和出色的海外传播效果。

沧州在纽约新春爱心花车大游行文化节中的表现是一个展示如何通过文化活动和门户网站合作，有效提升地方旅游和文化品牌的典范。活动通过新华网北美公司和其他多家中美权威媒体的报道，以及多种语言的发布，扩大了信息

---

① 案例来源：新华网．"2022–2023 年新华网文旅国际传播优秀案例"推荐案例公示［EB/OL］．2023.http://www.xinhuanet.com/world/2023–09/22/c_1212272169.htm.

广泛传播的渠道。这种多语种的报道策略不仅覆盖了广泛的国际受众，也增加了信息的接受度和影响力。通过这种方式，沧州的文化特色和旅游资源得到了全球性地展示，有助于吸引更多的国际游客。其实，该案例最重要的一点是沧州纽约花车游行活动借助新华网等门户网的传播，引起了用户的广泛点赞、转发和互动评论，充分展现了门户网站强大的社区和评论系统。

4.2.3 选择门户网站传播的实战要诀

从实战出发，选择门户网站有四个关键步骤：

第一步，掌握渠道定位。不同的门户网站因其业务定位和用户基础的差异，为旅游产品的推广提供了各具特色的平台。例如，一些网站可能专注于提供旅游和休闲相关内容，吸引了大量寻求旅游信息的用户；而其他网站则可能聚焦于商业和财经，其用户群体可能对商务旅行或高端度假产品更感兴趣。因此，了解每个门户网站的业务定位和主要用户群体是旅游燃传播内容投放门户网站的基础。

第二步，把握用户定位。通过分析门户网站的用户行为数据、内容偏好和参与度等方面，精确识别出各网站的核心受众。例如，一个以生活方式为主题的门户网站，其用户可能更倾向于寻找家庭旅行和休闲度假的信息；而一个以新闻和当前事件为主的网站，其用户可能更关注商务旅行或文化探索类的旅游产品。针对泛Z世代，可以进一步细分其偏好和行为特征，如喜欢哪些类型的旅游目的地、关注哪些旅游相关的社交媒体话题等。这些信息有助于精准定制传播内容，确保内容与目标用户的需求和兴趣高度相关。

第三步，优化传播创意。根据目标用户的偏好和行为特征，设计引人入胜的广告创意。这可能包括吸引眼球的视觉设计、引发情感共鸣的文案以及与用户互动的元素。例如，可以使用动态视频或者虚拟现实体验来展示旅游目的地的魅力，或者通过故事化的方式讲述旅行中的独特体验。同时，确保所有创意内容都具有移动设备的友好性，因为绝大多数用户是通过手机访问门户网站的。

第四步，监测传播效果。在广告投放期间，实时监控广告的表现和用户的反应。使用门户网站提供的分析工具来跟踪关键指标，如点击率、转化率、用户停留时间等。此外，收集用户反馈和评论，这些信息可以提供用户对广告内容的直接反馈。这一阶段的数据收集对于评估广告投放的效果和确定是否需要调整策略至关重要。

4.2.4 选择门户网站传播应注意的事项

旅游燃传播内容投放门户网站要特别注意四个方面：

一要重视感染力。旅游软文是通过故事化的方式向读者介绍旅游目的地、文化和体验的一种广告形式。在门户网站上发布旅游软文时，内容需要具有高度的吸引力和感染力，以引起泛 Z 世代用户的兴趣和共鸣。例如，可以通过描述一个年轻人在特定旅行中的独特体验和感受，配以生动的图片和视频，来吸引这一代年轻人的注意力。此外，软文中应融入互动元素，如提问或调查，鼓励用户在评论区分享自己的看法和经验，从而增加文章的参与度和传播力。

二要注重文案策划。宝藏旅游文案指的是揭示鲜为人知的旅游目的地或体验的内容。这类文案应该具有探索性和新颖性，能够激起泛 Z 世代探索未知的欲望。在门户网站上，这种文案可以以列表、图文混排或者视频系列的形式呈现，每一篇或每一个视频揭示一个"宝藏"旅游点。此外，结合实时的数据和趋势，如热门搜索词或社交媒体上的热议话题，可以进一步优化文案的时效性和相关性。

三要把握发布时机。利用门户网站的新闻频道发布关于旅游活动的最新消息，是吸引泛 Z 世代注意的有效方式。这些新闻应包括即将发生的旅游节事、特别旅行套餐或新开放的旅游景点等信息。发布这类新闻时，应做到信息的准确性和及时性，以维护门户网站的信誉和吸引力。同时，可以通过推送通知或电子邮件传播，将这些新闻直接送达已经表达过类似兴趣的用户，以提高新闻的阅读率和互动率。

四要发挥多渠道优势。门户网站通常具有多个频道和丰富的用户互动工具，这为旅游广告的多样化展示和用户参与提供了平台。在投放旅游广告时，可以利用这些工具创建一个多维度的传播网络。例如，在旅游频道发布主题广告，在社区论坛开设讨论帖，通过问答栏目解答旅游相关疑问。此外，结合实时聊天或直播功能，可以组织在线旅游讲座或虚拟旅游体验，增加与Z世代用户的互动和深度连接。

4.3 搜索引擎，我们的目的很明确

搜索引擎，这个互联网上的神奇向导，拥有超凡的洞察力和智慧，几乎能够解决你心中的每一个疑问和需求。在我国常见的搜索引擎有百度、搜狗、360谷歌、必应等。当在这些搜索引擎中输入你的疑问时，它们就会为你打开了一扇扇神秘的大门，引领你进入一个个充满惊喜的世界。这些搜索引擎，以其精准的定位和强大的引流能力，将那些最符合你需求的信息呈现在你的面前。搜索引擎传播渠道，就像一场精心策划的演出，它利用人们对搜索引擎的依赖和使用习惯，在你最需要的时候，将信息的束光照亮你前行的道路。它不仅仅是传递信息，更是引导你发现、探索、深入了解，并最终实现交易的桥梁。从信息传播的角度来看，搜索引擎仿佛是一位精准的狙击手，每一次搜索都是一次精准的定位，每一次点击都是一次精彩的引导。它让信息的传播变得更加高效、直接，让每一次搜索都充满期待和可能。这就是搜索引擎的魅力，它让信息的海洋变得不再深不可测，而是触手可及。

4.3.1 搜索引擎传播渠道的优势与特点

目标市场精准定位。搜索引擎允许旅游传播者通过关键词广告和搜索引擎优化（SEO）技术，精确地达到特定的目标群体。例如，通过优化针对"家庭度假"或"冒险旅行"等特定旅游相关关键词，传播者可以吸引具有明确旅行意图的潜在客户。这种精准定位可以帮助旅游传播者更有效地使用营销预算，提高转化率。

提高品牌可见性。搜索引擎通过其广泛的覆盖范围，为旅游品牌提供了极

大的可见性。即使是小型旅游企业也可以通过优化其网站内容，提升在搜索引擎结果页（SERP）上的排名，从而增加品牌曝光。这种高可见性是传统广告难以比拟的，尤其是在全球范围内吸引国际游客时尤为重要。

增强用户体验与互动。搜索引擎不仅仅是信息检索工具，它们还能提供丰富的用户体验，如地图集成、用户评论和评分系统等，这些都极大地丰富了旅游传播的内容。例如，通过谷歌地图的集成，用户可以轻松找到旅游目的地的具体位置，查看周边设施，甚至进行线路规划，这些功能使得旅游决策过程更加便捷和愉快。

促进实时传播。搜索引擎的实时更新能力使得旅游传播者可以快速响应市场变化和消费者需求。例如，在特定节假日或突发事件期间，旅游公司可以通过更新关键词和广告内容，迅速吸引寻求即时旅游信息的用户。这种实时传播策略能够极大地提升营销效果和客户满意度。

跨平台传播整合。搜索引擎优化和传播活动可以与社交媒体、电子邮件传播以及其他在线和离线传播策略整合，形成全方位的市场推广计划。例如，旅游公司可以在搜索引擎上推广特定的旅游套餐，同时在社交媒体上分享客户的旅行体验和评价，以及通过电子邮件传播推送更多个性化的旅游信息。

4.3.2 搜索引擎旅游燃传播的案例赏析

云游·春光中的武汉 ①

2021年，中共武汉市宣传部和武汉市文化和旅游局与百度合作，共同推出了"云游·春光中的武汉"系列慢直播。这一系列活动从百花齐放到樱花盛

---

① 案例来源：百度营销.云游·春光中的武汉,百度营销城市旅游案例［EB/OL］. 2021. http://e.baidu.com/case/4.html.

开，再到武汉重启的盛况，向全国展示了一个风景如画且安全的武汉，同时邀请武汉市民和全国网友一起见证武汉抗疫的最终胜利。

通过充分利用百度的信息平台优势，并联动多个平台、明星资源，共同打造了一场云上樱花节，让网友们仿佛身临其境地感受到了"樱花之城"的全景盛况，并展示了武汉的城市魅力。此外，通过定制的搜索彩蛋、互动小程序和话题，活动不仅增加了观看的趣味性，还拉近了城市间的距离，提升了人们对武汉的好感。

活动的影响力显著，全网曝光达到5.48亿次以上。截至4月8日，共举办了21场云游武汉系列直播和2场大型直播，同时吸引了网友自发创作的图文、Vlog、动态共10091条，为活动的传播提供了丰富的内容。活动还成功联动了6位明星和12家湖北知名景区，获得了千余张门票。在活动期间，还获得了两个百度热搜，分别是"你熟悉的武汉，回来了！"和"晒晒我家的春天"，分别获得491万和421万的搜索阅读量，显示出活动的高关注度和成功度。

在这个案例中，"云游·春光中的武汉"活动是一个典型的旅游目的地利用搜索引擎平台传播特点和优势取得营销成功的案例。通过与百度的合作，武汉市宣传部和武汉市文化和旅游局利用数字平台的广泛覆盖和技术优势，有效地传播了武汉的城市形象，并增强了公众对武汉文化和旅游资源的认识。

首先，百度策划的这个专题活动具有高度的创新性和互动性。通过慢直播的形式，观众能够实时感受武汉的春季美景，如同身临其境。此外，通过定制搜索彩蛋和互动小程序，活动增加了趣味性和参与感，这不仅吸引了更多的观众，也促进了观众之间以及观众与活动之间的互动。

其次，百度作为搜索引擎平台显示了出色的资源整合能力。通过联动多个平台、明星资源以及地方景区，活动不仅提升了自身的吸引力，也为合作各方带来了共赢的效果。特别是与明星和知名景区的合作，极大地提高了活动的曝光率和参与度。

最后，活动的影响力极大，全网曝光超过5.48亿次，成功引发了广泛的社会关注和讨论。两个话题登上百度热搜，显示了活动在提升武汉城市形象方面的显著效果。这种高关注度不仅为武汉带来了正面的公关效果，也为未来的旅游业复苏奠定了坚实的基础。

谷歌助力绍兴文旅传播 ①

作为全球领先的搜索引擎，谷歌已经成为数字时代的象征。我们日常的信息搜索、职业寻找、商品购买等需求，似乎都能通过谷歌找到答案。然而，谷歌的业务远不止于此。最近，谷歌在中国浙江省绍兴市尝试了一种新的传播策略，利用当地的传统文化和旅游资源，来推动其在华业务的增长。在绍兴，谷歌利用当地著名的景点，如鲁迅故里、越王城遗址等，通过数字技术手段，将绍兴这座宜居之城展示给全球观众。具体到数字传播的实施，谷歌通过谷歌地球、谷歌街景等谷歌地图产品，在全球范围内推广这座城市。

从传播渠道来看，谷歌地球作为地图应用的核心组成部分，成为谷歌在绍兴提供交互体验的中心。谷歌地球通过结合卫星图像、航空摄影、地形图等数据，精确展现了绍兴的自然美景、历史文化和美食。而谷歌街景则提供了基于实地拍摄的360度全景地图，使用户能够在谷歌地图上直接体验景点和茶楼的实际场景，增强了人们对绍兴古城的向往。

从数字传播的角度看，谷歌绍兴的策略是利用传统文化和旅游业的发展来提升品牌形象和企业影响力。一方面，谷歌依托其全球领先的数字技术和技术积累，结合外部环境和科技趋势，打造出具有说服力和视觉冲击力的品牌形象，赢得了用户的认可和信任。另一方面，谷歌绍兴的数字营销策略也针对当前旅游业的发展趋势，通过数字技术手段推广绍兴，为谷歌在华业务的发展提供了明确的切入点。

---

① 案例来源：外贸巴巴. 谷歌借力绍兴：营销策略揭秘［OB/EL］. http://www.waimao88.cn/wmtg/5336682.html.

绍兴鲁迅故里
摄影师：何东方

谷歌绍兴的传播策略最大的特点是"数字化与传统文化的完美结合"。传统文化的魅力已成为中国对外展示的一扇窗口，谷歌通过数字技术的应用，有效地记录和展示了这些文化元素，在中国市场上展现了巨大的潜力。绍兴作为一个集文化、历史、美食、生态于一体的城市，为谷歌提供了丰富的资源和发展空间。此外，谷歌绍兴的策略还强调了"视觉冲击力"的重要性。通过谷歌地球和谷歌街景的应用，谷歌充分利用了数字技术带来的视觉冲击力，使产品形象更具吸引力和美感。具体来说，通过展示城市风光、实体店面和历史文化遗址的美丽图像，谷歌成功地将用户带入了真实的景点之中。这充分表明了谷歌作为搜索引擎具有很强的实时传播特性。

4.3.3 选择搜索引擎传播的实战要诀

有效地利用搜索引擎传播可以大幅提升目的地或服务的可见性和吸引力。以下是投放搜索引擎的五个关键步骤：

第一，研究关键词。成功的搜索引擎传播始于深入的关键词研究。旅游品牌需要确定潜在游客在搜索旅游目的地、活动或服务时最可能使用的关键词。这一步骤包括分析关键词的搜索量、竞争程度以及相关性。工具如 Google Keyword Planner 和 SEM rush 可以提供助力，帮助传播者发现那些能够吸引高质量流量的高效关键词。例如，如果推广一个滑雪度假村，关键词可能包括"滑雪度假村"、"冬季运动旅游"等。

第二，创建吸睛广告。根据关键词研究的结果，下一步是创建吸引人的广告文案。这些广告应该直接针对目标受众的需求和兴趣，明确表达旅游目的地或服务的独特卖点。广告文案需要包括强有力的呼吁行动，鼓励用户点击了解更多信息或进行预订。同时，确保广告内容在不同的设备上（如手机和电脑）都能正确显示，以优化用户体验。

第三，优化广告投放。在设置广告系列时，选择正确的投放平台至关重要。Google Ads 是最常用的平台之一，因为它允许广告商针对特定的地理位置、语言和设备进行广告定位。在设定广告时，需要设定合理的预算和出价策略，确保广告投放能够在竞争激烈的市场中脱颖而出。此外，利用 A/B 测试不同的广告版本，可以帮助找出最有效的广告文案和关键词组合。

第四，分析投放效果。投放广告后，持续跟踪和分析广告的表现是必不可少的。使用搜索引擎平台内置分析工具，可以监控关键指标如点击率（CTR）、转化率、花费等。这些数据不仅可以帮助评估 ROI，还可以揭示哪些关键词和广告文案最有效，以及可能需要调整的地方。

第五，持续优化调整。搜索引擎传播是一个持续的过程，需要根据市场变化和数据分析结果不断调整策略。这包括优化关键词列表、调整广告预算、重新设计广告内容等。此外，了解行业趋势和竞争对手的动向也是非常重要的，这有助于预测市场变化并相应调整传播策略。持续地优化不仅可以提高广告效果，还可以确保资源的有效利用，最大化投资回报。

4.3.4 选择搜索引擎传播应注意的事项

在搜索引擎平台的投放需要精心规划和策略布局，以确保有效地吸引目标客群并实现预期的传播效果。以下是投放搜索引擎平台应注意的事项：

聚焦目标受众。在进行搜索引擎传播时，首先需要明确目标客群的特征，包括他们的年龄、兴趣、搜索习惯和旅游偏好。例如，针对泛 Z 世代，可以关注他们倾向于使用的搜索引擎功能，如实时热搜和社交媒体链接。通过精准定位，可以更有效地设计传播内容和选择合适的推广栏目，确保广告投放能够触及最相关的用户群体。

选择热门关键词。关键词是搜索引擎传播的核心。选择与旅游相关的热门和趋势关键词，如"网红景区""热门旅游目的地"等，可以增加内容的曝光率和点击率。同时，定期更新和优化关键词列表，以适应搜索趋势的变化和市场需求的调整，是保持竞争力的关键。

用好多种模块。搜索引擎不仅仅包括网页搜索，还涵盖资讯、视频、图片、问答和百科等多种形式。旅游传播应充分利用这些不同的模块，根据各自的特点制定差异化的内容策略。例如，通过视频和图片展示旅游景点的魅力，利用问答模块解答潜在游客的常见疑问，增加互动性和信任度。

维护品牌形象。在进行搜索引擎传播时，必须确保所有传播内容都符合相关法律法规，并且与品牌形象保持一致。避免使用误导性的传播文案，确保传播内容真实、准确。同时，维护良好的用户体验，避免过度推广或侵扰用户，以建立和维护消费者的信任和忠诚度。

4.4 社交平台，人人都是传播者

社交平台是人们用来创作、分享、交流意见、观点及经验的虚拟社区，主要包括微信、微博、QQ、博客、论坛社区、社交网站等类型。人们用文字、图片、视频，甚至是直播，将想法和经验的种子，播撒在这片虚拟的土壤中。这些种子在肥沃土壤中生根发芽，开出一朵朵绚烂的花朵，吸引着无数个眼球和关注。社交平台庞大的用户群体，如同是一场盛大的派对，每个人都是参与者，也是组织者。他们的使用频次高，流量大，传播速度快，传播范围广，就像一股股强劲的风，将信息的种子吹向每一个角落。这使得社交平台成为市场营销的主战场，每一个品牌和产品都在这里寻找着机会和突破。从信息传播的角度来看，社交平台不仅仅是一个简单的交流平台，它更是一个内容生产和传播的个性化工厂。在这里，用户既是信息的生产者，也是消费者，更是传播者。他们用自己的声音和行动，推动着信息的流动和传播，让每一次分享都充满个性和力量，让每一次交流都充满着特别的意义，让每一次分享都满载着特殊的价值,这就是社交平台自有的魅力。

4.4.1 社交平台传播渠道的优势与特点

社交平台的一个显著优势就是信息传播的即时性。用户可以实时分享新闻、观点和个人经历,这些内容能够迅速被其他用户看到和响应。这种快速的信息流通使得社交平台成为获取最新信息和趋势的重要来源。例如,Twitter上的热点话题可以在几分钟内传遍全球,使得信息传播速度极大提升。

社交平台的一个显著特点是其以信任为基础的传播机制以及用户的高主动参与性。社交平台提供了用户之间互动的广泛空间,不仅可以发布内容,还可以对内容进行评论、点赞和分享。这种互动性增强了用户的参与感和社区归属感。

社交平台注重个性化内容生产和定向传播。社交平台通过算法分析用户的行为和偏好,能够推送个性化的内容,提高信息的相关性和吸引力。这种定向传播不仅增强了用户体验,还为广告商提供了精准营销的机会。

社交平台具有多样化的表达形式。社交平台支持文本、图片、视频等多种媒体形式的内容,满足不同用户的表达和浏览偏好。这种多样化的内容形式使得信息更加生动有趣,更容易吸引用户注意。

4.4.2 社交平台旅游燃传播的案例赏析

案例一

"带着微博去旅行"[①]

"带着微博去旅行"成为中国互联网历史上规模最大的一次旅游人群动员

---

① 案例来源:艾瑞网. 新浪:带着微博去旅行[OB/EL]. https://a.iresearch.cn/case/5104.shtml.

活动。此次活动吸引了3亿人次的参与，成功在微博上创建了包括北京、上海、美国、墨西哥在内的99个国内外目的地专页，使得"带着微博去香港"、"带着闺蜜去旅行"、"旅行最美风景照"等多个活动话题在微博上爆红。同时，多位明星、知名人士、企业和机构、合作景区及旅游局等也积极参与，共同推动了这场线上线下融合的全民旅游狂潮。"带着微博去旅行"因此成为一种流行趋势，这种创新的互联网营销模式彻底颠覆了传统旅游业，构建了一个完整的营销服务系统。

根据活动的最终数据统计，共有268家企业、政府和旅游机构等合作伙伴参与，涉及从省级到县级的各级政府旅游局、各大风景区，包括旅行社、航空公司、酒店等旅游相关商家以及旅游周边的中小企业。这些合作伙伴为参与活动的用户提供了一站式的旅游服务，从住宿、交通、旅游到购物应有尽有，通过激励用户发布微博参与的UGC推广模式，极大地丰富了用户体验。随着越来越多的企业和个人通过微博话题运营加入这场活动，引发了网友的广泛讨论和UGC内容生成，进一步加热了这场线上线下同步推进的全民旅游动员。由此可见，微博作为热门的社交平台，在传播上也表现出以信任为基础的传播机制以及用户的高主动参与性。这为旅游企业和机构提供了极佳的机会来提升品牌形象和建立客户关系，构建了一个有效的闭环营销服务体系。

同时，该案例中"带着微博去旅行"栏目注重个性化内容生产和定向传播。对于广告主而言，它提供了一个开放的平台来创造性地参与话题讨论，从而提升品牌知名度。对于旅游行业和旅游者而言，活动所产生的大数据可以揭示最新的旅游趋势和热点，标志着一次中国社会化媒体的全面动员。此次活动通过合作企业、明星和微博粉丝的三方合作，形成了一个自然的营销网络。各方在这个网络中互利共赢：企业通过发布相关话题增加了营销机会，明星通过活动增加了粉丝，而微博用户则有机会赢得奖品，这种模式有效提升了用户的参与度和品牌的市场影响力。

04. 面向泛 Z 世代哪些旅游传播渠道燃？

厦门四季生活之旅达人微博旅行打卡

图片来源：厦门文旅微博截图

"在评论区环游世界"花样玩转内容营销①

2023 年 9 月，小红书推出了一项创新的平台活动"在评论区里环游世界"，旨在激发用户之间的互动和信息共享。该活动鼓励用户发布他们的旅行目的地和求助帖，以便其他用户在评论区提供旅游建议、分享经验或提供警示信息。

---

① 案例来源：畅游黑龙江微信公众号.景区如何运营？最新出炉的 5 个营销案例告诉你！[OB/EL]. 2023. https://mp.weixin.qq.com/s?src=11&timestamp=1721554262&ver=5396&signature=HOv30S*EfJytceAKYeE6mBH2lsFalJriNdalQ9APiLlILjSVj*lAN1dILZVeASeEpq8Sy58ek5A1QYbW*WVyaQo4qChrXfB321NhtI*TONwdyk5iaQfO8tkCZeOkLFzI&new=1.

活动推出后，相关话题的笔记发布量迅速增加至近5.9万篇，成为平台上的热门内容。这表明通过小红书这个社交平台渠道传播具有一个显著优势，即信息传播的即时性。此外，对于因各种原因无法亲自出游的用户，这一活动提供了一种独特的虚拟旅游体验。用户可以通过阅读他人的旅行笔记和评论，间接感受到旅行的乐趣和新鲜感。这不仅丰富了用户的平台体验，也增强了社区的凝聚力。"在评论区里环游世界"不仅是一种内容运营策略，更是一种通过用户生成内容（UGC）来驱动平台活跃度和用户参与度的方法。通过这种方式，小红书成功地将单向的内容浏览转变为双向甚至多向的互动交流，极大地提升了内容的吸引力和参与度。

这一活动还有效地促进了消费需求的生成。许多用户最初可能只是被一张引人注目的旅行照片所吸引，但在浏览了丰富的用户评论和建议后，他们可能会被激发出实际出游的兴趣。这种从在线内容到现实旅行的转化，不仅增加了用户对平台的依赖，也促进了旅游相关消费的增长。该案例中小红书作为社交平台表现出具备多样化的表达形式。

4.4.3 选择社交平台传播的实战要诀

选择社交平台传播，以下三个环节尤为重要：

第一个环节，匹配目标受众。通过深入分析社交媒体平台上的用户数据，识别潜在游客的兴趣点、旅行偏好和行为模式。选择与目标受众匹配度高的社交媒体平台，确保推广内容直达对特定旅游目的地或体验感兴趣的用户。

第二个环节，创新视觉内容。使用高分辨率的景点照片、引人注目的旅行视频和动态图像来吸引潜在游客的注意力。配合简洁有力的文案和清晰的设计布局，以及易于操作的预订按钮，这些元素共同作用，大幅提升广告的吸引力和用户的预订意愿。

第三个环节，引导用户互动。社交媒体是增强旅游品牌互动和参与度的理想平台。鼓励用户通过评论、点赞和分享旅游体验来参与互动，这不仅能增加品牌的曝光度，还能通过用户生成内容（UGC）来增强信任感和社区的联结。

4.4.4 选择社交平台传播应注意的事项

选择社交平台传播有以下三个"不能忽视",需要特别引起注意:

一是不能忽视投放时间。选择合适的社交平台进行内容投放是至关重要的,但同样重要的是投放时间的选择。不同的社交平台用户活跃的时间段不尽相同,在工作日的早晨和晚上、通勤时间段内,人们更倾向于浏览社交媒体,而周末全天的用户活跃度则普遍较高。此外,考虑到旅游产品的季节性特点,比如寒假和暑假前的几个月,是家庭旅游的高峰期预订时段,因此在这些时间点前后进行重点推广,可以更有效地吸引潜在客户。而对于节假日和长周末等特殊日期,提前进行营销活动布局,可以最大化捕捉用户的出游兴趣。

二是不能忽视栏目匹配。策划目的地燃传播主题系列推文,重点投放、定期更新至官方公众号或订阅号。策划瞄准泛 Z 世代目标客群的图文或视频旅游广告,重点投放至微信朋友圈"嵌入式广告"栏目,以及微博"开屏广告"或"嵌入式广告"栏目。与平台合作策划举办类似"带着微博去旅行"大型旅游互动类活动。与泛 Z 世代年龄相仿的微博大 V 或旅游达人合作创作目的地宣传文案。

三是不能忽视效果反馈。利用社交平台进行广告投放后,关注并分析效果反馈是提升未来营销策略有效性的关键步骤。这不仅涉及监控广告的点击率、转化率和观看时长等基础数据,还包括对用户互动(如点赞、评论和分享)的深入分析。通过这些数据,营销人员可以了解哪些内容更受目标群体欢迎,哪些广告创意和呼吁更能激发用户的兴趣和参与感。

4.5 短视频平台,随时随地表现自我

短视频平台是近几年兴起的一种新型社交媒体,通过在移动端提供视频创作与分享功能,让大众更加自由地表达自己,获取信息和娱乐,是当下广大移动互联网用户最喜闻乐见的信息传播渠道。短视频一般是指在互联网新媒体上传播的时长在 5 分钟以内的视频传播内容,常见的短视频平台有抖音、小红书、

抖音火山版、快手、微视、微信视频号、秒拍、全民小视频等。目前，短视频平台还延伸至直播业务。短视频即拍即传，用户主动性与参与性强，人们可随时随地利用短视频来表现自我情感和生活。直播实时性、直观性、互动性均较强，门槛低，人人能参与，主播和用户之间能够"面对面"地及时交流沟通。

4.5.1 短视频平台传播渠道的优势与特点

创作门槛低，人人都是自媒体。短视频制作简单，只需智能手机和网络即可完成。这种便捷性使得旅游目的地和服务提供者可以轻松制作并分享吸引人的内容。短视频的易制作性和丰富的交互性，使得旅游传播者能够快速响应市场变化，及时更新内容，吸引更广泛的受众。

碎片化娱乐，便捷传播方式。短视频的简短和精炼适应了现代人快节奏的生活方式，使得用户可以在碎片化的时间里获取信息。这一特点对旅游传播尤为重要，因为它允许游客在任何短暂的空闲时间内，通过观看短视频来发现新的旅游地点和体验。

富有感染力，吸引用户传播。结合视觉和听觉元素的短视频能够生动地展示旅游目的地的风光和特色活动，增强内容的感染力，激发观众的旅游兴趣。通过生动的画面和引人入胜的故事，短视频能够更有效地传达旅游的魅力，吸引更多用户的关注和兴趣。

传播速度快，影响范围大。短视频平台的社交分享功能使得旅游相关内容能够迅速传播，触及更广泛的观众。这种快速的信息流通不仅扩大了旅游目的地的知名度，还能够在短时间内引发大规模的关注和讨论。

精准算法，推送人群更准。通过对用户行为的分析，短视频平台能够精准地将旅游内容推送给潜在的目标游客。这种定制化的推送策略可以大大提高传播效果，确保旅游广告和信息能够触及最感兴趣的用户群体。

社交属性强，便于信息交互。短视频平台的社交属性促进了用户之间的互动，如评论、分享和讨论，这为旅游传播提供了自然的用户参与和反馈机制。通过这种方式，旅游目的地不仅能够直接与潜在游客沟通，还能通过用户生成的内容和口碑效应来增强其吸引力。

精简干练，易于用户分享。短视频的即时更新特性使得旅游传播者能够快速响应市场动态，及时发布最新的旅游信息和活动。同时，短视频平台的一键分享功能极大地方便了内容的传播，使得旅游信息能够迅速扩散至各大社交网络和平台。

4.5.2 短视频平台旅游燃传播的案例赏析

各地方文旅局"花式整活儿"卷麻了 ①

2023年年底，"尔滨"火了，各地网友不禁为家乡感到着急，各地文旅部门的内卷开始了。在这场文旅推广的热潮中，各地文旅局长们也亲自上阵。湖南张家界的彭振华局长扮演原始猎人"茅古斯"，在国家森林公园跳起了原始舞蹈；云南红河州的赵伟局长体验了刺激的高空跳伞；四川甘孜的刘洪局长则通过变装视频再次引发关注。河南洛阳，当地文旅局在高铁站为游客送上河南特产——人造钻石；西安城里，特警化身"鲜衣怒马少年郎"；广西文旅则用诙谐幽默的古装短片宣传家乡美景。

机场迎宾演奏小提琴
图片来源：厦门文旅微信公众号

通过上述案例分析，可以看出，结合短视频平台的传播特点，如创作门槛低、碎片

---

① 案例来源：观察者.各地文旅部门"卷疯了"，能接住"泼天富贵"吗？［OB/EL］.2024. https://www.guancha.cn/politics/2024_01_19_722748.shtml?s=zwyzxw.

化娱乐、富有感染力等，各地文旅部门能够通过创意和策略性的内容设计，有效地推广地方旅游资源，增强公众对地方文化的认知和兴趣。这种新型的文旅推广方式，不仅提升了目的地的知名度，还促进了文化的传播和旅游的发展。

黄山旅游×bilibili头部国创《凡人修仙传》引领文旅营销新方式[①]

2024年1月10日，黄山旅游联合哔哩哔哩（以下简称B站）、万维猫动画和原力动画共同推出的《凡人修仙传》动画的IP联动活动"不凡攀登"正式启动。这一活动将持续两个月，为游客和粉丝提供一次融合古风武侠和黄山壮丽景观的独特体验机会。《凡人修仙传》讲述了主人公韩立的成长历程，他从一个平凡的山村少年逐渐成长为一名强大的修仙者。该系列自2020年播出以来，在B站上的追番人数已超过819万，总播放量达到18亿次。这反映了短视频传播渠道的传播速度快、影响范围大的特点。

在这次联动中，韩立不仅是《凡人修仙传》的主角，也被任命为黄山登山大使，象征着坚韧不拔和勇于攀登的精神。这次活动不仅是一次深入的合作，也旨在将年轻一代的勇气与《凡人修仙传》中"凡人不凡"的主题相结合。

活动分为线上互动和线下"黄山小会"两部分。从1月10日开始，《凡人修仙传》的官方账号将与黄山的官方账号一起，邀请粉丝分享关于黄山的登山故事和寄语。参与者有机会赢取新年礼品和黄山特色周边商品。这一线上活动为整个联动活动创造了浓厚的互动氛围，并拉近了黄山与年轻人之间的距离。

[①] 案例来源：黄山交通旅游广播微信公众号. 黄山旅游X bilibili头部国创《凡人修仙传》引领文旅营销新方式［OB/EL］. 2024. https://mp.weixin.qq.com/s?src=11&timestamp=1721554472&ver=5396&signature=EMHZQJ5URGi9AyadrAoWsu8bE*6baBgNesVOvzauzL95ouSlw4bVnouFM045Vqq2vfsHxVkMOrEOw-xcSKYm--yZeOMfguVCyobjLQ4VJjJH9WvsxRZGRYQLaqZTpfHv&new=1.

2月的线下活动将是联动的高潮，届时游客将有机会与韩立一起探索黄山，体验一场非凡的"不凡攀登"之旅。活动将包括Coser互动和结合《凡人修仙传》元素的特色体验，如青竹蜂云剑剑阵装置的展示，以及设立小目标和阶段性挑战，鼓励游客参与并完成各种任务。

这次联动活动不仅推广了"不凡攀登"的理念，也将黄山的勇攀高峰精神与《凡人修仙传》的主题紧密结合，为粉丝提供了一场结合文化旅游和动画的精彩冒险。同时，这也是探索结合B站年轻用户群体和IP效应的新路径，扩大了黄山的受众范围，为国创IP带来了新的消费者。通过与B站这一热门IP的合作，黄山旅游不仅提升了其品牌的时尚感和潮流感，还满足了年轻人的需求，增加了他们对黄山旅游的认知，同时也创新了营销和传播方式，丰富了黄山文旅产业的形式和内涵。

短视频KOL助力贵州"村超"热度持续上涨 [①]

2023年5月13日，榕江（三宝侗寨）和美乡村足球超级联赛在城北新区体育馆隆重开幕，吸引了超过万名观众现场观看。这场开幕式的热烈氛围和亲民的办赛风格迅速走红网络，网友们仿照"英超""中超"等命名方式，亲切地将其称为"村超"，也有人称之为"村FA"。从开幕式开始到6月25日，关于"村超"的讨论持续升温，尤其是进入6月之后，众多知名人士和网红如韩乔生、陈百祥、范志毅等连续发布系列活动现场短视频，使得"村超"的热度急剧上升。

案例中，如韩乔生、陈百祥和范志毅等知名人士的参与，不仅因其个人魅力吸引了大量粉丝关注，同时也借助了他们的社交影响力来扩大"村超"的

[①] 案例来源：澎湃网．贵州"村超"：城市营销的另一种思路［OB/EL］．2023. https://www.thepaper.cn/newsDetail_forward_23620221.

影响力。这些KOL在短视频上的活跃表现,通过他们的个人特色和粉丝基础,有效地将足球赛事的激情和地方文化的独特性传递给了更广泛的观众。从KOL们发布的内容来看,不仅仅局限于赛事本身,还包括了赛前准备、个人感受、幕后花絮等多角度的展示,这种内容的多样性能够满足不同观众的好奇心和需求。此外,通过话题挑战、互动评论等方式,观众能够参与到活动中来,增强了观众的参与感和归属感。短视频能够即时上传,快速反应活动现场的实时情况,这种即时性极大增强了观众的沉浸感。同时,通过视频传递的视觉和声音信息,更容易引起观众的情感共鸣,尤其是在展示地方特色和文化时,能够激发观众的好奇心和探索欲。

4.5.3 选择短视频平台传播的实战要诀

面向泛Z世代,选择短视频平台传播旅游内容的实战要诀如下:

第一,内容为王。将客户需求与目的地资源相结合,将旅游目的地浓缩成一段个性化、故事化且新颖趣味的短视频,通过创作有趣且引人入胜的短视频内容来吸引泛Z世代游客的关注。

第二,互动为要。短视频内容发布时可以外挂投票、抽奖、留言互动等链接方式,引导泛Z世代游客参与互动,增强黏性;也可以提供优惠订票及旅游攻略等定制化服务,提升客户的兴趣度和参与度。

第三,活动为巧。可以联合其他平台,邀请金牌导游、头部明星达人、本地网红大V、旅游达人,在目的地开展实景直播活动,借势而为,借力发力,实现全民"种草"。

第四,效果为本。立足传播效果,运用平台标签技术和用户行为大数据,向泛Z世代受众精准推送,让"触达"转化为旅游"行动",让"流量"变成"留量"。

4.5.4 选择短视频平台传播应注意的事项

选择短视频平台开展旅游传播除了要掌握上述实战要诀外,还应特别注意以下四点:

一是内容账号要匹配。在旅游领域，选择与旅游主题相关的 KOL 或账号进行合作至关重要。例如，如果推广的是自然风光旅游产品，应选择那些专注于户外探险或自然摄影的 KOL 进行合作。这样不仅确保了内容与账号的一致性，也能够更有效地吸引目标观众群体，提高推广效果。

二是情绪价值要重视。旅游短视频广告应尽量融入故事性和情感元素，让观众在观看的过程中能够产生共鸣和愉悦感。避免直接硬广，而是通过讲述旅行中的有趣故事或展示独特的旅游体验来吸引观众。这样的内容更加贴近用户的日常观看习惯，能够减少广告带来的干扰感，提升用户体验。

三是视频质量要保证。高质量的视觉呈现对于旅游视频尤为重要，因为美丽的景色和精彩的活动是吸引旅游者的关键。确保视频拍摄清晰，色彩鲜明，同时，适当的剪辑和后期处理可以进一步提升视频的吸引力。避免过度的视觉特效，保持自然美感，使观众能够通过视频感受到旅游地的真实魅力。

四是法律法规要遵守。在制作和发布旅游相关的短视频广告时，必须确保所有的内容都符合当地的法律法规。包括但不限于版权法（尤其是音乐和图像的使用）、广告法以及特定地区的相关规定。此外，确保所有展示的旅游活动都是合法的，并且在推广中诚实地反映服务和产品，避免夸大其词。

4.6 音频平台，"声"入人心的伴随

音频平台是以音频为主要传播载体的在线平台。常见的音频平台有喜马拉雅 FM、企鹅 FM、荔枝 FM 等。音频平台的伴随式特性，仿佛是你生活中的一位隐形朋友，无时无刻不在为你提供陪伴和支持。音频平台不需要占用用户的双眼，因此在睡觉前、上下班路上、亲子陪伴等各类生活场景中发挥很大的效用。从信息传播的角度来看，音频平台犹如是一个个精心布置的舞台，每一个品牌和信息都有机会在这里进行精彩的表演。它们信息来源多元化，使用场景扩大化，让品牌信息在舞台上不经意间触达每一个用户的耳朵。相比于那些过度开发的屏幕广告，音频平台更像是一位优雅的艺术家，用它独特的方式，让

信息的传递变得更加自然、更加深入人心。音频平台不仅仅是一个简单的传播工具，更是一个连接用户和品牌，连接声音和心灵的桥梁。在这里，每一次点击播放，都是一次心灵的触动，每一次声音的传递，都是一次情感的交流，它让信息的传播变得更加生动、更加有温度，而这正是音频平台的迷人魅力。

4.6.1 音频平台传播渠道的优势与特点

音频平台传播的首要优势在于其便捷性与可接入性。用户可以在进行相关活动如驾驶、健身、散步或做家务时聆听音频内容，这种"二次利用时间"的模式，极大地方便了用户、提高了时间效率。此外，音频内容通常只需耳机和智能手机即可接入，无须占用视觉，使得用户在多种环境下都能轻松接入，无论是在通勤途中还是休息时间。游客在旅途中，如乘坐飞机、巴士或火车时，可以通过耳机聆听关于目的地的介绍、旅游指南或当地文化的特色故事。这种方式不仅充分利用了旅途中的空闲时间，还能在不分散注意力的情况下获取信息，提前了解和规划旅行，增加旅行的期待和兴趣。

音频平台传播的第二大优势在于情感共鸣与沉浸感。音频内容能够通过声音的温度和节奏传达更多情感，创造出一种独特的听觉体验。播客主持人或者故事叙述者的声音可以直接影响听众的情绪，使得内容更具吸引力。此外，音频平台上的内容如有声书、播客等形式，常常以连贯的叙述和适宜的背景音乐增强沉浸感，使听众仿佛置身故事之中。通过生动的旅游故事或当地人的讲述，音频可以传递出目的地的文化氛围和情感色彩，使听众在听觉上就能感受到旅行的魅力。

音频平台提供了各种类型的内容，满足不同听众的需求。从教育讲座、科技评论，到心理咨询、小说故事，甚至是冥想音乐，各种各样的内容都可以在音频形式中找到。这种多样性不仅扩大了用户群，也使得平台能够涵盖更广泛的话题和深度，满足用户的多元化需求。在旅游传播中，音频平台也可以提供丰富多样的旅游相关内容。从历史讲解、文化特色分析，到旅游小贴士和当地美食推荐，内容形式多样，涵盖面广。这种多样性不仅满足了不同游客的需求，也使得旅游目的地的介绍更全面，帮助游客从多角度了解目的地，做出更合适的旅行选择。

音频平台的互动功能可以增强游客的参与感和归属感。许多音频平台提供了评论、分享和互动的功能，使得听众可以与内容创作者或其他听众进行交流。这种互动性增强了听众的参与感，同时也帮助建立了围绕特定主题或兴趣的社区。游客可以在平台上留言讨论，分享自己的旅行经验，或是提出旅行中的问题寻求解答。这种互动不仅促进了信息的交流和分享，还能构建围绕特定旅游目的地的热情社区，形成良好的口碑效应，吸引更多游客访问。

音频内容的制作和发布周期相对较短，这使得音频平台能够迅速响应社会事件或热点新闻。播客和新闻型音频节目可以在事件发生后不久即制作完成，为听众提供最新信息。这种快速的更新速度保证了内容的时效性，使得音频平台成为获取新鲜资讯的有效渠道。在旅游传播中，音频内容的快速更新能够及时传达最新的旅游信息和突发事件。例如，关于旅游政策的变动、特殊节日活动的推广或者紧急天气预警，都可以通过音频平台迅速传播给广大游客，确保信息的时效性和实用性，帮助游客做出更合理的旅行计划。

4.6.2 音频平台旅游燃传播的案例赏析

"听着故事游宝鸡"[①]

2022年，宝鸡市文化和旅游局聚焦于文旅行业的新趋势和游客的新需求，以提升宣传营销效果为突破口，在加强传统与网络媒体宣传的基础上，与国内

---

① 案例来源：宝鸡视听微信公众号．"听着故事游宝鸡"喜马拉雅平台助推宝鸡文旅高质量发展［OB/EL］．2022.https://mp.weixin.qq.com/s?src=11&timestamp=1721554815&ver=5396&signature=smAqG3fxS6R9TP1n0AwbBnyhifvGRxafXUelWL9jqqnWazsTzueDuIwVQWoEekTwMQx483OCZOyGJVvdsrqctf6XtJ*Wj7W6rcHWjiF0cZzEwdDABjiA9RJro*NAm5ri&new=1.

最大的音频平台喜马拉雅FM进行了深入合作。此次合作主要围绕"深挖宝鸡文化、精讲宝鸡故事"这一核心主题，全面促进宝鸡的文化旅游宣传和营销，为市民和游客提供了一种全新的感知宝鸡文旅的方式。

喜马拉雅不仅是国内领先的音频平台，还具备视频和文字展示功能，拥有全球7亿用户，其中活跃用户达6亿，宝鸡地区的用户超过90万。在喜马拉雅平台上，宝鸡市文化和旅游局通过创建"听游宝鸡"有声专辑、制作宝鸡旅游声音明信片、举办有声图片展和宝鸡文旅研学讲座等多种形式，将宝鸡的文旅资源和品牌以最佳的声音和画面传递给公众，实现了多种手段的应用、多个元素的互动、多方面的融合和多领域的展示，为线上线下的市民和游客提供了更直观、更简洁、更接地气的体验。

其中，"听游宝鸡"有声专辑包括宝鸡人文故事、景点解读、美食介绍、旅游优惠活动等多个板块，系统推广旅游攻略、交通信息、酒店住宿及优惠信息。目前，"听游宝鸡"已制作上百条音频，播放量超过10万次，完播率高达84%，成为喜马拉雅平台上的旅游类精选专辑。以"看中国·来宝鸡"为主题，推出的秦岭山水、历史文化、西府美食、生态宜居四款宝鸡声音明信片也广受欢迎，转发量已超万人次，成为宝鸡文化旅游宣传的新亮点。通过与喜马拉雅的深度合作，宝鸡市文化和旅游局不仅建立了一个新的文旅宣传和营销平台，还满足了广大游客的多样化需求。

宝鸡市文化和旅游局通过与喜马拉雅FM的合作，不仅有效利用了音频平台"情感共鸣与沉浸感"的传播优势，而且创新性地结合声音和视觉元素，提供了一种全新的旅游体验方式，这对于其他旅游目的地在数字化转型和创新营销方面提供了有益的借鉴。声音作为一种强有力的情感传递媒介，能够更深层次地与听众建立情感联系。通过声音的温度和细节的描述，宝鸡的文化故事和旅游信息更容易触动听众的情感，增强记忆点。宝鸡市文化和旅游局在喜马拉雅平台上推出的"听游宝鸡"有声专辑涵盖了人文故事、景点介绍、美食推荐等多个方面，内容丰富多样，满足不同用户的需求。喜马拉雅FM作为一个拥有广泛用户基础的平台，能够帮助宝鸡市文化和旅游局精准地定位到感兴趣的目标听众。通过数据分析，可以更有效地进行内容定制和推广策略调整。音频内容的高完播率显示了用户对"听游宝鸡"内容的认可和喜爱。这不仅增强了宝鸡作为旅游目的地的品牌形象，还通过口碑传播进一步扩大了宣传效果。

荔枝 FM 联手同里古镇挖掘旅游营销新模式 [①]

荔枝 FM 在其应用程序中特别推出了一个播客专栏《同里时光》，这一举措是为了配合"同里自然有故事"播客比赛。在这个比赛中，参赛者需将故事背景设定在同里古镇，并选取古镇中的某个元素来构建自己的故事，这些故事围绕着爱情、亲情或友情展开。与传统的自产内容或高成本的外包相比，这种创新的"众包"方式在成本上具有明显优势，同时在内容的多样性和用户参与度上也展现出巨大的潜力。

在这个江南水乡的古镇同里，荔枝 FM 联合当地推出了一项新颖的服务——"同里声音邮局"。这种设施类似于公共电话亭，游客可以在此录制自己的祝福或者故事，并生成一张带有二维码的独特声音明信片，从而邮寄给远方的亲友。收件人通过扫描二维码就能听到发送者的声音，这种方式为人们提供了一种新型的情感交流方式。

除了"声音邮局"，荔枝 FM 在同里还设立了声音直播间和文创空间。声音直播间由荔枝 FM 安排的驻场主播负责，这里不仅录制与同里相关的声音故事，如游客采访和名人访谈，还会直播。而文创空间则利用平台积累的用户、文化和娱乐资源，举办各种线下活动，如沙龙、分享会和文化演出等。这种线上线下结合的内容生产和社群构建方式，为传统的景区营销带来了新的活力和创意。

---

① 案例来源：今日头条. 荔枝 FM 联手同里古镇挖掘旅游营销新模式 [OB/EL]. 2016. https://www.toutiao.com/article/6293999241597714689/.

案例中，通过《同里时光》播客专栏和"同里自然有故事"播客比赛，荔枝 FM 有效地利用了众包的内容创造模式，不仅降低了内容生产的成本，更重要的是极大地提高了用户的参与度。参与者不仅是内容的消费者，也成了内容的创造者，这种参与感和归属感是传统旅游营销难以达到的。首先，"同里声音邮局"是一个典型的创新实例，它通过让游客录制声音明信片的方式，为用户提供了一种全新的情感表达和分享的渠道。这种个性化的声音记录不仅加深了游客对旅游体验的记忆，也让远方的亲友能够通过声音感受到游客的情感和现场的氛围。其次，声音直播间和文创空间的设置，展示了荔枝 FM 如何将线上的音频内容与线下的实体活动结合起来，形成了一种新的内容生产和社群构建的模式。这种模式不仅增加了用户的沉浸感，也为同里古镇带来了更多的文化和娱乐活动，从而吸引了更多的游客和听众。再次，通过深入挖掘和传播同里古镇的文化故事，荔枝 FM 不仅为听众提供了丰富的文化内容，也帮助同里古镇塑造了一个充满故事和文化底蕴的品牌形象。这种品牌形象的建设对于提升旅游目的地的吸引力和竞争力是非常有益的。

"Made in Singapore 就在新加坡"①

2023 年 12 月 9 日，新加坡旅游局联手音频分享平台喜马拉雅，在自然美景中的广州花都春阳台艺术中心举行了主题为"花意绽放，就在新加坡"的媒体分享会和圆桌论坛。为了更深入地向中国市场介绍这一新主题，新加坡旅游局还与喜马拉雅合作，推出了一系列以新加坡文化历史、创新玩法和独特视角为主题的定制音频专辑。这些音频由八位主播制作，涵盖了新加坡的多民族文

---

① 案例来源：咸宁新闻网. 喜马拉雅音频展现狮城独特之美，助力新加坡旅游局打造"Made in Singapore 就在新加坡"全球品牌活动［OB/EL］. 2023. https://china.qianlong.com/2023/1214/8164221.shtml.

化、教育体系、节庆活动、建筑文化、美食文化、夜生活文化等多个方面，展示了新加坡的多元魅力和创新精神。此外，活动还包括为期一个月的主题展览互动活动。

这是继新加坡旅游局与喜马拉雅推出新加坡深度故事专辑后的又一合作项目，旨在展示新加坡作为自然之城的独特价值，并推广其全新"Made in Singapore 就在新加坡"品牌主题，探索狮城日常生活中的非凡魅力。花意绽放，就在新加坡主题活动不仅在线上通过喜马拉雅平台展现，还在春阳台艺术中心的为期一个月的展览中通过 3D 和 AR 互动展览、香水体验区和 2D 信息区提供了全方位的体验。这些活动不仅让参与者通过听觉、视觉和嗅觉享受到独特的体验，还深入了解新加坡的文化和旅游亮点，使新加坡的多元文化和创新精神在此次活动中得以充分展示。

在这个由新加坡旅游局与喜马拉雅合作的案例中，我们可以看到音频平台在现代旅游营销中的独特价值和强大影响力。

首先，音频内容作为一种便捷的媒介，可以在用户通勤、休闲或者其他多任务环境中被消费，极大地增加了内容的触达率和用户的参与度。喜马拉雅平台的利用，特别是通过制作关于新加坡的多元文化和旅游亮点的专辑，有效地扩大了新加坡旅游品牌的声音覆盖面和深度。

其次，音频内容的另一个优势在于其强烈的情感连接能力。声音作为一种强有力的感官输入，能够激发听众的想象力和情感，使得听众能够在心理上产生共鸣。在这个案例中，通过八位主播的独特声音和叙述风格，新加坡的文化、节庆活动、美食等元素被生动地呈现出来，使得听众即使身处异地，也能感受到新加坡的文化氛围和旅游魅力。

最后，音频平台的互动性也为旅游营销带来了新的可能性。在喜马拉雅平台上，用户不仅可以收听内容，还可以进行评论、分享和参与讨论，这种互动性增强了用户的参与感和归属感，同时也为新加坡旅游局提供了宝贵的用户反馈和数据，帮助他们更好地理解目标市场的需求和偏好。

4.6.3 选择音频平台的实战要诀

现阶段依托音频平台的旅游传播路径主要有：搭建音频旅游自媒体、策划定制旅游专题节目、在视频内容中植入广告、开展在线语音导览服务、与平台和知名播客合作提升活动影响力和覆盖面等。面向泛 Z 世代的旅游燃传播投放音频平台有如下实战要诀：

第一步：创建自媒体账号。冠名"××目的地"电台。邀请受泛 Z 世代群体熟知和喜爱的明星达人做客电台播客，开通音频直播秀和"我和博客"互动话题，以优质的内容与品牌实现情感交流，获得用户的认同感。

第二步：策划专题节目。类似喜马拉雅《硬核电台》《人间观察局》《fit4life》《Steve 说》《超级制作》五档播客节目，关注青年潮流文化，让明星和明星播客背后的粉丝在相同主题下重合，产生了 1+1>2 的化学反应。

第三步：植入创意广告。通过"内容植入式、品牌入驻式、主播互动式"等方式，植入延展出非常多的创意内容，进而基于用户数据进行精准推送，与汽车、卧室、厨房、卫生间等场景智能终端整合，让音频场景化更加丰满。

4.6.4 选择音频平台应注意的事项

选择音频平台，开展旅游燃传播要特别注意"四个确保"。

一是确保内容匹配受众。在音频平台上进行旅游营销时，首要注意的是内容的定制化。这意味着内容需要精准地匹配目标受众的兴趣和需求。例如，如果目标是吸引年轻旅游者，那么内容应侧重于探险、时尚、创新科技等元素；如果目标是家庭旅游者，则应强调安全、教育价值、家庭友好的活动等。通过对听众进行细分，制作符合他们兴趣和听觉偏好的专辑，可以更有效地吸引和保持听众的注意力，从而提高营销效果。

二是确保音频质优与专业。音频内容的质量对于吸引和保持听众极为关键。高质量的录音和清晰的音频编辑可以提升用户体验，使内容更加吸引人。此外，选择合适的主播也非常重要，专业的声音和适当的表达方式可以极大增强信息的传递效果。因此，投资于高质量的录音设备和专业的音频编辑软件，选择有经验的主播，都是提升音频营销效果的重要步骤。

三是确保用户主动参与。音频平台通常提供各种互动功能，如评论、点赞、分享等，这些都是增强听众参与度的有效工具。在旅游燃传播中，可以通过设置问答环节、开展听众调查、鼓励听众分享自己的旅行故事等方式，增加互动性。这不仅可以提高听众的参与感，还可以通过听众的反馈获取宝贵的市场信息和用户洞察，进一步优化传播策略。

四是确保创造跨平台推广。虽然音频是一个强有力的独立营销工具，但将其与其他营销渠道（如社交媒体、电子邮件营销、线下活动等）整合，可以极大地扩大其影响力。例如，可以在社交媒体上分享音频链接，或在音频内容中提及即将举行的线下活动。此外，考虑到用户可能在多个设备和平台上活跃，跨平台的内容推广策略能够确保触达更广泛的听众，从而最大化营销效果。

4.7 新闻客户端，聚合各类新闻热点信息源

新闻客户端是指与服务器相对应，面向用户以提供新闻信息服务为主的应用程序，主要分为门户类和聚合类。门户类新闻客户端，比如新浪新闻、搜狐新闻、网易新闻、央视新闻，犹如传统媒体的延伸，将门户网站的丰富内容精心适配到手机平台上，侧重于信息的深度和专业性。而聚合类新闻客户端，如"今日头条"和"一点资讯"，它们则像是一个个信息的"大杂烩"，从传统媒体的时事新闻到自媒体平台的热点信息，它们都能一网打尽。这些客户端通过精准的算法，结合用户的兴趣爱好和浏览历史，为用户推送最感兴趣的新闻内容，仿佛是一个个贴心的小助手，总能在第一时间为你送上你最感兴趣的资讯。从信息传播的角度看，随着移动互联网渗透率不断提升，手机新闻客户端已逐渐成为我们获取热点资讯的主要途径。无论是在通勤的路上，还是在休息的间隙，新闻客户端都能为我们提供最便捷的信息获取方式，让我们在信息

的海洋中，轻松找到属于自己兴趣范围的那一片海域。这就是新闻客户端的魅力，它们让我们在信息的海洋中不再迷失方向，让我们在忙碌的生活中，也能随时随地与世界保持紧密连接。

4.7.1 新闻客户端传播渠道的优势与特点

旅游传播通过新闻客户端可以实现信息的高速传播和广泛覆盖。通过互联网的即时连接，旅游的相关新闻、优惠活动和紧急预警都可以在全球范围内几乎无延迟地传播，各地游客基本能够在第一时间获得相关重要信息。这种快速的信息传播对于促进旅游活动、增加目的地吸引力及确保游客安全至关重要。无论游客身处何地，都可以通过移动设备随时获取最新的旅游信息，提升了旅游体验的便捷性和实时性。

新闻客户端内容更丰富，表现形式更新颖。在旅游传播中，新闻客户端可以提供多样化和创新的内容形式。除了传统的文字介绍，还包括丰富的图片、生动的视频、吸引人的音频以及动态的图表，展示目的地的魅力和旅游产品的详细信息。例如，游客可以在一条新闻中看到目的地的实时视频，听到当地文化的介绍，或是通过交互式图表了解旅游统计数据。这种多媒体的整合不仅丰富了游客的信息获取渠道，也使得旅游信息的传递更加直观和生动。

旅游传播通过新闻客户端实现了优秀的双向互动和精准推送。游客不仅可以接收信息，还可以通过点评、点赞、分享等方式参与到旅游内容的互动中。基于游客的浏览历史和兴趣偏好，新闻客户端可以利用算法进行个性化的内容推送，如推荐特定的旅游目的地或旅游产品，确保游客能够接收到他们最感兴趣的信息。这种个性化的推送提高了游客的满意度和参与度，同时也增强了旅游推广的针对性和效果。

新闻客户端具有即时性、多元化、互动性和海量化的四大传播特点，有助于旅游传播效果。即时性确保游客能够实时接收到最新旅游信息；多元化体现在丰富多样的内容和表现形式上，满足不同游客的需求；互动性通过增强游客的参与感，使他们能够直接对旅游内容进行反馈；海量化表明新闻客户端能够处理和传播大量的旅游信息,满足广大游客对信息的需求。这些特点使新闻客户端成为现代旅游传播的重要工具,极大地改变了传统旅游推广的方式。

4.7.2 新闻客户端旅游燃传播的案例赏析

案例一

网易新闻客户端推出"壮游黑龙江,做有态度的年轻人"系列宣传 ①

黑龙江省曾与网易新闻客户端联合推出"壮游黑龙江,做有态度的年轻人"系列宣传海报。这些海报紧扣年轻人的生活态度,如自由无束、挑战常规、热情奔放及坚持不懈,并结合黑龙江夏季丰富的旅游资源,推广了"壮游黑龙江"的旅游理念。壮游,作为一种较为小众的旅游方式,其核心特点是探险和个性,这与年青一代的探索精神和冒险心态完美契合。壮游的理念是在有限的时间里,选择一个引人入胜的目的地,进行一次身心的探险之旅,深入体验当地的自然景观和文化故事。黑龙江夏日的湿地、森林、极光和无人区等旅游资源,为年轻旅行者提供了理想的壮游目的地。

网易新闻,作为国内顶尖的新闻客户端之一,以其快速的新闻更新能力和权威的新闻报道而闻名,一直秉承"有态度"的新闻理念。这与当时黑龙江省旅游局推出的"壮游黑龙江"主题不谋而合,使得这次跨界合作不仅在旅游领域取得了成功,也在年轻群体中成功塑造了一种积极向上的形象。

案例中,以黑龙江省与网易新闻客户端联合推出的"壮游黑龙江,做有态度的年轻人"系列宣传海报为例,此次合作充分利用了网易新闻的传播优势和特点,实现了目标消费群体的精准触达和情感共鸣。首先,网易新闻作为国

---

① 案例来源:搜狐网. 黑龙江省旅发委跨界合作网易?|?壮游黑龙江,做有态度的年轻人![OB/EL]. 2016. https://www.sohu.com/a/101194125_349330.

内领先的新闻客户端之一，拥有庞大的用户基础和高频的日活跃用户数，这为"壮游黑龙江"系列宣传提供了广阔的传播平台。通过网易新闻的推广，该旅游项目能够快速触及广大年轻用户，实现信息的快速传播。其次，网易新闻客户端的用户画像显示，其用户群体中有较高比例的年轻人，这与"壮游黑龙江"宣传的目标受众高度吻合。网易新闻的内容策略注重时效性与深度，能够在报道中加入更多引人入胜的旅游故事和探险体验，这种内容形式更容易引起年轻人的兴趣和情感共鸣。再者，网易新闻在内容分发上采用算法推荐，可以根据用户的历史浏览和点击行为，智能推送相关的旅游资讯，这种个性化的内容推送方式大大增加了营销活动的有效触达率。最后，网易新闻的"有态度"的品牌形象与"壮游黑龙江"的旅游理念相契合，都强调个性和深度体验，这种品牌同质化的合作为双方创造了共赢的效果。通过这样的合作模式，不仅提升了黑龙江作为旅游目的地的品牌形象，也增强了网易新闻作为信息平台的内容多样性和吸引力。

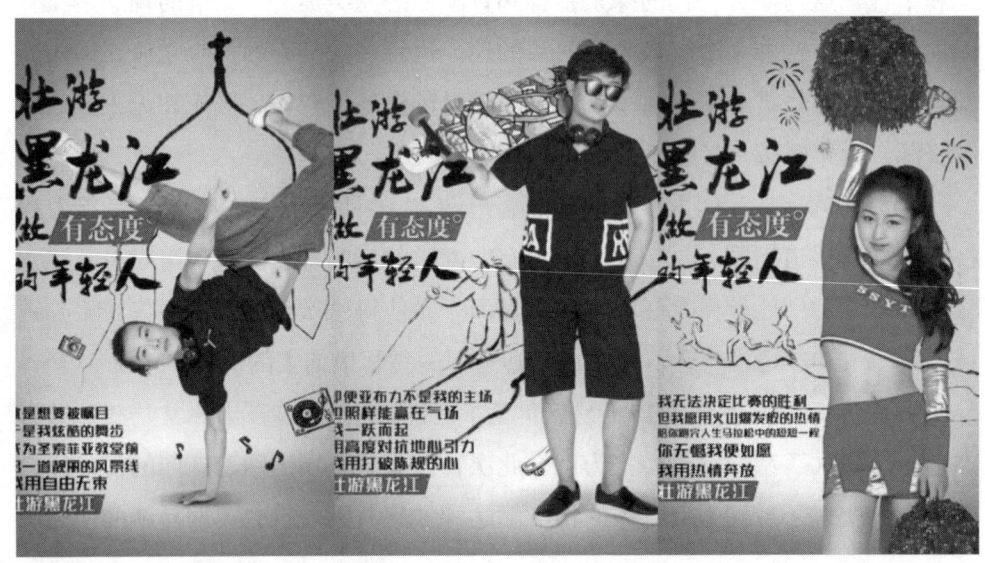

"壮游黑龙江，做有态度的年轻人"系列海报
图片来源：黑龙江省旅游局推文《黑龙江省旅发委跨界合作网易》

腾讯新闻客户端推出"大'游'可为"旅游业助力项目 [①]

2020年7月,腾讯新闻客户端启动了名为"大'游'可为"的旅游业助力项目。该项目利用腾讯的内容、社交网络和流量优势,采用多样化的内容策略,旨在提升各地旅游品牌的知名度,并促进商业转化。此举为夏季和国庆假期的旅游高峰期提供了有效的准备。在旅游市场长时间的低迷后,重建消费者的旅游意愿和信心至关重要。这不仅需要增强城市和景区的曝光度,还需要挖掘那些能够触动人心、激发旅游欲望的元素,从而激励消费者进行出游。

"大'游'可为"项目以腾讯新闻为主要平台,依托腾讯的强大内容和社交生态系统,全方位展示城市景点的多样化内容,并有效触达目标受众。腾讯新闻客户端的月活跃用户达到2.9亿,日均触达用户量高达4.8亿。腾讯新闻的核心用户群体主要是具有较高消费能力的年轻人,这为项目覆盖广泛的旅游人群提供了保证,并确保了高消费转化率。此外,根据2020年4月国家信息中心发布的《2019中国网络媒体社会价值白皮书》,腾讯新闻成为唯一入选公信力第一梯队的商业新闻平台。这种媒体的公信力为城市品牌提供了权威性的背书,有助于消除消费者的疑虑,增强他们对旅游目的地的信心。

案例中,腾讯新闻通过其内容聚合特性,展示了景区的实时直播、深度探索景区的文章以及用户互动元素,这些都被整合在"大'游'可为"专题中。同时,配合景区的不同活动和时间节点,进行及时的内容更新和展示。通过这种一站式、全景式的内容展示,旅游季节到来之前,观众可以全面了解城市和景区的魅力。这充分体现了新闻客户端传播渠道的诸多优势,如多元互动、内

[①] 案例来源:腾讯广告行业百宝箱公众号. 激活出游"兴奋点",腾讯广告助城市大"游"可为[OB/EL]. 2020. https://mp.weixin.qq.com/s?src=11&timestamp=1715396664&ver=5253&signature=eFYDyhr0mcbmDRDdUrrJe4Ac502aLlfjWRqUcV4oCG-L4rQNbxG1cgYarFo0pqxiXJ*noJNEfJ9vvj7KCwtVq3fhvrUdaUkD7CWk5VQPs5fqmVMWmRRRM7lDJY5uDs6V&new=1.

容即时、表现形式创新等。

4.7.3 选择新闻客户端渠道的实战要诀

在新闻客户端进行旅游传播的"四步"实战要诀如下：

第一步，了解用户行为。对于旅游传播而言，首先需要通过新闻客户端的数据分析工具了解潜在旅游者的行为模式。分析他们在何时阅读关于旅游目的地、旅行攻略或文化活动的新闻，并了解他们的互动习惯。这些信息有助于确定何时推送旅游相关广告，以吸引潜在客户的注意力，并增加互动率。

第二步，定制化植入广告。根据用户的阅读偏好，定制旅游广告内容至关重要。如果用户经常阅读关于异国文化或特定旅游目的地的文章，广告内容应围绕这些兴趣定制，展示相关目的地的旅游套餐、特色活动或折扣信息。广告文案和视觉设计需要具有吸引力，简洁明了，并直接关联到用户的兴趣和需求。

第三步，匹配广告形式。在新闻客户端上，选择适合旅游推广的广告形式非常重要。例如，视频广告可以展示目的地的实景视频，带给用户身临其境的感受；而原生广告则可以融入用户常读的旅游或文化类文章中，自然地引导用户了解更多旅游信息。了解这些广告形式的优势，可以帮助提高广告的接受度和效果。

第四步，把握投放时机。通过分析用户的在线行为模式，可以确定在何时投放广告最为有效。例如，用户在早晨查看新闻的习惯可能会使得早间成为投放某些类型广告的最佳时段；在假期前的几周，用户可能开始规划旅行，这时投放关于旅游目的地的广告会更有效。同时，根据新闻热点，如某地区的特殊节日或活动，及时推送相关的旅游信息，可以吸引用户的兴趣。

4.7.4 选择新闻客户端渠道应注意的事项

选择新闻客户端渠道传播旅游内容，除了要掌握上述实战要诀外，还应特别注意以下三点：

一是挑选热门 App。面向泛 Z 世代，首选"一点资讯"新闻客户端投放。相比其他新闻客户端，"一点资讯"新闻深受 Z 世代的喜爱。一点资讯在内容分发上采取"人机结合"的分发模式，以 Z 世代人群的搜索习惯为核心，利用算法技术实现信息的精准投放。

二是甄选细分渠道。根据不同目标，细分、甄选新闻客户端投放渠道。新闻客户端广告投放有三种启动首页广告、信息流广告、文章页 banner 广告。追求全平台覆盖面曝光或者活动造势类新闻资讯，建议投放启动首页广告栏目；想要精准定向引流，建议投放信息流广告稿；想要通过图片形式来达到旅游形象推广展示的目的，建议投放文章页 banner 广告。

三是控制投放频率。控制广告的展示频率与选择合适的广告投放时机同样重要，过于频繁的广告展示可能会引起用户的反感，而适度的展示频率可以保持用户的兴趣和好感。通过实验和调整，找到最佳的投放频率，以达到最优的广告效果和用户体验。

4.8 问答社区，实现从信息到知识的转化

问答社区指的是以社区形式来帮助用户解惑，用户提出问题，其他用户来回答的一个知识分享平台。问答社区平台介于百科的严谨和传统问答的便捷之间，以社区的形式，为用户搭建起一个解惑的桥梁。常见的问答社区平台有百度知道、悟空问答、知乎问答、新浪爱问、百度贴吧、搜狗问答、360 问答、太平洋问答、豆瓣问答等。这些问答社区平台，它们不仅仅是一个简单的问答场所，更是一个公共的知识宝库。在这里，通过用户的不断修正和补充，宽泛的词条被扩展为明确的问题，实现了信息向知识的华丽转变。它们的价值，在于重建人与信息的关系，让知识变得更加触手可及。从信息传播的角度看，问答社区的知识传播模式，就像是一场场精彩的辩论赛，不仅增加了用户黏性，更让优质的问答内容在社区中得到沉淀。一场场的知识盛宴，吸引了众多学习型消费者前来围观，同时也让提问和解答的过程载满互动和生动，拉近彼此关

系，提高用户留存率。

4.8.1 问答社区渠道的传播优势与特点

问答社区网站在旅游传播方面的优势首先体现在其易于搜索和高流量的特性上。这些平台通过精确的关键词匹配和搜索引擎优化，使得潜在的旅游者可以快速找到关于目的地的详细信息、旅游攻略和用户评价。高质量的问答内容，如详尽的旅行建议和实用的旅游小贴士，往往能够获得更多的曝光和点击，从而吸引更多的访问者。例如，关于热门旅游地的问题和答案能够通过搜索引擎吸引大量寻求旅游信息的用户，有效提升旅游目的地的知名度和吸引力。

其次，问答社区网站在旅游传播中的用户群体非常精准。通过严格的用户控制和邀请制，这些社区能够吸引真正对旅游感兴趣的用户，包括经常出行的旅游爱好者和专业的旅游规划师。这种精准的用户基础为旅游业者提供了一个目标明确的传播平台，使得推广活动能够直接触达最有可能对旅游产品感兴趣的群体，提高传播效果的同时也增加了用户的参与度和忠诚度。

再次，问答社区网站在旅游传播中展现出的互动性非常强。用户不仅可以提出自己的旅游相关问题，还可以对他人的回答进行评价，如点赞或点踩，这种互动机制极大地提升了内容的质量和可信度。此外，用户间的评论和补充回答为旅游信息提供了更多角度和更深层次的洞见，帮助其他旅游者做出更为明智的旅行决策。这种持续的互动和讨论不仅增加了用户的参与感，也使得旅游信息更加全面和实时更新。

最后，问答社区网站在旅游传播中的社交互动特性也非常突出。高门槛的用户筛选确保了社区成员的质量，使得用户间的交流更加高效和有价值。在这些社区中，用户可以通过关注特定的旅游话题或目的地，与其他旅游爱好者建立联系，分享经验和计划行程。这种基于共同兴趣的社交方式不仅增强了用户的归属感，还促进了旅游信息的深入交流和传播，为旅游业者提供了一个有效的用户互动和客户关系建立的平台。

4.8.2 问答社区渠道旅游燃传播的案例赏析

吉利星越与知乎开启"追星计划"①

在当今快节奏的都市生活中,人们渴望逃离日常的喧嚣,探索未知的远方。吉利星越与知乎的合作项目"追星计划"正是针对这一市场需求的创新营销活动。此次活动不仅是一场汽车与科技的跨界合作,更是一次深入人心的旅游体验。

"追星计划"选取了中国第四大沙漠——腾格里沙漠作为探险的目的地。这一选择不仅因为其壮观的自然风光,更因为沙漠象征着探索和挑战的精神。吉利星越携手知乎,邀请了三位志同道合的知友,共同踏上这场寻找星河的旅程。他们的经历被记录在公路纪实节目《赶星河的人》中,展示了他们如何在旷野中与自我对话,与他人和大自然交流的心路历程。

这次营销活动的核心在于场景营销的巧妙运用。通过将吉利星越的品牌形象与腾格里沙漠的壮丽景观相结合,营造出一种既刺激又富有探险精神的品牌体验。这种深入人心的场景不仅吸引了都市人群的广泛关注,也有效地传达了吉利星越作为一款能够陪伴用户探索未知、追求梦想的SUV的品牌形象。此外,这场营销活动还包括了线上线下的联动、视频制作和社交媒体传播等多种手段,确保了品牌信息的广泛传播和高效互动。通过这些多元化的营销策略,吉利星越不仅帮助参与者实现了他们的"追星计划",同时也成功地将品牌的理念和价值传递给了更广泛的受众。

案例中,问答社区平台如知乎具有独特的传播优势和特点,这在吉利星越与知乎合作的"追星计划"案例中得到了充分体现。知乎作为一个高度集中

---

① 案例来源:知乎网.吉利星越 X 知乎开启「追星计划」:如何在公路纪实节目里做场景营销[OB/EL]. 2019.https://zhuanlan.zhihu.com/p/80150826.

的知识分享和信息交流平台，拥有大量的活跃用户群，这些用户通常具备较高的教育水平和专业背景，对新鲜事物和深度信息具有较强的求知欲和探索精神。

首先，知乎的问答形式使得信息传播更为精准和深入。在"追星计划"中，通过与知友的互动，吉利星越能够直接接触到潜在客户的真实问题和需求，从而进行针对性的信息推广和品牌定位。这种互动不仅增强了信息的可信度，也提高了用户的参与感和品牌忠诚度。

其次，知乎平台的内容生态支持多样化的内容形式，如长文、视频、图文等，这使得"追星计划"的营销活动可以多角度、多形式地展现，增加了内容的吸引力和覆盖面。例如，《赶星河的人》这一纪实节目就能通过视频的形式在知乎上进行分享和讨论，吸引更多用户的关注和互动。

再次，知乎的社区属性强，用户间的互动频繁。这种社区氛围为"追星计划"提供了一个自然的口碑传播环境。用户在观看节目、参与话题讨论后，可能会产生内容的二次创作或分享，如撰写体验感受、提出旅行建议等，这些都能进一步扩大吉利星越的品牌影响力。

最后，知乎的高度专业性和权威性使得在此平台上的品牌合作更具备说服力。知乎用户群体对于内容的真实性和专业性有较高要求，吉利星越通过提供高质量的合作内容，能够有效建立品牌的权威形象，提升用户对品牌的信任度。

4.8.3 选择问答社区渠道传播旅游的实战要诀

依托问答社区渠道开展旅游传播路径主要有：通过问答推广吸引来的用户，形成用户口碑；辅助搜索引擎优化（SEO）。面向泛 Z 世代的旅游传播选择问答社区渠道的实战要诀如下：

第一，选择投放平台。这两个平台拥有广泛的用户群体，用户对其问答信息的认可度较高，并且这两个平台在百度等搜索引擎上的权重也很高，发布的推广信息可以被搜索引擎收录并优化排名，增加曝光度。

第二，学会自问自答。从泛Z世代游客的角度出发，投其所好，使用多个不同账号进行自问自答，达到效率最高的回答效果。

第三，分批发布内容。问答推广的内容在不同的平台发布做相应的修改，尤其是要在企业官方网站及其他官方平台使用时，注意回答的口吻不同，官网应该是官方的专业的回答，而在外网平台是用户口吻的回答。

第四，监测问答效果。当完成编辑、提交、回答、采纳后，要不定期检测问答的状况，确保问答没有被删除或隐藏。定时查看问答的排名和转载情况以及被关注次数等，通过分析找到更佳的方法。

4.8.4 选择问答社区渠道传播旅游应注意的事项

在问答社区渠道开展旅游传播时，需特别注意以下几点：

首先，确保答案真实和专业。在这类平台上，用户期待获取准确和权威的信息。因此，在发布旅游相关的内容时，确保所有信息均为准确无误，如目的地描述、旅行费用、交通信息等。错误的信息不仅会误导消费者，还可能损害品牌信誉。此外，可以通过分享详细的旅行攻略、客户评价和高质量的旅行照片来提升内容的专业度和吸引力。

其次，尊重社区文化和规则。每个问答社区都有其独特的用户群体和交流习惯，品牌应深入了解并融入这些文化特征。在内容创作和互动中，避免使用过于商业化的语言，尽量与用户进行平等、自然地交流，这样可以更好地获得用户的认同和信任。例如，在回答用户关于旅游目的地的问题时，应提供实用、具体且个性化的建议，而不是简单地推广自己的产品或服务。

再次，及时专业回应和互动。对于用户在问答社区中提出的旅游相关问题，应及时且专业地回应，提供有价值的信息和建议。同时，鼓励满意的客户在平台上分享他们的旅行经历和评价，这种正面的用户生成内容可以极大地提升品牌的可信度和吸引力。

最后，保持信息更新和一致。在问答社区中，持续地提供高质量内容可以帮助品牌维持用户关注和活跃度。定期发布最新的旅游资讯、特价活动和季节性推荐可以保持用户的兴趣和参与度。同时，确保所有发布的内容风格和品牌信息一致，有助于构建一个可靠和专业的品牌形象。

4.9 垂直App，专注特定领域和特定人群

垂直App指的是那些专注某一领域的专业化App。这些App将注意力集中在某些特定的领域或某种特定的需求，提供有关这个领域或需求的全部深度信息和相关服务。它们宛若一个个精心培育的花园，只为那些特定的需求和兴趣提供最丰富的果实。它们不追求广袤无垠的大地，而是在自己的一亩三分地深耕细作，绽放出自我定义中的那朵最绚丽的花。从信息传播的角度来看，垂直App就像是一个个精准的信号发射器，它们直接面向目标用户，用专业、权威和精彩来吸引用户的眼球。垂直App的魅力在于它们的专注和深度。它们不仅仅是工具，更是通往专业领域的桥梁，让每一位用户都能在这个领域内找到自己的定位，享受专业带来的成就感和满足感。它们提高了用户黏性，因为每一次使用，每一次互动，都是一次专业成长的体验，都是一次对该领域的深化理解，它们让专业变得更加触手可及，让兴趣变得更加丰富多彩，让探索都充满发现和惊喜，这就是垂直App的魅力。

4.9.1 垂直App的传播优势与特点

垂直App的第一个显著特点就是专业性强。这类App通常聚焦于特定的行业或兴趣领域，如健康医疗、旅游攻略、金融投资等，提供深度的内容和服务。这种专业性使得App能够提供更为精准和深入的信息，满足用户具体需求。例如，一个专注于冒险旅行的App可能会提供详尽的户外活动信息、装备推荐和安全指南，这些是通用旅游App难以详细有效覆盖的。

垂直App的用户黏性高。由于垂直App在特定领域的专业服务，它们往往能够吸引一群高度相关的目标用户。这些用户因为对特定内容的需求较高，通常会展现出更强的用户黏性。用户黏性的提高不仅能增加App的活跃度和

使用频率，还能通过口碑效应吸引更多同类需求的新用户，形成良好的传播循环。此外，垂直App因其"人以群分"特征明显，小众需求聚焦成"圈子"，用户个性化较强、忠诚度高、信息触达率高。

垂直App的用户群体明确，传播更为精准。例如，传播者可以针对特定的旅游爱好者群体进行内容投放，如在一个专注于滑雪旅行的App中投放滑雪装备广告。这种精准的市场定位使得传播更加有效，传播的转化率和投资回报率（ROI）显著提高。

垂直App通常围绕特定的兴趣或需求建立社区，用户在这些平台上更愿意分享个人经验和建议。这种针对性的社区互动可以增强用户之间的连接，提高用户的参与度和满意度。活跃的社区互动不仅有助于内容的丰富和多样化，还能促进用户对旅游产品的忠诚度和推荐意愿。

4.9.2 垂直App旅游燃传播的案例赏析

蜗牛睡眠、格林酒店集团联合打造"睡眠Feng计划"①

在现代生活中，尽管生活条件有所改善，但许多人的睡眠质量却日益下降。蜗牛睡眠发布的《2018睡眠数据报告》指出，超过3亿的中国人遭受着睡眠障碍，其中"90后"的睡眠困扰比例高达84%，成为睡眠问题最严重的群体。针对这一现象，2019年7月18日，蜗牛睡眠、凤凰新闻客户端和格林酒店集团三家品牌联合出击，结合各自的优势资源：蜗牛睡眠App的行业领先技术、凤凰新闻的温情媒体风格和格林酒店集团对住宿质量的持续关注，共同策划了"睡眠Feng计划"线下睡眠主题房活动，以提高公众对睡眠问题的关注。

此次活动设计的主题房包括"wo/孤枕能眠""feng/爱不辜负"和"亲密无

---

① 案例来源：新浪网. 蜗牛睡眠、凤凰新闻客户端、格林酒店集团落地上海联合打造"睡眠Feng计划"[OB/EL]. 2019. https://vr.sina.com.cn/news/hz/2019-07-18/doc-ihytcerm4569999.shtml.

间/ge"，每间房都有独特的软装装饰风格。活动当天，邀请了多位艺人如陈思键、林超泽、姜京佐、邱治谐、贝泫璘、李若天、高茂桐等担任首席体验官，并参与了主题房的现场体验。在线上宣传方面，活动围绕年轻人的睡眠问题制作了相关的睡眠漫画，并从报名用户中抽选三组幸运者前往上海进行"试睡"体验。活动的微博预热引发了千余家媒体的转发和广泛的用户参与。活动结束后，蜗牛睡眠和凤凰新闻客户端还将邀请拥有百万粉丝的30余家蓝V发布参与者的主题采访，以扩大活动的影响力和持续曝光。

案例中，垂直类App（如蜗牛睡眠App）结合行业特定功能与用户精准定位，通过与其他品牌合作，能够有效扩大其品牌影响力并提升用户参与度。在这个案例中，蜗牛睡眠App联合凤凰新闻客户端和格林酒店集团共同推出的"睡眠Feng计划"线下睡眠主题房活动，充分展示了垂直类App在行业内部及跨行业合作中的传播优势和特点。

首先，蜗牛睡眠App作为专注于睡眠改善的工具，其专业性和技术优势使得该品牌在睡眠健康领域具有较高的权威性。通过此次活动，蜗牛睡眠不仅能够向用户展示其产品功能，还能通过实际体验增强用户对品牌的信任和依赖。

其次，与凤凰新闻客户端和格林酒店集团的合作，使得活动能够利用各方的资源优势。凤凰新闻客户端的媒体影响力和广泛的用户基础，帮助活动获得了更多的曝光和关注；而格林酒店集团的优质住宿服务，则确保了活动的执行质量，提升了用户体验。

再次，活动的设计富有创意，通过设置主题房间和邀请明星体验官，有效吸引了年轻用户的注意，这也是垂直类App特别是生活服务类App常用的策略之一。年轻用户群体通常对新鲜事物和明星文化较为敏感，此举不仅增加了活动的吸引力，也促进了用户的参与和传播。

最后，活动的线上线下结合策略，也是垂直类App常用的有效传播手段。线上通过漫画、微博预热等形式吸引关注和参与，线下通过实际体验增强用户感知，这种多渠道、多形式的整合传播策略，能够最大化地扩散品牌信息，提高活动效果。

4.9.3 选择垂直 App 渠道传播旅游的实战要诀

旅游传播选择垂直 App 渠道的实战要诀如下：

精准定位用户。这一步骤关键在于理解目标用户的具体需求、旅游偏好和消费习惯。通过对平台现有用户数据的分析，结合市场调研，可以确定哪些用户群体最有可能对特定的旅游产品或服务感兴趣。例如，如果目标是家庭旅游市场，那么产品和营销信息应专注于展示家庭友好的目的地、活动和优惠。

选择适配平台。重点选择泛 Z 世代最关注的细分领域 App，例如拍摄美化、聊天社交、电子阅读、游戏服务、教育培训、音乐音频等。重点投放某细分领域中的热门 App，例如娱乐类 App 中的网易云音乐、哔哩哔哩等，学习类 App 中的网易公开课、百词斩、中国大学 MOOC、有道词典、星火英语等，睡眠类 App 中的蜗牛睡眠、小睡眠、Sleep Town 等，减肥类 App 中的青牛、薄荷等，健身类 App 中的 KEEP 等，社交类 App 中的 Soul 等。投放内容匹配相关细分领域，例如，游学燃传播投放学习类 App，旅游演艺燃传播投放娱乐类 App，城市休闲燃传播投放社交类 App，运动康养燃传播投放减肥类 App 和运动类 App。

推出优惠方案。一旦确定了目标用户，下一步是创建能够引起他们兴趣的内容和优惠。这包括高质量的图像、视频和有吸引力的描述，这些都是提高用户参与度和点击率的关键元素。同时，提供独家优惠或特别促销活动也是增加转化率的有效方法。例如，可以推出"早鸟优惠"或"限时折扣"，激励用户进行预订。内容和优惠的更新应保持一定的频率，以维持用户的兴趣和活跃度。

4.9.4 选择垂直 App 渠道传播旅游应注意的事项

选择垂直 App 除了要掌握上述实战要诀外，还应特别注意以下三点：

第一，实施多元传播策略。在垂直 App 平台上，单一渠道的营销往往不足以覆盖所有潜在客户。因此，这包括社交媒体、电子邮件营销、内容营销等多种方式。每个渠道都应根据其特点和目标用户群体的偏好进行优化。例如，利用社交媒体的广泛覆盖和互动性强的特点来增加品牌的可见度和用户的参与度，同时通过电子邮件营销维持与现有客户的持续联系。

第二，确保用户体验流畅。这意味着从用户进入App的那一刻起，到浏览信息、选择产品、完成预订的整个过程都应简洁明了、无障碍。对App的界面和操作流程进行不断地测试和优化，确保加载速度快、导航简单易懂。此外，优化转化路径，如减少结账过程中的步骤，可以显著提高转化率。

第三，跟踪分析传播效果。使用数据分析工具来监控关键指标，如用户访问量、广告点击率、转化率等，可以帮助了解哪些策略有效，哪些需要改进。基于这些数据，及时调整营销策略和预算分配，确保资源得到最有效地利用。同时，也要保持对市场趋势的敏感性，以适应快速变化的市场环境。

4.10 小程序，实现"触手可及"的用户体验

小程序是一种无须下载、安装即可使用的手机"应用"，一键操作，就能即刻为你服务。小程序秉承着服务至上，不打扰，用完即走的优雅姿态，让应用的便利性触手可及，犹如是魔法师的魔杖，轻轻一挥，就能打开一个全新的美妙世界。当你需要使用某个服务时，只要拿出手机，扫描一个二维码，或是简单地搜一搜，微信小程序、抖音小程序、今日头条小程序、支付宝小程序、百度智能小程序、京东小程序等，就会像变魔术一样出现在你的屏幕上，等待着你的召唤和垂青。它们似一个个小巧的宝藏箱，不需要占据你的手机空间，却能为你提供丰富实用的功能和信息。它们是移动互联网的快速通道，是线上线下流量的桥梁，是各行业深度融合的纽带。从信息传播的角度看，小程序拥有强大的平台背景优势，它们能够通过打通线上线下的流量，与各行各业深度融合，实现多领域的拓展。它们又似一个个灵活的信使，穿梭在数字世界和现实世界之间，传递着信息，连接着服务，让每一次互动都变得更加高效和无

缝，让每一次体验都充满惊喜和便捷，让生活变得如此美好简单，让服务变得如此细致入微，这就是小程序的魅力。

4.10.1 小程序渠道传播旅游的优势与特点

便捷地即时访问。在旅游传播中，小程序的低门槛访问性显得尤为重要。旅游者通常需要快速获取旅游信息、预订门票或查找附近的推荐景点，小程序可以提供一站式的解决方案。用户无需下载完整的应用程序，仅通过扫描二维码或在社交平台上点击链接即可立即访问服务，极大地提高了用户体验和满意度，同时也增加了旅游产品和服务的曝光率。

社交媒体整合优势。小程序能够无缝整合到微信等社交媒体平台中，这为旅游传播提供了极大的便利。旅游者可以直接在社交平台上分享旅游小程序，推荐给朋友和家人，或是参与小程序中的互动活动，如旅游打卡、参与抽奖等。这种社交分享和互动功能不仅增强了用户的参与感，也自然而然地扩散了旅游产品的市场影响力。

精准的用户画像和定制化推荐。通过小程序，旅游企业可以收集用户的行为数据，如搜索偏好、浏览历史和预订记录。这些数据可以被用来构建精准的用户画像，并提供定制化的旅游推荐，比如个性化的旅游路线和特价旅游产品。这种基于数据的个性化服务不仅能提升用户满意度，也能有效提高转化率，为企业带来更高的营收。

广泛的设备兼容性。小程序的跨平台兼容性使得旅游传播能够覆盖更广泛的用户群体。无论旅游者使用的是智能手机、平板还是桌面电脑，都能无缝访问旅游小程序，享受便捷的旅游规划和预订服务。这种广泛的设备兼容性不仅提高了用户的访问便利性，也为旅游企业带来了更大的市场潜力和更广泛的客户基础。

4.10.2 小程序渠道旅游燃传播的案例赏析

案例一

"玩转泽州",小程序营销城市旅游案例 ①

2019年"十一"黄金周旅游高峰期间,山西省泽州县推出"玩转泽州"小程序。"玩转泽州"小程序利用其多功能和丰富的信息优势,有效地利用节日热点进行线上营销和现场引流。《谁不说俺泽州好》第三季活动中,泽州县的17个乡镇通过"玩转泽州"小程序展开了一场打卡地热力值的竞赛。游客在各地打卡,通过打卡地热力值进行竞争,这些数据将作为评选"网红地标"的依据之一。专家将根据这些"网红地标"的评选结果,在后续的颁奖典礼上进行公布,这将形成泽州的黄金文旅路线,并在小程序上展示。这种竞争方式客观上推动了各乡镇提升景点的独特性和竞争力,为泽州的全域旅游提供了更多的代表性资源和项目。此外,还推出了泽州合拍赏金赛,深入探访各大网红地标拍摄短视频,并在小程序上配合实施打卡赢福利活动,通过"释放福利"的营销策略吸引游客实地参与,从而为泽州的旅游经济增收。

同时,小程序还提供了打卡地点、项目产品展示、旅游信息发布、导航功能等服务,从而提升了游客的体验度。景点介绍和地图导航功能使得旅游体验更加便捷,有效提升了游客的现场浏览量。"玩转泽州"小程序以游客受众的切身需求和使用习惯出发,完善相关信息和功能,利用微信内的完整生态闭环,完成泽州旅游资源和产品的宣推和知名度提升,并完成实地游览和产品交易的经济转化,为泽州文旅营销探索出更多平台选择上的新可能。

案例中,泽州县通过"玩转泽州"小程序的运用,展示了现代旅游营销的

---

① 案例来源:今日泽州微信公众号. 小程序+智慧文旅,解锁文旅营销新趋势 [OB/EL]. 2019. https://mp.weixin.qq.com/s?src=11&timestamp=1721555542&ver=5396&signature=cTeVQ2UDgSSsKKPWNT*RPyJGqPDxXZ23zI806gLPgrIgD9npS87gub7Q3qHIze9ptVd-g70k8lSabWyPgUxBJW2CopaS8*j5Pz*Jgeyj0KOTZnCSKSHfdKw*BJ*Tb0bj&new=1.

新模式和高效策略。该小程序不仅作为信息发布的平台,更通过互动性和参与性的活动,如地热力值打卡竞赛和泽州合拍赏金赛,有效地引发了游客的兴趣和参与,增强了旅游体验的趣味性和互动性。

首先,从传播优势角度看,"玩转泽州"小程序利用微信生态系统的广泛用户基础,通过便捷的微信入口,让信息传播和用户参与门槛极低,极大地扩展了宣传的覆盖面和影响力。微信作为一个社交平台,其分享功能也自然地将旅游体验和景点信息的传播变得更为迅速和广泛。

其次,小程序的多功能集成为用户提供了一站式服务,从旅游信息的获取、景点的预览、导航,到打卡参与和短视频制作,这种一体化的服务设计不仅提升了用户体验,也极大地方便了游客的实际旅游操作,使得旅游过程更加流畅无忧。

最后,通过设置打卡地热力值竞赛和网红地标的评选,小程序巧妙地将游客的旅游行为与地方景点的宣传推广相结合,既激发了游客的参与热情,又实现了对泽州各个乡镇旅游资源的均衡推广和利用,提升了整个地区的旅游吸引力和知名度。

案例二

"中老铁路游"小程序助你畅玩两国 ①

"中老铁路游"小程序由云南腾云信息产业有限公司(以下简称"腾云公司")开发,是基于"一部手机游云南"技术底座、为中老铁路开通运营打造的线上跨国旅游服务平台,于2021年12月上线。围绕中老铁路沿线文化旅游

---

① 昆报头条微信公众号.中老铁路客货两旺!小程序助你畅玩两国 [OB/EL]. 2023. https://mp.weixin.qq.com/s?src=11&timestamp=1721555613&ver=5396&signature=uQEl2AxpQ*mjl7pYbP-AS3U3aod-g5bsaOVew5fU4WblkhCXV5tMjt5mevPjIAa7bSlE5xiyJISEroFt9NlBd9Zlgk3UT-yncEWIxJC9skbHmaXMDHma4dJcLimJ2DPu&new=1.

资源,"中老铁路游"小程序推出"中老铁路资讯""沿途特产""翻译""沿途直播""特色攻略""独家美食""民俗玩法"等功能,方便游客沿着铁路畅玩。用户通过"游云南"App及小程序跳转,就可使用"中老铁路游"小程序。截至2023年3月末,"中老铁路游"小程序点击量达183.65万次。2023年4月13日,中老铁路国际旅客列车开行,以后中国很多游客将乘坐列车到老挝旅游。那么,游客语言不通、不知如何游玩怎么办?提供在线翻译、查特色攻略、观看直播等服务的"中老铁路游"小程序,将成为游客的实用助手。

"中老铁路游"小程序是一个典型的利用数字技术优化跨国旅游体验的案例。由云南腾云信息产业有限公司开发,该小程序基于"一部手机游云南"的技术平台,专为中老铁路的开通而设计,其功能和服务的全面性直接解决了跨国旅游中可能遇到的语言和信息不对称的问题。

首先,从传播优势来看,该小程序通过与已广泛使用的"游云南"App的整合,实现了用户的无缝过渡和高效接入。这种整合不仅扩大了其潜在用户基础,也便于用户在一个熟悉的平台上获取新的服务,从而降低了用户的学习成本和使用门槛。

其次,功能设计方面,小程序提供的"翻译""特色攻略""沿途直播"等功能,直接针对国际旅游中的常见需求,如语言障碍和对地方文化及旅游信息的不熟悉。特别是在线翻译功能,对于解决语言不通的问题提供了即时的帮助,极大地提升了非中文游客的旅游体验。而通过沿途直播,游客可以实时看到不同地点的实际情况,这不仅增加了旅游的透明度,也提高了用户的信任度和参与感。

最后,通过集成沿途特产、独家美食、民俗玩法等本地化内容,小程序不仅为游客提供了实用信息,还促进了当地文化和产品的传播与销售,这对于促进沿线地区的经济发展具有重要意义。

4.10.3 选择小程序渠道传播旅游的实战要诀

目前,依托小程序传播旅游的路径主要有:开发和推广微信或抖音小程序旅游消费服务应用场景，扩大旅游品牌覆盖面和影响力。面向泛Z世代的旅游燃传播选择小程序的实战要诀如下：

游戏赋能。综合小程序+AR小游戏能力，开发目的地小程序。将目的地特色吸引物和标志物做成道具，与用户实现多样互动，让小游戏和玩家的真实场景结合得更紧密，让玩家在这种更深的沉浸感和趣味性体验中，实现燃传播内容和平台的有机融合。

原创投稿。通过目的地小程序激励用户和达人一起便捷地实现原创的投稿内容。通过小程序互动投稿达到用户裂变，又通过用户互动实现UGC挂载短视频锚点（目的地小程序），达到二次传播的效果。

商家推广。引导旅游商家通过开发和推广盲盒小程序。根据旅游消费主题推出不同的盲盒，满足盲盒爱好者的不同喜好，吸引玩家参与盲盒下单，享受更加便利地体验盲盒带来的惊喜。

4.10.4 选择小程序渠道传播旅游应注意的事项

选择小程序除了要掌握上述实战要诀外，还应特别注意以下四点：

首先，重视用户体验。用户体验不仅包括小程序的界面设计简洁美观，还涉及用户操作的便捷性。为了提升用户体验，开发者需要确保小程序的加载速度快，操作流程简单，尽量减少用户在使用过程中的等待时间和操作步骤。此外，适应各种屏幕尺寸和设备的响应式设计也是必不可少的，确保每一位用户都能获得良好的视觉和使用体验。

其次，确保内容特色。旅游营销小程序应充分考虑目标用户的地域、文化背景和语言习惯，提供多语言版本，尤其是在目的地的本地语言。同时，根据用户的行为和偏好提供个性化推荐，如推荐用户可能感兴趣的旅游景点、活动和特色商品等。这种特色化的服务不仅能增加用户的满意度，还能提高用户的黏性和转化率。

再次，保护数据安全。数据安全和隐私保护是构建用户信任的基石。在旅游营销小程序中，用户可能需要输入个人信息，如姓名、电话、电子邮件地址等。因此，开发者必须采取强有力的安全措施，保护用户数据不被未授权访问或泄露。此外，明确的隐私政策和用户协议也应当提供给用户，让用户明白他们的数据将如何被使用，以及他们有哪些权利可以行使，这有助于增强用户的信任感。

最后，持续更新内容。持续的优化和更新是保持小程序竞争力的必要条件。技术的迅速发展和用户需求的不断变化要求旅游营销小程序不断进行迭代更新。定期收集用户反馈，监控小程序的使用数据，如用户访问量、停留时间、转化率等，以此来优化小程序的功能和内容。同时，也应关注最新的技术趋势和行业动态，不断引入新功能和服务，以保持小程序的吸引力和竞争力。

05

面向泛 Z 世代未来哪些旅游传播会更燃？

　　面向泛 Z 世代，未来有哪些旅游传播会更燃呢？要回答这个问题，我们必须以宏观的视野审视未来旅游及相关产业的发展趋势，以中观的视域分析未来传播方式和传播渠道等诸多方面的变化趋势。

　　随着科技的不断发展和社会的不断变迁，面向泛 Z 世代的旅游燃传播领域正在不断突破创新。特别是近年来移动互联网、通用人工智能、元宇宙、虚拟现实、增强现实、大数据、5G 等现代信息技术在旅游业和新媒体的创新应用，使得旅游传播媒介和大众接受信息行为习惯发生重大变化。泛 Z 世代喜欢圈层文化、兴趣多元、崇尚个性、关注颜值、热衷社交、容易"被种草"等，这些特点在自媒体时代已得到充分地彰显。为契合泛 Z 世代群体的信息行为特点，越来越多自媒体的功能延伸和旅游目的地"圈粉"手段不断翻新和突破。在此背景下，未来数年，甚至更长时间，面向泛 Z 世代的旅游燃传播，在触达用户、运营模式、投放渠道、工作方式、媒体平台、传播策略、用户获取、信息承载、内容表达、市场渗透十个方面表现出十分明显的"推陈出新"的深度转变趋势，它将深刻影响旅游燃传播的形式、内容和渠道，我们只有把握这些深度转变的趋势，跟上时代的新步伐，才能让旅游燃传播蓬勃延续，向前发展，书写更新的篇章。

　　下面我们将就这十种趋势逐一展开分析。

5.1 从信息触达到场景转化

当前，元宇宙技术以及虚拟现实等场景式的科技发展和应用速度越来越快，面向泛 Z 世代旅游燃传播在触达用户上表现出"从信息触达到场景触达的转化"的趋势。过去，旅游燃传播可以借助短信、邮件、微博、公众号等渠道传递图文视频等信息实现用户触达，这种信息触达用户的方式是"信息"至"用户"的单向流动。而现在，凭借数字化、沉浸化、社交化、互动化的线上虚拟场景打造，深度迎合了泛 Z 世代"构建性"消费的特点和需求。例如，完美世界控股集团紧随数字中国战略的步伐，提出了"City Game"概念并将之实践，以科技赋能开启沉浸式文化新体验[①]。City Game 通过 AR、MR、LBS 等数字化技术手段，在实景环境下用户可以通过游戏化互动方式进行的全新数字实景沉浸式文化体验。此外，通过小程序的链接，参与者即便离开体验场景，也可以随时查看自己的成就和专属的数字藏品。新鲜的体验感、便于网络传播的口碑内容，让消费体验持续贯穿消费者的社交圈，形成私域裂变传播。同时，线上线下结合的模式也适合项目运营做社群运营，通过新媒体渠道与 KOL 建立链接，更加高效触达用户，以深度种草攻占消费者心智。通过不断地探索和实践，City Game 项目也成功打造了吸引年轻客群注意力和消费的新标杆。

案例中 City Game 项目触达用户的方式开始呈现出"场景化触达"的特点，这种用户触达方式有别于以往图文视频信息的单向触达方式，表现出"立体式呈现、交互双向、深度互动"的特点。相信很多人在消费的过程中会遇到各种弹窗广告，推荐商品，不断阻止用户的消费通路，从而对企业产生抵触情绪，长此以往会导致用户流失，这就是损耗。而场景化的精准触达，就能够有效解决这一问题。做好场景触达其实就是针对用户真正的"痛点"，在特定的场景

---

① 中华网. 数字沉浸式文化体验打造"Z 世代"流量入口［OB/EL］. 2022. https://tech.china.com/article/20220822/082022_1128030.html.

内实现反复触达，通过高频的触达频次和场景特性加深品牌印象[①]。越是具体、真实的场景，目标用户就会越容易被代入其中，其需求也越容易被激发出来，快速地做出购买决策。因此，商家在进行场景化触达的时候需要抓住用户痛点、痒点，并制造相应的场景，从而提升用户的转化率。未来，随着人口红利的逐步下降，如何占有更多的用户资源，并且深度触达用户将成为旅游燃传播的难题。场景化触达消费是新消费趋势下的具现，是消费品质升级的要求，场景化有助于减少用户损耗，提升用户转化效率，从而实现用户增长。

  展望未来，旅游燃传播正经历着一场革命性的变革，特别是在面向泛 Z 世代的用户触达上。泛 Z 世代，即在互联网和数字技术中成长起来的年轻人，他们对技术的接受度极高，追求新奇体验和个性化服务。传统的信息触达方式已经难以满足他们对旅游体验的需求，而"从信息触达到场景触达"的转化，正是对这一需求变化的直接回应。场景触达是一种全新的触达方式，其通过创造或模拟具有沉浸感的环境和体验，使用户能够在特定的场景中直接体验和互动，从而达到更深层次的情感连接和记忆印象。通过影像技术和元宇宙技术，旅游业可以创建一个虚拟的旅游环境，让用户在不离家的情况下就能"前往"目的地。在这个虚拟环境中，用户不仅可以看到真实的景色，还可以听到现场的声音，甚至感受到气候变化，这种全方位的感官体验极大增强了旅游体验的真实感和沉浸感。总之，随着技术的发展和泛 Z 世代用户需求的变化，旅游燃传播正从传统的信息触达向场景触达转变。这种转变不仅提升了用户的体验质量，也为旅游业的市场营销和产品开发提供了新的方向和机遇。我们有理由相信，通过不断优化和创新场景触达的方式，旅游燃传播必然在诗和远方的阳光大道上澎湃地阔步前行。

5.2 从流量为王到人心至上

  在数字时代初期，流量无疑是互联网世界的抢手金币，许多企业纷纷采取

[①] 知乎网. 互联网下半场，企业如何做好场景化触达？[OB/EL]. 2022.https://zhuanlan.zhihu.com/p/510575671.

类似"酒香不怕巷子深"的策略，通过购买流量来吸引用户。这种做法在过去似乎颇有成效，因为只要流量足够大，用户自然会源源不断。然而，随着移动互联网的流量红利逐渐消失，这种模式也开始显露出疲惫的老态。一方面，企业购买流量的成本越来越高，而收益却越来越少；另一方面，用户对于刷屏式的广告已经产生了抗体，难以再通过这种方式创造出广受欢迎的传播内容和产品。以腾讯为例，尽管拥有微信和QQ这样的流量巨头，马化腾在2022年年底的内部会议上明确表示，"不要再提买量的事"。腾讯宣布关闭了包括小鹅拼拼、企鹅电竞在内的多个项目，这些项目虽然曾寄予厚望，但在持续的流量推动下仍未能健康成长，最终不得不作罢。①

同样的情况在国际上也有所体现。曾经的互联网媒体巨头如Buzz Feed和Vice，都是基于流量至上的运营哲学快速崛起，以"赢得千禧一代"为卖点。但是，随着时间的推移，这些公司的光环逐渐黯淡，投资者也开始撤资。Buzz Feed的估值一度高达15亿美元，但到了2017年11月，由于全年营收远不及预期，公司不得不开始裁员。② 与此相反，Chat GPT的成功则证明了一个观点：一个内容顶流、功能强大、能够真正满足用户需求的产品，必然触发用户的情绪价值，促使用户的自发传播而迅速获得大量用户，而无须依赖购买流量。

这种从"流量为王"到"人心至上"的转变，在旅游燃传播领域也得到了验证。数字化营销已经从1.0的流量主导，进化到2.0的人群主导，再到3.0的心智主导。自媒体行业，这个典型的流量驱动行业，也开始反思这种过度依赖流量的做法。虽然流量在一定程度上代表了更多的关注和潜在的商业价值，但是一味追求流量，甚至不惜违规突破道德底线，最终只会让自己陷入"流量陷阱"。③ 无论是通过刷量掺水，还是制作低俗内容，其本质都是为了吸引眼球、

---

① 闲醉山人. 产品为王，流量至上的互联网时代过去了［OB/EL］. 2023. https://baijiahao.baidu.com/s?id=1757370730000680114&wfr=spider&for=pc.

② 百度. 人民日报谈媒体转型："流量第一"已陷困境 仍需回归质量［OB/EL］. 2018. https://baijiahao.baidu.com/s?id=1605471758254639386&wfr=spider&for=pc.

③ 蓝鲸财经. 人民日报评自媒体"大号"近期被整改：流量再大也难成精品［OB/EL］. 2018. https://baijiahao.baidu.com/s?id=1601307160942053268&wfr=spider&for=pc.

追求流量。然而，这种方式获得的关注往往是短暂的，也是低质的，难以持续和转化为真正的价值。

因此，随着社会对旅游内容质量的要求日益提高，旅游燃传播的内容创作正在经历一场深刻的变革。从之前追求"哗众取宠、博人眼球"的表面效应，转向"深入人心、情感共鸣"的深度转变。这种转变不仅体现在内容的丰富性和多样性上，更体现在对情绪价值的深度挖掘和输出上。在这个过程中，旅游品牌和目的地应该更加注重与消费者心理和情感的共鸣，通过创造具有情感温度的内容来建立与消费者之间的情感连接。例如，通过真实的旅游体验分享，可以让潜在的游客感受到旅行的真实感受和情感波动，从而激发他们的旅游欲望。这种真实的分享不仅提供了实用信息，更带有个人情感色彩，使内容更具吸引力和感染力。此外，具有教育意义的文化探索故事也是内容创作的重要方向。通过讲述一个地区的历史背景、文化特色及其与现代生活的联系，不仅能够增加内容的知识性和教育性，还能够增强观众对旅游地文化的理解和尊重。这种深度的文化探索可以促进文化的传播和交流，增强不同文化之间的理解和尊重，从而推动全球文化和谐共处。通过这些深度和有温度的内容创作，旅游品牌能够在消费者心中建立起朗朗的正面形象，并逐渐形成口碑传播效应。这种基于情感共鸣和价值观共享的内容策略，不仅能够吸引更多的关注和讨论，还能够建立起长期的品牌忠诚度和用户黏性，为旅游品牌带来持续的成长和发展，也让旅游业的朝阳投射出灿烂彩霞。

5.3 从大水漫灌到精准滴灌

在大数据和先进算法的精准推送技术不断发展和广泛应用的背景下，针对泛 Z 世代的旅游燃传播策略，呈现出从传统的"大水漫灌式"广告推广向"精准滴灌式"推荐推广的显著转变。互联网平台无疑成为针对泛 Z 世代传播最为有效的渠道。过去，为了追求尽可能大的网络曝光，旅游广告几乎无处不在，覆盖了互联网的每一个角落。这种无差别的广告轰炸，在今天信息泛滥的生态下，反而越来越受到了泛 Z 世代的广泛批评，其传播效果往往适得其反，而且庞大的曝光量并没有有效转化为相应的实际消费。

近年来，随着大数据和精准推送技术在各大新媒体平台的应用日益普及，线上传播的策略和路径发生了根本性的变化。通过基于用户兴趣点的精准传播，不仅能够实现更高效的用户触达，还能明显提高转化率。小众消费、圈层消费、高端定制化需求的兴起，促使旅游传播者更加细致地分析和管理自己的忠实客户群体，同时也更精准地触达潜在客户。根据尼尔森 IQ 的调研数据显示，有 43% 的 Z 世代愿意与身边人分享自己的兴趣爱好，39% 的人会与兴趣相同的人交流探讨；同时，近半数的 Z 世代会积极浏览和关注与自己兴趣相符的内容。① 显然，从 Z 世代的兴趣出发，无疑能够增加他们对品牌的好感，同时传达出品牌对 Z 世代的深刻理解。

在旅游燃传播领域，针对泛 Z 世代的精准滴灌式传播策略已经开始广泛应用。例如，在暑期档期间，去哪儿网专门针对大学生群体推出了一系列精准的促销活动。② 在交互方式上，去哪儿网采用了年轻人非常熟悉的"摇一摇"动作，用户只需在去哪儿旅行 App 中摇一摇手机，即可参与暑期促销活动，这种方式门槛低、交互灵活，自然增强了互动的趣味性，这也是 OTA 行业中首创的创新性用户交流方式。在福利设计上，去哪儿网巧妙地引用了年轻人圈层中流行的"666"梗，推出了"6 元门票，66 元游周边，666 元机酒神券，6666 元旅行金"等多重优惠，这些福利不仅具有较强的记忆点，而且实用性强，因此深受年轻人的欢迎。在 IP 合作方面，去哪儿网不仅仅是简单地吸引年轻人，而是通过定制与 IP 相同的旅游线路，使得年轻人更愿意持续关注并参与其中。与《声入人心 2》这样的"新宠"不同，迪士尼的经典 IP《狮子王》激发了许多年轻人的温暖回忆。在 App 内，去哪儿网上线了专题活动页面，让年轻用户

---

① 兴田德润. 什么是 z 时代？如何做好全网营销？[OB/EL]. 2021. https://baijiahao.baidu.com/s?id=1719652176372494907&wfr=spider&for=pc.

② 凤凰网商业. 如何拿下"Z 世代"消费群体？去哪儿网暑促 666 打开品牌营销新思路[OB/EL]. 2019. http://biz.ifeng.com/c/7pGMYwBFbjE.

可以通过"探寻灵感发源地""约会狮王大狂欢""玩转迪士尼乐园"等多个板块深入体验非洲大草原、狮身人面像等旅游套餐，实现了"旅游+电影"的深度融合。在微信端，去哪儿网制作了创意十足的刷屏H5《这个夏天，你YAO了吗》，吸引了超过20万人参与"旅行的夏天"活动；此外，与微信KOL如胡渣少女、姜茶茶、小小莎老师等合作，连续创造了多篇10万+的爆款文章，有效放大了暑期促销活动的声量和影响力。

未来的旅游燃传播将深受技术进步和消费者行为变化的影响，逐渐形成一个以数据驱动、个性化体验和技术应用为核心的新趋势。基于大数据的精准推送技术，通过收集和分析大量的用户数据，包括他们的浏览历史、购买行为、兴趣偏好等，营销者可以更准确地了解每个潜在客户的独特需求和兴趣点。这些数据不仅可以用来预测用户的行为，还可以帮助旅游品牌创建更加个性化的营销内容。精准推送技术还允许营销者在适当的时间向正确的用户展示广告。通过分析用户的在线行为模式，算法可以预测出用户上网的高峰时段，从而在这些时段内推送广告，以增加广告的曝光率和互动率。这种时效性的把握，相较于无差别的广告投放时间，可以大大提高广告投放的效果。精准推送技术的应用不仅限于广告内容的个性化和时效性，它还改变了促销策略的制定方式。通过对大数据的分析，旅游目的地和旅游企业可以识别出哪些促销活动最能吸引泛Z世代的注意，以及他们对不同价格敏感度的差异。这样，旅游目的地和旅游企业可以设计出更具针对性的价格策略和促销活动，更有效地吸引目标客户群体。此外，在传播渠道上，移动设备的普及推动了移动优先策略的实施，社交媒体和影响者传播的结合也成为精准链接目标客群和旅游产品的重要桥梁。

建立在大数据、算法、算力基础上的通用人工智能正在向我们款款走来，精准滴灌式的传播方式，必将赫然描绘出旅游燃传播的崭新图画。

5.4 从稳扎稳打到争相尝鲜

面向泛Z世代的旅游燃传播，在日新月异的旅游实践和一日千里的新媒体传播方式下，今天普遍被奉为圭臬的稳扎稳打旅游传播，将被明天全域争相尝鲜的旅游传播所遮蔽，这一趋势将越来越明显。泛Z世代热衷于通过自媒体平台体验、记录、分享和互动，使得他们的旅游不再仅仅是出行，也是一种全新的生活形态。"时"与"势"的变化，带给地方旅游产业发展新机遇，旅游目的地不再单纯依靠资源"天赋"，而可以通过后天的努力，任何城市、任何地域都可能圈粉，并晋升为新的网红打卡地。在这种情形下，各地文旅部门的工作方式和风格也在发生着翻天覆地的变化。过去，目的地通常依赖专业营销机构的精心策划和推广，而现在，他们开始利用短视频、电视剧、综艺节目等多种新鲜且富有创意的方式来吸引游客的目光。特别是从2023年开始，从南到北，从西到东，全国各地的文旅局长们纷纷走到前台，变装秀、双语秀、才艺秀、隔空喊话，各种花样百出的方式让他们成为真正的网络红人。①

一时间，一袭长衣、牵马游湖，尽显侠客风采的四川甘孜藏族自治州文化广播电视和旅游局局长刘洪，飙英文、秀热舞、骑马、射箭的四川省甘孜藏族自治州道孚县文化广播电视和旅游局局长降泽多吉，红衣策马、英姿飒爽地驰骋在紫色漫野薰衣草上的新疆伊犁哈萨克自治州文化和旅游局副局长贺娇龙，"认真丑出圈不惧嘲"的湖北省随州市文化和旅游局局长解伟，零下20℃身穿鄂伦春族白鹿服饰为家乡代言的黑龙江省大兴安岭地区塔河县文体广电和旅游局局长都波，身穿少数民族服装的"90后"贵州大方县文化和旅游局副局长吴姣姣，在沙漠里翩翩起舞的新疆沙雅县文化和旅游局局长热娜古丽……花式"出圈"的文旅局长们，如今已成为不折不扣的网红。越来越多文旅局长走出办公室，走进旅游景区，借助短视频直播等自媒体平台"八仙过海，各显神通"，"披挂上阵"走到台前为地方旅游争相"出圈"呐喊。2024年年初，随着"尔滨"火出圈，各地文旅局长们又"卷"了起来。从"听劝"连夜改名官号方便搜索，到一口气更新数十条视频被调侃电脑"冒烟"，再到请明星为家乡代言吸引流量，政府部门为振兴旅游产业亮出"十八般武艺"，不少地方确

---

① 绿维文旅新知店．文旅局长们卷"出圈"，代言的效果到底如何？[OB/EL]．https://www.shangyexinzhi.com/article/7403365.html．

实因此获得了更多被看见、被关注、被打卡的机会①。各地文旅部门自动或被动地加入"内卷""听劝""吸粉"行列,这种在旅游燃传播领域争相变花样"出圈"的趋势还将持续。

其实,早在直播方式初现霓裳丽景之时,不少旅游部门就争相尝试借助它的光芒,助力旅游推广。厦门市旅游部门从 2018 年开始就把直播方式用于旅游推介会,并尝到了新鲜的甜头。这些年来,厦门市文旅部门每每外出举办旅游推介会时,不仅在邀请参加推介会人员上打破了以当地旅行商为主体的惯例,形成了媒体人特别是新媒体人、网红和旅游达人、旅行商三个三分之一的参会人员结构,更重要的是干脆摒弃了花钱购买当地传统媒体版面的做法,直接采用几个权威的直播大号,把传统的旅游推介会硬是搞成了直播演艺型旅游推介,于是 3000 万 +、4000 万 + 的观看人次如同家常便饭,彻底改写了几十年中国旅游推介会乃至世界上百年旅游推介会的剧本和演出模式,使传统的旅游推介会在演进中获得了新生。

未来的旅游燃传播将继续探索利用最新科技不断创新,提升旅游体验和增强与目标受众的互动性。无论如何翻新传播方式,故事传播方式依然是连接游客和目的地的重要桥梁,因为讲故事的方式是人类从孩提时代就已经形成乐得接受外界信息的习惯。旅游目的地的"主人们"可以通过讲述引人入胜的真实故事或当地的富有感染力的故事,来增加游客的情感投入和共鸣。这些故事可以是关于当地人的日常生活,独特的文化传统,或是那些鲜为人知的历史事件。关键是我们要什么样的媒介来呈现故事的动听和精彩,来引发泛 Z 世代的广泛"叽叽喳喳",形成有力的口碑传播效应。社交媒体的运用将在未来一个时期,在大数据和通用人工智能的加持下,更加精细化和精准化,更加适配泛 Z 世代的信息接收习惯。与新晋网红或意见领袖合作的传播魅力,仍旧是旅游目的地推广尝鲜的重要手段。我们虽然无法预测未来等待旅游传播者争相尝鲜的种种可能,但是,争相尝鲜旅游燃传播必将带给我们更多期待的荣光。

---

① 北京日报. "城市出圈是繁花还是昙花","文旅局长之后拼什么?[OB/EL]. 2024. https://www.thecover.cn/news/5NzmUtjAElSH90qSdq8Jkw==.

5.5 从平台寡头到融媒多头

随着用户和投资的大量涌入，面向泛 Z 世代旅游燃传播在媒体平台上表现出"从平台寡头到融媒多头"的转变趋势。这一趋势在泛 Z 世代的用户群体密集的自媒体平台领域尤为明显。从主要门户网站到互联网巨头、自媒体联盟以及新媒体平台，各方都在参与这场自媒体平台激烈竞争的盛宴。目前，自媒体平台的竞争格局正向去"寡头化"的方向发展，得益于 5G、AR、AI 等技术的叠加，尤其是技术门槛和资金成本不断降低，各媒体平台的融合发展态势十分明显。例如，即时通信与短视频的融合正在逐步加深，一方面，代表即时通信的微信、QQ 正积极拓展短视频和直播业务；另一方面，代表短视频的抖音也在尝试进入即时通信领域。抖音在 2023 年 1 月推出了电脑端聊天软件"抖音聊天"。直播平台也在积极探索转型融合发展，除直播业务外，还在融入更多高质量内容。映客投入 10 亿元建立内容专项基金，推出"内容合伙人招募计划"，调整界面，引入 1V1 PK、多人直播间、狼人杀等社交游戏以及综艺、社交、偶像养成内容，称之为"去直播化"。① 同时，在当前互联网的风口，短视频行业不仅在资讯、娱乐领域探索，生活应用、社交领域也开始应用短视频。多家互联网平台纷纷推出短视频应用，包括 BAT 等巨头、斗鱼、映客、YY 等直播平台，以及淘宝和大众点评等生活应用也增加了短视频功能。这一变化也加速了短视频领域去"寡头化"的进程，同时促使抖音和快手这两大短视频平台进行转型和融合发展。

在旅游燃传播领域，"融媒体+文旅"的跨界融合实践也取得了显著进展。厦门市文旅部门从 2022 年起把原有的微信公众号、微博、抖音、小红书、今日头条等，以及系统内各单位自媒体进行整合，构建文旅融媒体矩阵，逐步形成为一个综合性的文旅融媒体，传播的效应正在日益显现。更有甚者的是，"i 游深

---

① 黄楚新、王丹丹. 中国新媒体现状、特点和未来［OB/EL］. 2018. https://mp.weixin.qq.com/s/-hb33zR1T9qS0HSVZsLCDQ.

圳"品牌定位为"文创开拓者、文旅引领者、文体践行者",基于"媒体+政务、服务、商务"的新型媒旅融合模式,依托文旅全媒体传播矩阵,向全年龄用户提供最新、最全的深圳旅游信息和一站式服务,展示深圳旅游发展的全域、全季、全龄、全业态新格局。自2020年9月运营以来,"i游深圳"在微信公众号、微博、抖音、微信视频号、今日头条等平台全面发展,全网粉丝超过400万,实现了从0到1的突破,并在2021年的深圳微信影响力排行榜文旅垂类中名列第一。2022年,品牌矩阵扩展到小红书、马蜂窝、快手及Tik Tok、YouTube等国内外平台,不仅提供优质的本地服务,还进行国际传播,讲述深圳的文旅故事。此外,"深圳十二时辰"的24小时全媒体大直播是"i游深圳"品牌运营传播的典型案例,被文化和旅游部资源开发司评为2021年国内旅游宣传推广优秀案例。该品牌在直播产品上推动媒体深度融合,实现电视与手机大小屏的联动直播。通过"i游推荐官"的组团推介,提供沉浸式、场景式的深圳旅游体验;并通过微博发起"给深圳起个昵称"的互动,引发"梦都""魅都""创都"等昵称的大量创意,微博话题阅读量超570万。2022年11月,颜宁和白岩松等知名人士对"梦都"昵称进行了解读,再次引发对深圳的广泛关注。在数字文旅产品方面,创建了创意十足的深圳首个文旅虚拟主播"小游"。除此之外,还推出了主题曲MV、互动H5、摄影长卷、精品海报等视频、图文产品,使得一周的宣推期每天都有新亮点、新爆点。最终,活动的全网传播量突破了亿级。"i游深圳"展现出越来越强的品牌传播力、影响力和竞争力,成为深圳文旅品牌的标杆。①"i游深圳"的品牌运营传播案例,标志着深圳作为目的地城市在多个媒体平台融合传播方面的先行者地位,也展示了旅游燃传播在融媒体应用中的新趋势。

　　i游深圳案例是"融媒体+文旅"的成功实践,是趋势的必然,它表明,随着技术的进步和市场需求的多样化,媒体平台必须进行深度融合和创新,以适应竞争激烈的传媒环境特别是旅游燃传播需要,这不仅为媒体行业的发展打开了新的可能性,也为旅游燃传播的天空划出了一道别样的彩虹。

---

① 国家广电智库. 深圳广电"i游深圳":探索"媒体+文旅"跨界融合发展新路径[OB/EL]. 2023. https://baijiahao.baidu.com/s?id=1756927604803384703&wfr=spider&for=pc.

5.6 从大面铺开到聚焦穿透

对于目的地或者旅游业来说，旅游燃传播内容本身及在方式、平台上都有很大的选择空间，到底是要大面铺开还是要围绕一个点聚焦打透？随着旅游体验层次的深化和信息获取的便利化，面向泛 Z 世代旅游燃传播在传播策略上表现出"从大面铺开到聚焦穿透转变"的趋势。例如，福建近年来在旅游宣传片的制作上，摒弃了以往"串点成线、全面展示"的方式，转而从"美食"和"福建慢生活"两个细分点入手，成功吸引了年轻群体的关注。2022 年，福建文旅厅推出以"来福建，享福味"为主题的美食宣传片《沙县小吃第一条广告》，受到了广泛关注和好评。2023 年，他们推出的《来福建 好舒服》宣传片在风格上继承并在内容上进行了升级，依然展现出强大的吸引力和传播力。与其他文旅宣传片相比，《来福建 享福味》和《来福建 好舒服》因其细腻的生活化叙事和趣味化的年轻化表现形式，在 Z 世代中获得了极高的好感度。在传播渠道的选择上，福建并未选择全网铺开，而是专注于短视频平台进行重点突破。①

对于旅游目的地来说，结合多元内容在传统营销基础上聚焦兴趣圈层实现精准渗透，利用新媒体渠道进行内容营销，已成为其发展旅游经济的重要软实力。在这一过程中，目的地需要找到与优质内容对接的点，如引入有影响力的成熟 IP、嵌入具有较强传播力的影视综艺内容，或是针对更细分的受众圈层引入音乐节、电竞元素等。例如，根据 TME 腾讯音乐娱乐集团发布的《爱乐之城——文旅行业音乐营销蓝皮书》，2023 年"五一"期间，全国音乐现场票房达到 6 亿，吸引了超过 865 万观众。报告还显示，2023 年以来全国已举办了上百场音乐节和演唱会，相关城市的酒店预订量暴涨超 20 倍。除了"音乐＋文旅"，"电竞＋文旅"的 IP 合作也成为新趋势。例如，2022 年南浔古镇利用腾讯的王者荣耀 IP，举办了第二届电竞嘉年华，将 IP 元素融入活动中，在旺季

---

① 新媒体重点实验室. 福建推出旅游宣传片，在玩梗、造梗中创新品牌表达［OB/EL］. 2023. https://mp.weixin.qq.com/s/vjZHga_pXbjr-eOqZfgOnQ.

期间极大地激活了当地的旅游经济，剧本杀的全网曝光量达到 2100 万 +，客流量环比增长 56%。① 可见，这种"以点突破"的旅游燃传播方式逐步成为主流，其渗透效果也是空前的。

在新媒体时代，这种聚焦于特定的、具有吸引力的旅游亮点或事件来吸引公众注意力和媒体关注的传播方式还将继续得到发展。这些旅游亮"点"可以迅速被放大，通过网络传播达到"面"的效果，即从局部热点扩散到广泛的公众视野，从而提升整个区域的旅游吸引力。这种策略不仅节省了大量的宣传资源，而且因其高度的针对性和新颖性，往往能迅速在消费者中间引发讨论和兴趣，产生强烈的口碑效应。这种传播方式的成功，很大程度上依赖于内容的创新和情感的触动，这种深层次的情感连接，是使旅游推广深入人心、效果持久的关键。此外，这种以点突破的策略，通过精准的内容定位和创新的表达方式，能够深度触动消费者的情感，产生共鸣。这种情感的共鸣不仅加深了消费者对旅游目的地的印象，还能激发他们的旅游欲望和分享冲动。在社交网络时代，用户的每一次分享都可能成为新的传播节点，进一步扩大旅游推广的影响力。因此，这种传播策略不仅节约了宣传成本，更通过情感共鸣建立了消费者与旅游目的地之间的深层次联系，这种联系远比简单的信息传递更能持久地影响消费者的行为。随着大数据和通用人工智能等技术的应用，旅游推广可以更精准地分析消费者的行为和偏好，从而设计出更具吸引力的推广点。这种技术驱动的策略优化，不仅提升了传播的针对性和有效性，还能实时调整推广策略，以应对快速变化的市场环境。这种灵活性和适应性是传统旅游推广难以比拟的。因此，以点突破的旅游燃传播方式，结合了技术的先进性和策略的创新性，不仅能够实现快速传播和广泛覆盖，还能深入人心，产生持久的影响，让旅游传播的长远目标一路唱响、高歌开挂。

---

① 腾讯音乐娱乐营销智库. 洞悉四大音乐新趋势，助力文旅行业加速增长［OB/EL］. 2023. https://mp.weixin.qq.com/s?src=11&timestamp=1721557321&ver=5396&signature=EzaJxEGIUfzJszysYhnOCzVvDqcbUmmM5xWLAvKVC7Ne4Fnwy-yxAPlicOfFadJSAMWEqJrK1vrwxeJ43PnWu50K2B9J0G-4wLm3kTCH3FKchsPTGBs6pXH9Smal-IY9&new=1.

5.7 从躺平转换到快速变频

抖音、小红书等自媒体平台正在强势切入旅游内容领域，面向泛 Z 世代旅游燃传播在信息获取上表现出"从躺平转换到快速变频"的趋势。从互联网萌芽的初期到网络信息爆炸的年代，用户在获取相关内容时，其行为动作大致经历了一个由"看"到"搜"再到"刷""荐"的变迁。新冠疫情引发旅游形态变化，传统的旅游定义已经变得模糊，不再仅仅局限于远距离的出行。例如，一位"95 后"的北京青年在接受新京报记者采访时提出疑问，他认为无论是去上海、三亚还是日本，或是北京的环球影城和奥林匹克森林公园，这些都应被视为旅游。现在的休闲与旅游界限正变得越来越不明显，不再是一年一两次的大事件，而是更加频繁和随意的活动，这也使得社交平台的影响力日益增强。

在这种短途旅游日益常态化和休闲化的背景下，平台如小红书和抖音通过其庞大的用户流量、丰富的内容形式以及多样的用户群体，已经改变了传统的旅游内容发布方式。这些平台不再依赖于详尽的文字攻略，而是通过吸引眼球的图片或视频加上简短的描述来吸引用户注意，利用大数据和算法进一步推广这些内容，从而吸引更多用户对特定景点产生兴趣。如，通过小红书、微博和抖音而流行起来的明星景点和地方特色产品，如星黛露、玲娜贝儿、摔碗酒和西安旅游等。①

同时，传统旅游电商平台携程也在从不同的角度发力以应对社交媒体的挑战。2020 年 1 月 9 日，携程推出了其"星球号"项目，首个试点是长隆旅游度假区。星球号是一个品牌和目的地可以在携程社区中开设的官方账号，具备直播、社区和旗舰店等多种功能。依托于携程的庞大用户基础，商家可以通过发布官方图文、短视频和参与话题互动等方式吸引潜在客户。携程利用其在供应链方面的优势，为商家提供一站式的吃住行游购服务，从而完成从流量获取到

---

① 中国网. 旅游内容日渐短平快 抖音小红书"带飞"景区［OB/EL］. 2021. http://travel.china.com.cn/txt/2021-11/16/content_77875044.html.

流量转化的闭环。在2020年3月，携程进一步发布了"旅游营销枢纽"战略，将"星球号"定位为战略的核心，整合流量、内容和商品三大板块，通过内容转化和营销来探索新的增长机会。星球号的页面构成与其他社交媒体和电商平台相似，包括首页、全部商品和内容动态等，商家可以在这些页面发布笔记和话题，用户可以互动并直接从预订入口进行消费。①通过这种方式，携程等OTA巨头开始整合短视频、直播等新兴功能，以更好地迎合泛Z世代对"短平快"信息消费方式的需求。这标志着旅游信息传播方式的一大转变，从而更有效地吸引和服务于新一代的消费者。

总之，面向泛Z世代的旅游燃传播，从传统的"躺平"模式转变为"快速变频"的趋势，这不仅反映了这一代人对信息获取速度和方式的新需求，也提示了旅游行业在面对这一代消费者时需要采取更加灵活、快速和个性化的信息传播策略。在旅游信息的获取上，泛Z世代从过去的"躺平"状态，即被动接受信息，转变为"快速变频"，即主动寻找并快速筛选信息的趋势。技术的进步也极大地支持了这种"快速变频"的信息获取方式。人工智能和大数据技术的应用，使得旅游平台能够根据用户的历史行为和偏好，推荐更加个性化的旅游内容和产品。在这种快速变频的信息获取模式下，泛Z世代的旅游决策过程也变得更加快速和灵活。他们能够在短时间内从海量信息中找到自己需要的内容，迅速做出旅行决策，并通过即时的在线预订系统完成旅行的规划和预订。随着技术的不断进步和社会文化的变迁，泛Z世代将继续引领旅游信息消费的新趋势，为旅游燃传播的与时俱进开拓一个又一个美妙的时代蓝海。

5.8 从文字音频到图片视频

随着用户接受信息的形式追求的短小精致和画面感，面向泛Z世代旅游燃传播在信息承载方式上表现出"从文字音频到图片视频转变"的可视化增强

---

① 中国旅游协会. 携程星球号旗舰店：打造开放的营销生态循环系统 | 2021 "中国服务"·旅游产品创意案例［OB/EL］. 2021. https://www.163.com/dy/article/GIU1CRQ70514BTAB.html.

趋势。与文字和音频相比，视频和图片的传播优势十分明显。在传播的直观性上，视频和图片能够直接呈现形象化的内容，使得观众能够更加直观地理解信息，减少了文字或音频所需要的时间和想象力。在传播的生动性上，视频和图片具有更强的表现力，能够生动地呈现出现场感和动态感，使得信息更加生动、有趣。在传播的信息量上，视频和图片能够传递大量的信息，包括颜色、形状、动作、表情等，使得信息更加丰富和全面。在娱乐性上，视频和图片能够提供更加丰富的视听体验，具有更强的娱乐性和吸引力。视频和图片在传播上的相对优势，自媒体平台功能升级方面也能得到例证。例如，从"博客"到"微博"再到"抖音"都是用户自动生成内容（UGC）的自媒体平台，用户生成内容的形式从"长篇文字+静态图片"到"短篇文字+动态图片/视频"再到"短视频"。国内最大的社交平台微信，也表现出在"文字"的基础上从"静态图片"到"动态图片"再到"短视频"延伸的趋势。就连淘宝等电商平台，商家店铺上架的商品介绍也表现出从"文字"到"图片"再到"短视频"的变化。

这种信息视频图片化的趋势，与新时代大众阅读追求的是短到极致不无关联。当初微博还有规定140字数的限制，但现在更加短了，文字表达干脆被淘汰，短视频直播让人越来越上瘾。2015年王思聪加入直播办了个熊猫直播，这一年变成直播元年，斗鱼、虎牙、龙珠、战旗以及熊猫等开启了千博大战，抢人大战你来我往争论不休。7月份，斗鱼上市时一众网红主播还被邀请到美国纳斯达克敲钟。几乎是与此同时papi酱依靠短视频摇身一变成为宇宙第一网红，单条广告价格达到2200万元，而此前她曾在图文模式平台尝试过但都没有火。① 在旅游燃传播领域，无论是目的地宣传文案还是游记攻略，都不再局限于过去详实丰富的长篇文字，近年来越来越多地转向吸引眼球的照片或视频，加上短短的描述便足以抓住用户的注意力，并借助大数据和算法进一步扩大传播，影响到更广泛的用户，让更多人对景区景点产生兴趣。

综上所述，面向泛Z世代的旅游燃传播，确实表现出了从传统的文字音频

---

① 鹿鸣新金融者. 从论坛博客、微博到短视频，网红大本营变迁史 [OB/EL]. 2019. https://new.qq.com/rain/a/20190902A0PTNX00.

到更为现代的视频图片转变的趋势。这种转变不仅反映了泛 Z 世代的信息接收偏好和技术使用习惯，也是旅游业适应现代传播环境、满足年轻消费者需求的必然选择。泛 Z 世代从小生活在互联网和移动通信技术高速发展的环境中，他们的信息接收习惯、消费行为和价值观与前辈有着显著的不同。泛 Z 世代具有较强的视觉化思维特点。这一代人在视觉文化中长大，从小接触丰富的图像、视频和互动媒体，使得他们在接收信息时更偏好图形化、直观化的内容。在旅游信息的传播上，传统的长篇文字描述和单一的音频讲解已经难以满足他们快速获取信息的需求。相反，富含图片和视频的内容不仅能迅速吸引他们的注意，还能通过直观的视觉效果提供更为生动的信息体验。此外，泛 Z 世代的信息接收速度非常快，他们习惯于在短时间内浏览并吸收大量信息。这种特点使得短视频、图文并茂的社交媒体帖子等成为他们获取旅游灵感的主要方式。在旅游信息的获取和分享方面，泛 Z 世代表现出了对短小精致和高度视觉化内容的偏好，这直接推动了旅游传播方式从传统的文字音频向视频图片的转变。随着这一代人逐渐成为社会的中坚力量，我们可以预见，未来的旅游传播将更加依赖于视觉化和技术化手段，以创造更加吸引人、更加效率的信息传播体验，而使旅游燃传播持久燃烈、大放异彩。

5.9 从新奇抢眼到锐利表达

随着认知和审美逐步回归理性及正途，面向泛 Z 世代旅游燃传播在内容创意表达上表现出"从新奇抢眼到锐利表达转变"的趋势。"新奇抢眼"更多的是缩小内容半径而剑走偏锋。例如，张家界曾推出"天门山，通往天空的奇幻之境，云端上的心跳之旅！"的宣传口号，其中"通往天空的奇幻之境"描绘出天门山高耸入云、充满奇幻色彩的氛围，"云端上的心跳之旅"则强调了游客在这里游玩时那种惊险刺激、心跳加速的体验，极具市场吸引力。"锐利表达"强调的是基于内容的丰沛而寻求脱颖而出。2023 年，在重庆市举办的第八届中国西部旅游产业博览会上，尽管各个展馆的布展风格大体相似，但是各地区的旅游宣传语却让人眼前一亮，显著提升了各地的文化旅游辨识度。例如，北碚馆展示的旅游宣传语是"巴山夜雨地　温泉故里游"。这句宣传语的背景是晚唐时期诗人在北碚的缙云山创作的名诗："君问归期未有期，巴山夜雨涨秋池。何当共剪西窗烛，却话巴山夜雨时"。此外，北碚的北温泉是全球最早开发利用的温泉之一，因此有"温泉故里"的美誉。其他地区如江津区的"四面山水 人文江津"、丰都县的"天下名山 平都福地"、渝中区的"重庆母城 美丽渝中"、武隆区的"世界自然遗产 天地大美武隆"、彭水苗族土家族自治县的"世界苗乡 养心彭水"等宣传语，均巧妙地将当地的历史文化资源与旅游特色结合起来，既展示了各自的文化底蕴，也突出了旅游特色。① 可能会有人认为，这些形象宣传口号依然依循着行政部门过去几十年四平八稳的对仗路径，不具创新性，但是不可否认的是，其直击区域核心内涵的表达，却具有较强的锐利度。

近年来，地方文化旅游宣传片在创意表达上也日益追求深度和特色，显示出对锐利表达的重视。例如，北京市文化和旅游局推出的系列短视频《京·粹》，深挖北京市的文化旅游资源，以北京的代表性旅游景点和新兴文化地标为背景，结合中华优秀传统文化和现代创新文化元素，邀请在各艺术领域具有代表性的艺术家、艺术团体和青年艺术从业者参与，创新地采用了视觉表达方式，打造了一系列"旅游场景+艺术家/艺术团体"的联名作品。自2020年1月起，《京·粹》在北京市文化和旅游局的海外社交媒体官方账号"北京文旅"（Visit Beijing）上陆续发布，获得了广泛的好评。2023年4月，成都市文化广电旅游局发布的成都城市旅游宣传片《问道成都》，成功获得了中国广告长城奖铜奖，并成为第70届法国戛纳创意节广告影片制作类大中华区唯一入围作品。该片突破了传统宣传片的格式，将城市深厚的人文历史与现代科技感的赛博游戏设计巧妙融合，通过故事感、线索感和游戏感为观众提供了一种沉浸式的观看体验。②

---

① 重庆日报. 西旅会：各地旅游宣传语花式比拼［OB/EL］. 2023. https://mp.weixin.qq.com/s/Ox-LlewwL9kIFs8LjwT4Hg.

② 新媒体重点实验室. 福建推出旅游宣传片，在玩梗、造梗中创新品牌表达［OB/EL］. 2023. https://mp.weixin.qq.com/s/vjZHga_pXbjr-eOqZfgOnQ.

由此可见，面向泛 Z 世代的旅游燃传播在内容创意表达上，正在经历一种从追求视觉和感官刺激的新奇抢眼，向直击人心、触动记点的锐利表达的转变。泛 Z 世代的年轻人具有较高的教育水平和独立思考的能力，他们的价值观和兴趣点也更加多元和复杂。这使得单纯追求形式上的新奇已无法完全满足他们对于内容质量的要求。他们更加关注内容是否丰盈，这些内容是否能直击深层次的人文关怀、是否能反映出对社会、环境的责任感，以及是否能直唤深度思考和实现实际价值。未来，旅游燃传播实践要通过更加丰盈和精准的内容创作来召唤这一代消费者。首先是在膨胀内容的主题和厚度上，不再局限于表面的城市及其景点介绍或浅显的旅行攻略，而是更多地探讨与旅行地相关的文化、历史、社会现象等更具探索性和人性意义的主题。例如，通过呈现一个地区的历史变迁、当地人的生活状态或是该地区面临的环境问题，激发受众的情感和思考，引致心理建立起更强的情绪价值连接。其次，在表达方式上，也从简单的图文并茂、单纯的颜色鲜艳冲击，转向基于丰富内容的多元媒介和技术使用。例如，短视频、互动直播等新媒体传播方式，更生动、更深入地渲染内容，更立体、更沉浸传达信息，让旅游燃传播成为一束极地的耀眼亮光，关照和感染着无数泛 Z 世代群体的旅游灵魂。

5.10 从折扣杀价到品牌下沉

面向泛 Z 世代旅游燃传播在市场渗透上表现出"从折扣杀价到品牌下沉转变"的趋势。自 2018 年起，"下沉市场"一词在互联网平台上逐渐受到广泛关注，这在很大程度上归功于拼多多和趣头条的成功上市。这两家公司的快速崛起不仅打开了这一人口众多但往往缺乏话题性的广阔市场，也使得各种商家将其视为潜在的巨大流量来源。根据最新发布的《Quest Mobile 下沉市场报告：6 亿的下沉用户，千亿级市场该怎么玩》，下沉市场的用户规模已超过 6 亿，占比超过一半，这部分用户的移动互联网使用时长超过了非下沉用户，并且其增长速度更为迅猛。①在这样一个竞争激烈的市场环境中，从价格优惠的折扣杀价策略转向通过创新主动开拓新市场的品牌下沉策略，是市场逐渐呈现的新趋势。特别是在旅游行业，这种"从折扣杀价到品牌下沉"的转变与"下沉式旅游"的兴起密切相关。

近年来，旅游业发展理念和模式悄然改变，从狭义游山玩水迈向广义文旅融合，从传统的自然景象、人文景观发展到万物皆场景、处处皆可游。底层逻辑的改变，极大地丰富了产业发展的想象空间，为"下沉式旅游"脱颖而出奠定了基础。随着消费观念的变化，常规旅游已经难以满足人们多元化需求，奔赴"养在深闺人未识"的地方深入体验当地风土人情和旅游乐趣，成为更新奇的体验和更高级的追求。"下沉式旅游"打破了以往观光式旅游"猎奇"为主的旅游心理，让旅游目的从过去的"长见识、尝新鲜"转变为如今的放空自我和沉浸式体验。从具体形态看，"下沉式旅游"是区域旅游资源优势和主流游客群体之间的"双向奔赴"。一方面，不少县城、乡村自然风光优美、旅游资源丰富且具有特色，更加小众化，能够让人们在出行集中的节假日避开拥挤的人群，获得更好的参与度和体验感，同时在门票、住宿、饮食、购物等方面更具性价比优势。另一方面，"下沉式旅游"与正在崛起的Z世代群体在某些特质上高度契合。Z世代群体成长于物质生活丰富且信息爆炸的时代，善于利用网络对比和研究，不跟风、不盲从。对Z世代群体而言，好的性价比是标配，同时更懂得追求放松治愈，远离喧嚣，期待好玩、有趣的体验。这些诉求在"下沉式旅游"中得到了充分彰显②。因此，为了契合"下沉式旅游"市场，旅游燃传播重点从产品优惠促销向体验功能延伸方向转变是大势所趋。

未来，随着市场环境的变化和消费者需求的逐步升级，单纯的价格战已经难以为继，旅游企业还将继续寻求更为深入和持久的市场渗透策略，即品牌下

---

① 和讯名家. 下沉市场，从未冷场［OB/EL］. 2019. https://news.hexun.com/2019-05-22/197274652.html.
② 我爱广德. "下沉式旅游"成时尚，"小地方"如何抓住机遇？［OB/EL］. 2023. https://www.52gd.com.cn/guangdexinxianshi/9383.html.

沉。在过去的几十年里，折扣和杀价策略曾是旅游行业常用的市场推广手段。旅游企业通过降低服务价格来吸引预算有限的消费者，尤其是在旅游淡季，通过大幅度的价格优惠来刺激消费，填补资源空缺。这种策略在短期内能够有效地增加客流量和市场份额，但它也带来了一些肉眼可见的副作用。首先，长期的价格战可能会损害企业的品牌形象，使消费者对品牌的感知定位于"低端"或"廉价"，难以建立起品牌的长期忠诚度。其次，这种策略容易引发同行业之间的恶性竞争，最终可能导致整个行业的利润空间被压缩，不利于企业的可持续发展。

面对这种情况，旅游企业开始寻求转变，将焦点从简单的价格竞争转移到品牌下沉策略上。实施品牌下沉策略，需要旅游企业在营销策略上做出调整。与一线城市的消费者可能更注重品牌形象和国际化服务不同，二、三线城市和乡村地区的消费者可能更看重产品的性价比和实用性。因此，旅游企业在这些地区的宣传推广应更侧重于产品的实际价值和本地化服务，同时也要利用当地的文化元素和市场特色来进行市场推广，以增强品牌的亲和力和认同感。此外，品牌下沉策略还涉及销售渠道的拓展。旅游企业需要通过建立或加强与当地旅游机构、零售商和服务提供商的合作，来优化其在目标市场的销售网络。这不仅可以帮助企业更有效地触达目标消费者，也可以通过合作伙伴的地方影响力来增强品牌的市场渗透力。

从折扣杀价到品牌下沉的旅游传播转变，反映了旅游市场竞争环境的变化以及企业战略调整的需要，也反映出旅游燃传播领域的新赛道，正在向旅游传播者招手示意，下场奔跑在多彩赛道的旅游传播者，必将拥有更多的传播机遇和更多的美好未来。

制胜锦囊之 10 大旅游燃传播方式

序号/类别	传播方式的名称	定义的关键词	主要特征	实战要诀	注意事项
1	模因传播	流行的梗	诙谐幽默	造梗 互动 延伸	顺势而为 注重匹配 留意环境
2	病毒传播	安放好处	好处推动	好处人人要 内容忘不掉 朋友一起笑 裂变都知道	"糖衣"要厚 "糖蜜"要足 "内容"要实 "平台"要准 "温度"要有 "情感"要真
3	直播传播	直接对话	互动性 直接性 实时性	策划不可少 平台要选好 设备别忘了 频繁互动妙 后续跟着跑	避免无趣直播 避免无备直播 避免低俗直播 避免错位直播
4	话题传播	引发议论	热点 时潮 歧义	话题热点歧义 争论引起扩散 产品内涵捆绑 渠道互动融通 过程加热增效	防俗 防偏 防离 防冷 防单
5	网红传播	关联传递	概念广泛化 范围圈层化 渠道跨平台化	匹配 选对 不断 借扇	共赢 监测 不吹
6	种草传播	安利好物	低成本 乃至无成本	投其所好 增强体验 形成口碑 推波助澜 延长收获	不要太自信 不要太放任 不要太气馁
7	出圈传播	破圈共鸣	随机性强 公约数大 附加值多	轻 情 道 力 共	不彷徨 不迷茫 不气馁 不傲慢 不冷场
8	算法传播	智能触达	个性化 精准化 定制化	依循数据 定制内容 催化转化	宁缺毋滥 宁大勿小 宁左勿右 尊重线 预警线 安全线
9	故事传播	情景共情	感染性 时代性 要素性	情景佳 感染强 时代清 看点显	忌平 忌散 忌歪 忌长
10	画面传播	吸睛传递	关注视觉 强调色彩 刺激眼球	高彩色 异视觉 新奇特	不平 不泛 不乱

制胜锦囊之10大旅游燃传播内容

序号	传播内容名称	定义的关键词	主要特征	实战要诀	注意事项
1	标题绝牛	引人注目	独特 精准 吸引	拎清受众心理 提炼内容要素 抓准信息爆点 玩转标题文字	要与受众相关 要有引爆力 要具象直接 要沾上热点 要引起好奇
2	第一唯一	首发独特	挖掘创新	找 创 蹭 匠心	产品亮点要清晰 持续创新要坚持 话题热点要蹭对
3	兴趣愿望	投其所好	个性化 与受众习惯匹配 社交分享	抓独特兴趣 抓情感愿望 抓内容互动	内容要真实 内容要有创意 内容要多元 内容要避害
4	造梗成核	自给自足	趣味性 娱乐性 流行性	有趣 流行 谈感情	理解与尊重 匹配社交平台 不要强行造梗
5	娱乐相随	快乐至上	趣味轻松 时尚新潮 故事情节	狠抓创意 善用反差 玩转全场景	让娱乐体验说话 让娱乐尺度说话 提娱乐订制说话
6	星歌嘹亮	明星同款	情感消费 从众心理	选对人 做对事 找对渠道	受众认知接受度要高 明星形象匹配度要高 内容创意品质要高
7	我们参与	沉浸体验	多元化 情感共鸣 深度体验	需求开道 技术保驾 口碑护航	保证内容质量和可信度 提供多样化的参与方式 对受众及时回应和互动
8	简约唯美	美即正义	外在审美 心灵共鸣	形要美 神要美 范要美	把握目标定位 把握一致性 把握真实性 把握合规性
9	强仪式感	定格美好	独特性 打卡性 社交性 分享性	突出创意性 突出打卡性 突出认同性	丰富传播内容 激发游客传播 尊重当地文化
10	强力刺激	绝对冲击	强感染力 新颖性 强冲击性 炸裂效果	独 险 多触点	不可忽视安全 不可一味求奇 不可小视影响

制胜锦囊之10大旅游燃传播渠道

序号	渠道名称	渠道特征	实战要诀	注意事项
1	旅游电商平台	产品聚集 直达目标人群	选对平台 找对渠道 抓住引流	熟悉平台业务板块 分清产品类型归属 匹配促销引流渠道 管理用户评论反馈
2	门户网站	首页信息 传递大量人群	确定投放定位 精准定位用户 优化投放创意 监测投放效果	增强软文感染力 策划宝藏文案 把握发布时机 发挥互动优势
3	搜索引擎	目的很明确	研究关键词 创建吸睛广告 设定广告投放 跟踪广告表现 优化广告方案	定位目标受众 优化关键词 多种传播模块 维护品牌形象
4	社交平台	人人都是 传播者	聚焦目标受众 创新视觉内容 引导用户互动	不能忽视投放时间 不能忽视栏目匹配 不能忽视效果反馈
5	短视频平台	随时随地 表现自我	内容为王 互动为要 活动为巧 效果为本	内容账号要一致 情绪价值要重视 视频质量要保证 法律法规要守法
6	音频平台	"声"入人心 的伴随	创建官方账号 定制专题节目 植入旅游广告	确保内容匹配受众 确保音频质优专业 确保用户主动参与 确保创造跨平台推广
7	新闻客户端	聚合各类新闻 热点信息源	了解用户行为 定制广告内容 选择广告形式 把握投放时机	挑选热门平台 甄选细分渠道 控制广告频率
8	问答社区	实现从信息 到知识的转化	选择问答平台 学会自问自答 分批发布内容 监测问答效果	确保答案真实和专业 尊重社区文化和规则 及时专业回应和互动 保持信息更新和一致
9	垂直App	专注特定领域 和特定人群	精准定位用户 选择适配平台 推出优惠方案	实施多元传播策略 确保用户体验流畅 跟踪分析传播效果
10	小程序	"触手可及" 的用户体验	游戏赋能 原创投稿 商家推广	重视用户体验 确保内容特色 保护数据安全 持续更新内容

参考文献

[1] 周凯波，林晓宁. 旅游网络营销（第二版）[M]. 北京：中国旅游出版社，2023.

[2] 胜红，陈彩莲. 新媒体传播技巧[M]. 北京：中国人民大学出版社，2023.

[3]《新媒体传播：中国主流媒体的实践与探索》编写组. 新媒体传播：中国主流媒体的实践与探索[M]. 北京：人民日报出版社，2020.

[4] 薛可. 新媒体：传播新生态构建[M]. 上海：上海交通出版社，2017.

[5] 黎翔，张丹. 旅游新媒体营销[M]. 北京：北京理工大学出版社，2024.

[6] 罗达丽. 旅游新媒体营销[M]. 郑州：郑州大学出版社，2024.

[7] 李宏. 旅游目的地新媒体营销 策略 方法与案例 2[M]. 北京：旅游教育出版社，2021.

[8] 赵蕾. 互联网+旅游营销[M]. 北京：电子工业出版社，2022.

[9]（美）梅利莎·S. 巴克（Melissa S. Barker），唐纳德·I. 巴克. 社交媒体营销 一种战略方法 原书第2版[M]. 北京：机械工业出版社，2020.

[10] 薛可. 互联网群体传播：理论、机制与实证研究[M]. 上海：上海

交通大学出版社，2022.

[11]刘琳琪.文化信息流动与语言模因传播研究[J].兰州大学学报（社会科学版），2014，42（6）：155-159.

[12]唐静，王莹，刘桃.当代旅游传播体系及其载体的运用方式探讨[J].商业时代，2010（7）：108-109.

[13]周永博，蔡元.从内容到叙事：旅游目的地营销传播研究[J].旅游学刊，2018，33（4）：6-9.

[14]张瑞.自媒体时代网红传播的特征、存在问题及对策研究[J].传媒，2016（16）：87-89.

[15]曾昕.网红城市的景观传播、主体联动与人文价值研究——淄博、哈尔滨、天水等城市特色文旅活动火爆"出圈"现象解析[J].价格理论与实践，2024（3）：64-68+221.

[16]殷紫燕，黄安民.网红旅游打卡地属性及口碑传播机制研究[J].资源开发与市场，2023，39（10）：1400-1408.

[17]陆宇彤，黄燕玲，黄毅，等.家喻户晓能否门庭若市？"网红城市"旅游形象符号演变与圈层结构研究[J].旅游科学，2024，38（6）：75-95.

[18]骆晶晶，吕兴洋，焦彦，等.旅游仪式理论视域下旅游仪式感的内涵及多维测度研究[J].人文地理，2024，39（2）：173-180.

[19]严星雨，杨效忠.旅游仪式感特征及其对旅游目的地管理的影响研究[J].旅游学刊，2020，35（9）：104-112.

[20]沈雪瑞，李天元，曲颖.名人代言对旅游目的地品牌资产的影响研究——基于代言人可信度的视角[J].经济管理，2016，38（4）：138-148.

[21]张辉，徐红罡，黎芸妃.名人代言对目的地品牌至爱的影响——信源可靠性和匹配性假设视角[J].旅游学刊，2021，36（9）：60-74.

[22]乔纳·伯杰.疯传——让你的产品、思想、行为像病毒一样入侵[M].北京：电子工业出版社，2014.

[23]杰夫·弗若姆，安吉·瑞德.洞察未来一代、赢得未来市场的通用

法则．王宁，译．北京：电子工业出版社，2020．

［24］陈伟航．互联网＋营销创意新玩法：营销创意 10 大法则与案例解说［M］．北京：北京时代华文书局，2016．

［25］成旺坤．自媒体时代，我们如何玩转营销［M］．北京：中华工商联合出版社，2020．

［26］苏宏元，于小川．网络传播学［M］．北京：中国传媒大学出版社，2020．

［27］郑满宁．新媒体营销传播［M］．北京：人民日报出版社，2021．

［28］斯坦利·J. 巴兰．大众传播概论：媒介素养与文化．何朝阳，译．北京：中国人民大学出版社，2016．

［29］张国良．传播学原理：第 3 版［M］．上海：复旦大学出版社，2021．

［30］刘小燕．旅游目的地网络口碑传播研究［M］．武汉：武汉大学出版社，2019．

［31］梁萍．传播学原来很有趣：16 位大师的精华课［M］．北京：清华大学出版社，2021．

［32］王慧盟，等．旅游新媒体营销［M］．北京：旅游教育出版社，2024．

后　记

有人说，一本书，就是一个时代的大合唱。泛Z世代和互联网下的旅游传播，好像盎然的春意、蝶变翻新的新天地，需要众人的智慧和力量来抒写。

2020年年尾，我们在疫中憧憬着春暖花开。在老、中、青、少年龄层中，如何选择这个时代旅游的引领者和爽朗的消费者，依托互联网新媒体渠道，让旅游传播燃起来？这是一个旅游传播的时代命题，也是一个旅游传播的时代定义。我说，咱们研究一下新媒体传播渠道吧。对外交流合作处的负责人脸上洋溢着春天般的笑容，具体工作落在对此颇有心得的解政敏同志身上。

2021年年首，一分春色乍现的研究材料赫然含笑于我的办公桌上。我想，是时候对新媒体下的旅游传播形式、内容、渠道，进行全面深入梳理和思考了。半年后，颇为炫酷的《面向泛Z世代的旅游燃传播》PPT，伴随我那并不标准的普通话，呈现在伙伴们的面前。大家对此颇感惊讶和兴奋，厦门亚太旅游发展中心的领导当即邀请我为他们的小编们作个讲座。我说，那我就列一个清单吧，请小编们再找点案例，一起交流研讨。然而，两个半天的时间，仅仅完成了传播形式的讨论，小编们脸上露出些许的惆怅。

2021年年底，文旅部举办全国旅游市场营销人才培训班，文旅部福建培训基地依托单位——厦门微众世纪教育科技有限公司邀请我分享《面向泛Z世代的旅游燃传播》，课后有学员用微笑的表情包留言：把它写成书吧。这是一份

后 记

青绿的情怀吗？我要把课件转化为书籍的决心更为坚定了。然而此时，我正在撰写另外一本书，无暇启笔，尽管那份澎湃的心一直在鞭催着我。

2022年岁末，我从厦门市文旅局退休，而那本书稿也如期杀青了，开笔笑吟《面向泛Z世代的旅游燃传播》已时不我待。我愉悦地打开尘封多时的写作提纲，一如既往地把它定位为贴近这个时代的通俗实用型读物，用案例说话，用图片提活。

2023年年初，我来到厦门理工学院工作，文旅学院领导说，还是组建一个写作团队吧。好主意啊！我说。陈莹盈副教授、石玉副教授、吴应其老师欣然接受了邀请。近500个日日夜夜，莹盈老师的文稿宛若萌萌绿的春娃娃，款款而来，甜味满满；石玉老师文风恰似牛油果绿，带着果香，春风拂面；吴应其老师的笔墨犹如马尔斯绿，把春天的稳定和健康，送到读者面前。

2024年年中，书稿初成，我们集体改稿，重温通俗实用的初衷，翻看数百页的文字、近百个案例和数十张的图片，心中的涟漪久久难以平息。请哪一位旅游泰斗为本书作序呢？老师们执念恭请魏小安老师，魏老师垂爱让我们激动不已。

我们说，这本书，应该也是时代的大合唱、一种时代的绿色大合唱吧，三位老师、多名同事，几个摄影师，都在感知时代的脉搏，都是绿色大合唱的主角。我们有无数个理由，向这个时代致敬，向合唱的主角致敬，向魏老师致敬！

陈桂林

2024年季夏于厦门金桥社区

责任编辑：郭海燕
责任印制：冯冬青
封面设计：中文天地

图书在版编目（CIP）数据

面向泛 Z 世代的旅游燃传播 / 陈桂林等著 . -- 北京：中国旅游出版社 , 2024. 12. -- ISBN 978-7-5032-7458-9

Ⅰ . F590

中国国家版本馆 CIP 数据核字第 2024JA3117 号

书　　名：	面向泛 Z 世代的旅游燃传播
作　　者：	陈桂林　陈莹盈　石　玉　吴应其
出版发行：	中国旅游出版社
	（北京静安东里 6 号　邮编：100028）
	https://www.cttp.net.cn　E-mail: cttp@mct.gov.cn
	营销中心电话：010-57377103，010-57377106
	读者服务部电话：010-57377107
排　　版：	北京中文天地文化艺术有限公司
印　　刷：	三河市灵山芝兰印刷有限公司
版　　次：	2024 年 12 月第 1 版　2024 年 12 月第 1 次印刷
开　　本：	720 毫米 ×970 毫米　1/16
印　　张：	21.5
字　　数：	310 千
定　　价：	58.00 元
ＩＳＢＮ	978-7-5032-7458-9

版权所有　翻印必究
如发现质量问题，请直接与营销中心联系调换